"嘉定区品质课堂"丛书
丛书主编　祝郁　汤林春

在课例研究中提升课堂品质

李娟　杨玉东　主编

华东师范大学出版社
上海

图书在版编目(CIP)数据

在课例研究中提升课堂品质/李娟,杨玉东主编.—上海:
华东师范大学出版社,2021
("嘉定区品质课堂"丛书)
ISBN 978-7-5760-1330-6

Ⅰ.①在… Ⅱ.①李…②杨… Ⅲ.①课堂教学-教学研究-中小学 Ⅳ.①G632.421

中国版本图书馆CIP数据核字(2021)第040928号

"嘉定区品质课堂"丛书
在课例研究中提升课堂品质

主　　编	李　娟　杨玉东
策划编辑	彭呈军
责任编辑	朱小钗
特约审读	郑　月
责任校对	朱玉媛　时东明
装帧设计	刘怡霖

出版发行	华东师范大学出版社
社　　址	上海市中山北路3663号　邮编 200062
网　　址	www.ecnupress.com.cn
电　　话	021-60821666　行政传真 021-62572105
客服电话	021-62865537　门市(邮购)电话 021-62869887
地　　址	上海市中山北路3663号华东师范大学校内先锋路口
网　　店	http://hdsdcbs.tmall.com
印 刷 者	常熟高专印刷有限公司
开　　本	787毫米×1092毫米　1/16
印　　张	16.75
字　　数	274千字
版　　次	2021年3月第1版
印　　次	2023年12月第4次
书　　号	ISBN 978-7-5760-1330-6
定　　价	52.00元

出 版 人　王　焰

(如发现本版图书有印订质量问题,请寄回本社客服中心调换或电话021-62865537联系)

"嘉定区品质课堂"丛书

主　编　祝　郁　汤林春

丛书编委会（以姓氏笔画为序）

　　　　王冰清　王晓华　汤林春　许丽华
　　　　严加平　李　娟　李伟涛　李金钊
　　　　杨文斌　杨玉东　杨四耕　赵丽鸾
　　　　祝　郁　夏雪梅　崔春华　蒯义峰
　　　　路光远　樊　钏

本册编委（以姓氏笔画为序）

　　　　马永其　王　冰　王建梅　王晓华
　　　　严加平　李　娟　李金钊　杨文斌
　　　　杨玉东　杨四耕　何　兰　宋保平
　　　　张　洁　陈伟萍　陈丽雅　武卫清
　　　　金海兴　崔春华　蒯义峰

总 序

教育是国之大计、党之大计。对于社会发展而言,教育是"民族振兴、社会进步的重要基石",是"经济增长的助推器",是"社会繁荣的动力源";对于个体而言,教育关乎着人民群众对美好教育生活的向往,是"个人成长的自变量"。2019年中共中央、国务院印发的《中国教育现代化2035》明确提出,"发展中国特色世界先进水平的优质教育",要"加快推进教育现代化、建设教育强国、办好人民满意的教育",要让教育"为决胜全面建成小康社会、实现新时代中国特色社会主义发展的奋斗目标提供有力支撑"。党和国家将教育摆在前所未有的高度。

党的十九大报告明确指出,中国特色社会主义进入新时代,要"努力让每个孩子都能享有公平而有质量的教育"。在新时代,我国教育的主要矛盾已经转化为人民日益增长的美好教育需求和教育发展不平衡不充分之间的矛盾,发展公平而有质量的教育成为解决教育发展主要矛盾的主线。基础教育是整个国民教育体系中最重要的环节,全面提升基础教育公平与质量是回应新时期社会主要矛盾的外在需求。

辩证唯物主义认为,在复杂事物的发展过程中,存在着许多矛盾,其中必有一种矛盾,它的存在和发展,决定或影响着其他矛盾的存在和发展,决定着事物的发展状态,为此,处理问题要善于抓主要矛盾。而在教育这个复杂系统中,优化课堂教学是提高教育质量的关键。因为课堂是落实立德树人根本任务的主阵地,是发展学生核心素养、落实课程标准的关键所在,也是体现和提高教师专业素养的主渠道。要提高教育质量,必须紧紧抓住课堂教学这个教育系统中的关键环节。

关于如何提高课堂教学质量,从现状来看,尽管不同的学者有不同的观点,也进行了丰富多彩的探索,但大家基本上都同意,要提高课堂教学质量,必须关注学生的学习、以学生学习为中心进行教学设计,要把课堂还给学生。关于如何才能更好地落实这个理念、找到这个理念的落脚点,目前理论界和实践界都在积极探索。嘉定区教育局与上海市教科院普教所合作开展的区域教育科研重大项目"聚焦学生学习,提升课堂品质的区域行动"就是这方面的一个代表。在这项研究中,他们采取理论研究者和一线教师合作的方式,以行动研究为方法、以课例研究为载体、以关注学生学习为原则,通过聚焦问题、聚焦学生的生命体验,来探索提升课堂品质的路径和策略,既要发展学生的核心素养,也要促进教师专业成长,在发展学生的同时成就教师,在成就教师的过程中发展学生。他们所取得的经验和教训值得其他地区加以借鉴。

嘉定区素有优良的教化传统和丰富的教育改革经验,历来重视教育发展。2013年,嘉定区召开教育工作推进大会,就提出了"传承教化之风,镕铸品质教育"的发展理念。这些年来,嘉定区围绕品质教育进行了大量的实践探索,品质教育业已成为嘉定教育一张靓丽的名片。2017年,嘉定区以提升课堂品质为突破口,实施了新一轮品质教育行动。如今,三年过去了,嘉定区教育改革再次取得了丰硕成果,研究学生蔚然成风,课堂品质有了显著提升,嘉定区品质教育的内涵更加丰富,特色更加明显,可喜可贺。希望嘉定教育人继续沿着品质教育的方向,逐步深化研究,实现迭代式发展,努力办好人民满意的教育,为我国早日迈入教育强国行列贡献自己的力量。

是为序。

目 录

前言 / 1

第一章 总论 / 1

第一节 认识课例和课例研究 / 1

第二节 学校开展课例研究的行动要点 / 5

第三节 课例研究成果的表达 / 8

第二章 以助学提纲提升学生主动学习品质 / 12

第一节 助学提纲作为培养主动学习品质的手段 / 12

第二节 从助学提纲到主动学习的理性关联 / 15

第三节 助学提纲激发主动学习的课堂改进历程 / 23

第四节 指向主动学习品质的课例研究反思 / 36

安亭高中 课例研究专业支持者观点链接 / 46

第三章 以同类题材的情境作文提升学生的写作动机 / 47

第一节 变革作文教学的迫切性 / 47

第二节 基于学情分析推进课例研究过程 / 50

第三节 课堂教学的分析和讨论 / 54

第四节 对同类题材作文教学的思考 / 58

安亭小学 课例研究专业支持者观点链接 / 64

第四章 创设真实问题情境发展学生问题解决能力 / 65

第一节 课堂变革需要发展学生问题解决能力 / 65

第二节 以复习课为载体开展课例研究 / 69

第三节 以问题情境建立问题解决与知识的联系 / 72

第四节 对发展学生问题解决能力的反思与展望 / 87

德富路中学 课例研究专业支持者观点链接 / 91

第五章 以图片资源设计创生学生的乐学语境 / 92

第一节 乐学与图片资源设计 / 92

第二节 研究规划与设计 / 97

第三节 图片资源设计差异分析 / 100

第四节 图片资源设计与学生学习 / 109

古猗小学 课例研究专业支持者观点链接 / 115

第六章 以学习规则设计涵养学生主动学习品质 / 116

第一节 直面课堂短板，聚焦课堂生态 / 116

第二节 设计学习规则，开展课例研究 / 118

第三节 优化学习规则，促进主动学习 / 127

第四节 树立规则意识，构建生态课堂 / 131

嘉一附小 课例研究专业支持者观点链接 / 135

第七章 用惊奇和悬疑激发学生的好奇心和学习兴趣 / 136

第一节 磁性课堂：有吸引力的课堂 / 136

第二节　惊奇和悬疑：课堂教学的出发点 / 138
  第三节　同课异构：《探究凸透镜成像特点》课例分析 / 141
  第四节　激发好奇心：课堂启动的四个驱动轮 / 145
  江桥实验中学　课例研究专业支持者观点链接 / 152

第八章　以言语活动设计提升低年级学生思维条理性 / 153

  第一节　创设幸福课堂，明确学生发展方向 / 153
  第二节　进行同课异构，明晰学生思维条理 / 160
  第三节　对比式反思教学，发展学生思维条理 / 164
  第四节　言语活动设计，成就学生思维发展 / 170
  苏民学校　课例研究专业支持者观点链接 / 174

第九章　在学习任务驱动下让学生体验数学"逻辑美" / 175

  第一节　"逻辑美"课例研究的缘由 / 175
  第二节　"逻辑美"课例研究的方案 / 178
  第三节　"逻辑美"课例研究的实践改进 / 182
  第四节　"逻辑美"课例研究的成效 / 188
  同济黄渡小学　课例研究专业支持者观点链接 / 200

第十章　以思维链设计提升学生的思考深度 / 201

  第一节　语文阅读教学中的思维链设计 / 201
  第二节　从"用方法"到"理解方法"的课堂改进研究 / 205
  第三节　呈螺旋式上升的三轮课 / 216
  第四节　对构建思维链的理性思考 / 221
  震川中学　课例研究专业支持者观点链接 / 232

第十一章　基于整本书阅读策略提高学生口语交流能力 / 233

第一节　"立体课堂"理念下语文阅读课设想 / 233

第二节　语文阅读课堂中的研究记录 / 236

第三节　在阅读中培养学生口语交流能力的方法改进 / 242

第四节　提升学生口语交流能力的实践评价 / 246

嘉定二中　课例研究专业支持者观点链接 / 251

后记 / 252

前　言

这本《在课例研究中提升课堂品质》是上海市嘉定区教育局和上海市教科院普教所合作的重大项目"聚焦学生学习，提升课堂品质的区域行动"开展过程中的阶段性成果。

2018年4—7月，嘉定区10所项目实验校经历了学校承担的子课题研究方案的多次个别辅导指导、集体论证研讨等活动。到2018年下半年，10所项目实验校课题研究方案已经基本确立，每所学校基本明确了自己学校想要研究什么，已形成了基本明确的研究方案。接下来，项目研究从哪个小的突破口切入，就成了摆在项目实验校面前的问题。项目研究有多种方式方法，从文献法和调查法开始，是一种可能的选择。但对于一线学校来说，课堂教学无疑是重中之重，而且，嘉定区的区域行动项目方案中本身就强调着两个核心词——"学生学习""课堂品质"，于是，我们课堂品质实践组与10所项目学校最终确定以"课例研究"为主要形式展开研究。

目前课例研究尚未成熟到被学界广泛认同，只能说是一种课堂教学的研究形式，其方法论基础仍然依赖于行动研究法。但课例研究是当前国际上比较盛行的一种旨在促进教师专业学习的集体合作而开展的"行动学习"方式，我国的基于教研活动的磨课研究(简称为"中式课例研究")是三大主流模式之一。

课例研究，作为研究课堂教学的方式，强调以某节具体的课为载体，研究或解决课堂教学中的一个"小"的问题。因此，作为课例研究成果的"课例"有时候可简洁地定义为"以课为例讲道理"，即以实际发生的课堂教学内容为载体(以该课为例)，以某个小的研究问题为主题(讲道理的聚焦点)，通过对教学问题和教学决定的再现和描述来揭示教与学的改进过程，讲述教学改进背后的观念和认识。这里之所以称"教学改进背后"，其实是期望课例不仅仅展现出一节课的授课过程，更需要指出为何这样授课、为何如此改进的研究思路，从而有利于其他教师获得从一节课迁移到一类课的道理。

课例研究真正的价值在于，以一节课的研究为例，试图围绕一个主题探讨一类课的改进。因此，在这本课例研究的书稿里，不难理解为何10所项目实验校的课例研究报告均采用了正标题、副标题的形式来表达,其中副标题关注的是以哪节课为例——研究的载体,而正标题正是表达的通过这节课想要研究或解决教学中的一个什么问题——研究的主题。

当然,如果再仔细对照着看10所项目实验校的课例研究报告正文,会发现它们在表达中遵循了类似或相似的表达结构,都大致回答了以下四个问题:

第一,研究什么以及为什么研究。课堂教学是复杂的,以往的听评课活动往往对一节课从多个不同角度提出各种改进意见。但课例研究并不追求通过一节课解决很多问题,而是通过一次课例研究活动重点认识一个小的研究问题。它可能是教学中的常见问题、教学中的困扰难点、课改中的核心理念等。背景的交代可以使读者感受到整个课例的价值和意义所在,理解改进课堂教学的背景和条件等。

第二,如何研究以及用到了什么方法。这涉及到课例研究的活动流程、人员组织、内容研讨等程序表,方法往往涉及到具体的研究手段,比如过程性的观察工具和资料收集方法、磨课的模式与方法,课堂教学比较的维度等,本质上就是要交代课例研究的过程性操作和运用的收集资料的具体方法。

第三,得到什么数据结果以及讨论了什么问题。这里的"数据"不一定是定量的,也可能是定性的,"讨论"往往是客观交代教研活动过程中不同角度的研讨内容。交代问题的产生和解决的过程,可以使读者知道教学改进过程的来龙去脉,否则读者只是感觉到描述了一节"好课",却不知产生这个"好课"的过程是怎样的。那种没有问题的"好课"的描述,或者说只是一节"好课"的展示,实际上并不是课例研究所倡导的。

第四,得到什么观点以及对一类课有何启发。目的是把一节课的教学研究结果赋予更高一层的普遍意义,增加一些理性的成分,让教师对一类课的教学有所启发。

虽然10所项目学校努力紧扣课例研究成果的表达要素,对学校承担的项目研究在某个学科的尝试撰写了"报告",但学校本身对课例研究的理解有差异,不少学校还是第一次尝试开展课例研究,因此个别课例研究报告看上去还有缺憾,但也是践行区域重大课题所迈出的坚实一步。毕竟,课例研究虽然是基于传统教研活动的磨课研究,外表看似乎与以往的磨课活动相似,但这里要特别注意的是"基于"而不是"等于"。随着课堂教学研究的时代发展,特别是课例研究在国际学术界形成了一个专门的领域,今天说的课例研究在传统教研活动的基础上,明显增加了"有主题""有方法"等更高的要求,实际上是传统磨课活动的"精致化"。

在阶段性开展课例研究的过程中,我们也欣喜地看到10所项目学校中有几所学校已充分认识到了课例研究的价值,并不断地尝试在学校更多的学科推进课例研究,试图用课例研究的方式推进本校"聚焦学生学习方式,提升课堂品质"。这恰好契合了当前国际上对课例研究所具有的时代价值的认识:课例研究,在微观层面上,是教师改进课堂教学、获得专业成长的校本研修方式;在中观层面上,是学校落实某个教育理念、整体性变革学校教育教学实践的方法论;在宏观层面上,则是区域渐进式推进教育改革、落实区域发展教育理念的有力工具。正所谓,"心有多大,舞台就有多大",课例研究认识到哪个层面,决定了视域和行动的边界。

需要特别说明一下,嘉定区各项目实验学校的课例研究实践是在上海市教科院普教所课堂品质实践组成员的指导下完成的。自项目实验校启动课例研究实践以来,上海市教科院普教所课堂品质实践组的科研人员崔春华、李金钊、严加平、杨四耕、杨玉东5位科研人员每人负责联系指导了其中的2所学校,他们也在本书里对对应学校的课例研究报告进行了点评;后期加入实践组的普教所科研人员王晓华在实践组个别成员缺席时义不容辞地承担了部分学校的指导任务。课例研究成果汇编、统稿等工作由嘉定区教育局李娟、普教所杨玉东共同完成;在学校先后两轮成果修改过程中嘉定区教育学院杨文斌、蒯义峰、周艳等老师承担了大量的组织和协调工作。

最后,衷心希望本书的出版能够为更多学校以课例研究方式推动课堂教学改进提供借鉴和思考。

本书编者
2020.8.19

第一章　总论[①]

课例研究在世界范围内兴起已有近 20 年。2006 年"世界课例研究学会"(World Association of Lesson Study)的成立,标志着课例研究已经成为一个相对独立的领域,目前形成的以日本的授业研究、中国香港和欧洲广泛开展的基于变异理论的课堂学习研究、中国内地基于教研制度的磨课研究等为代表的三大有影响力的流派,[②]对于课例研究各有其定义和内涵。特别是 2012 年 1 月起作为"世界课例研究学会"的官方刊物 International Journal for Lesson and Learning Studies(双月刊)在英国创刊出版以来,更是激发了各国研究者对于课例研究的多样化认识和讨论。2018 年,北京师范大学承办了世界课例研究学会(WALS)年会后,不少学校和教师开始重视课例研究对于教师专业学习的价值。虽然课例研究正越来越频繁地出现在教师的话语系统中,但学界对于课例研究的看法不尽相同,导致了实践中教师对课例研究的模糊认识。现实中,从承载教师专业发展任务的校本教学研究活动角度看,课例研究已经被视为一种最基本的聚焦课堂教学改进、提高教师专业能力的校本行动方式。

第一节　认识课例和课例研究

在中国内地,虽然课例研究作为术语似乎是近些年才被频繁使用,实际上类似课例研究的经验性的听评课活动伴随着传统教研活动一直存在。中国内地基于教研制度的课例研究,其根本特征是以学科教学研究为核心,以教研组为基本活动单位(可能有外来研究者参与),承载着研究教学和改进教学的中心任务。特别在近几年重视校

---

① 本章内容由上海市教科院普教所杨玉东执笔。
② 杨玉东.从国际比较看中式课例研究的本质特征[J].教育发展研究,2019(18):39—43.

本研修活动的背景下,更是赋予了课例研究发展教师学科教学研究能力的功能和价值意义。

一、什么是课例

日常教研活动中,通常把"课例"经验性地认为是"一个课堂教学的例子";站在教师专业学习的角度,使用课例研究专业领域的话语系统,"课例"实际上指的是课例研究活动后形成的成果,更多地从促进教师专业水平提升的一种有效研修方式角度强调这个"课例研究"后"研究"所得到的认识,重心在"研究"而非仅仅是那个教学的例子。

因此,我们可以把课例研究的成果——"课例"简洁地定义为"以课为例讲道理"①,即以实际发生的课堂教学内容为载体(以该课为例),以某个小的研究问题为主题(讲道理的聚焦点),通过对教学问题和教学决定的再现和描述来揭示教与学的改进过程,讲述教学改进背后的观念和认识。这里之所以称"教学改进背后",其实是期望课例不仅仅展现出一节课的授课过程,更需要指出为何这样授课、为何如此改进的研究思路,从而有利于其他教师从一节课感悟到一类课的道理。因此,课例研究实际上也就是"研究课例"的过程,即以一节课的研究为例,试图围绕一个主题探讨一类课的改进。从教师研修的角度来看,课例与案例、教案、课堂实录、阐述授课的经验论文之间有所不同。

二、什么是课例研究

在理论性阐述之前,我们来看看上海市教育科学研究院在早期指导过的一些课例研究的标题:

① 从实物到算式的"数学化"过程——小学数学《有余数的除法》;
② 从告诉事实到组织观察——小学自然《淀粉》;
③ 设计"铺垫"引导探究——中学数学《勾股定理》;
④ 在"变式"体验中建构原理——中学物理《杠杆》;
⑤ 从已有概念出发演绎新知识——中学数学活动课"由正多边形引发的……";

---

① 杨玉东.课例研究的关键是聚焦课堂[J].人民教育,2013(7):44—47.

⑥ 该为学生的探究提供怎样的支持——比较含磷与无磷洗衣粉对水体影响的实验设计;

⑦ "水雷"揭秘与金属钠——基于真实情境进行"问题—解决"教学的一次尝试;

⑧ 不同理念影响下的"课堂互动"比较研究——基于《正方形的性质》教学分析;

⑨ 体验"做数学"——"测量学校绿地面积"的项目学习。

从上述这些课例标题可以看出,课例研究的"载体"是有学科内容的课堂教学,而非一般性的教育问题(如处理学生作弊的教育案例)。因此,课例与案例的最大不同在于以学科教学的内容为"载体",如课例①、②、③、④、⑧都是以课本的教学内容为载体,课例⑤、⑥、⑦、⑨是以课本扩展的学科内容为载体。但课例和案例一样,均有一个研究的"主题",即研究的问题。由此可见,课例是以学科教学的内容为载体、具有某个研究主题的课堂教学实例。其中"主题"正是课例所要表达的灵魂(研究的成分),"载体"正是课例表达观点和思想的媒介(教学内容)。

因此,"课例研究"就是以某节课的授课内容为载体,通过聚焦一个研究主题的一系列教学改进和研讨活动,最终期望形成对一类课如何改进的校本行动研究过程。行动研究则旨在判明现场面临的实际问题的实质,引用用以改善事态的行动,"参与"和"改进"是行动研究的核心目的。[①②] 校本行动研究是由一线教师和研究者围绕常态学校教学生活协作进行的研究活动,其研究过程和结果能够及时地被研究群体所理解、掌握和实施。不同于那种研究者从局外人角度假借现场,旨在树立普遍法则所进行的研究,这种研究是以"科学地发现事实"为基础,以解决教育教学中的实际问题为目标的"诊断性研究"。详细的比较可以参见当代行动研究的倡导者施马克(Schmuck, R.)对"传统研究"与行动研究做过的一些比较研究。[③]

三、课例内涵的辨析

首先,课例和案例的混用最为常见,这也反映了从案例到课例认识的清晰化经历

[①] Carr, W., Kemmis, S. Becoming Critical: Education, Knowledge and Action Research [M]. Geelong: Deakin University Press, 1986: 162-165.

[②] Elliott, J. Action Research for Educational Change [M]. Buckingham: Open University Press, 1991: 69.

[③] Schmuck, R. A. Practical Action Research for Change [M]. Arlington Heights, IL: IRI/Skylight, 1997: 22.

了一个过程。案例在教育以外领域(如法律、医学、工程等)的运用由来已久,应用到教育领域,则是源于职业培训的困惑——如何沟通理论与实践。20世纪90年代,教育研究出现三个新的动向:第一,开始注重"自下而上"的定性研究方法;第二,研究人员开始走进课堂和教师一起研究教学问题;第三,培训过程与研究过程逐渐合为一体。在这一背景下,案例研究成为教育领域的新宠。国际上运用案例进行培训最闻名的是哈佛工商学院,而舒尔曼将其运用到教师培训,她认为,"教师所写的、其他教师可能会面临的现实世界问题的案例是对实践反思的一种强有力的工具。它们有助于教师从他人的现实故事中学会预测和解释问题"[1]。但课例是个小概念,案例是一个大概念,好比正方形概念和四边形概念,前者概念外延虽小却内涵丰富,后者概念外延虽大但内涵表达较为笼统。课例与案例的最大不同在于以学科教学的内容(某节课)为载体,而非以一般性的教育问题(如处理学生作弊的教育案例)来表达某个教学研究主题[2]。其中"主题"正是课例所要表达的灵魂(研究的成分),"载体"正是课例表达观点和思想的媒介。

其次,课例与教案、课堂实录也不等同。教案是教师上课前预设的教学计划,课堂实录是对实际发生的课堂教学过程逐字逐句的、客观的文本记录,但它们都不会直接揭示或告诉我们其中的某个道理。即使我们能够从中推测出为何这样教学的思路和想法,但并没有一个明确的研究角度的聚焦主题,更没有把授课老师背后的观念和"教学改进背后的故事"包含在其中。因为围绕一节课可以研究的角度非常多,面对教案和课堂实录可以说是见仁见智。但课例在"讲述教学改进背后的故事"时,教案和实录无疑是重要的原始素材。

最后,课例与阐述授课的思辨或经验论文也有区别。在基础教育刊物上,也可以看到不少举出课堂教学实例的文章,它们算不算课例呢?我们试图做一区分,以凸显课例的价值和意义所在。第一类,课堂实录片段配以点评。这种很常见,通常是对一节课的不同片段分别做出点评,或是对不同的课堂片段分别做出点评,但这些点评分析课堂的视野比较宽泛、观点多角度发散,没有一个明确的聚焦主题。第二类,使用课

---

[1] Shulman, J. H. Case Methods in Teacher Education[M]. New York: Teacher College Press, 1993: 131-152.
[2] 杨玉东. 教师如何做课例研究[J]. 教育发展研究. 2008(8): 72—75.

堂教学片段的思辨型论文。这类文章为了阐述论题,有可能用到了大量的课堂片段,但这些片段往往来自不同的授课实录,甚至是不同学科的各种小片段,无法让教师获知某一节课的整体教学思路。第三类,围绕一节或几节课的教学漫笔。这类文章往往是一节课的课后反思,或观察了一类课之后有感而发。这类教学漫笔往往比较生动、情感化、吸引人,但缺乏围绕一个主题的深入提炼,缺乏研究角度的诠释。当然,上述三类文章不乏优秀之作,但都不能把它们看作课例,原因在于想进一步凸显作为校本研修方式的课例研究的根本特征:以课堂教学的学科内容为载体,以某个小的研究问题为主题,讲述的是实际发生在课堂教学改进背后的故事。

第二节 学校开展课例研究的行动要点

课例研究是传统教研活动基础上的"精致化",在实践操作的过程中,课例研究试图克服传统教研活动中的一些弊病和问题,增加教研活动中聚焦课堂的"研究含量",有以下五个行动要点。

一、有主题:在问题驱动下聚焦研讨

教研活动往往被教师看成是每周固定时间的一次"例行会议",参与教师现场即兴发挥,研讨过程中教师的发言随意性较大,观点比较发散,甚至有点"跑题"。课例研究中事先要有一个明确的教学研究主题,最好是教学实践中遇到的问题,而且是教研组全体教师所共同关注、有困惑和亟需解决的。课例研究中的主题切忌大而全、面面俱到,不要试图通过一次课例研究解决教学中的许多问题,而是追求通过一次课例研究加深对一个小的研究问题的认识,"小"才有可能"深"。事先明确课例研究主题,针对"小"的具体研究问题开展讨论,教研活动才有可能在问题的驱动下逐步聚焦。

二、有目标:在分工合作中互补受益

以往教研活动中,个别教师备课上课,其他教师只是到现场"听听、看看、说说",缺

乏深度投入。在课例研究中,则需引导每个教师制订有差异的学习目标(即关注点),把教师的差异作为分工合作的重要资源。在备课、观课、研课每个环节,每位参与教师根据自己的目标关注点参与研讨和观察。如新教师处于追求控班和教学清晰阶段,那么在课例研究中可以侧重关注教学环节和结构;比较有经验的教师处在追求多样化阶段,可以侧重关注课堂教学中教学任务的设计和实施情况并进行对比;专家型教师处在追求自我价值实现的阶段,可以侧重于整体把握课堂教学的目标定位、重点难点是否适当等关键性教学事件。这样每位教师在不同的目标任务驱动下,可以深度卷入到课例研究过程中,既有利于实现各自的专业发展目标,又可以把教研组成员之间的差异作为资源,相互学习。

三、有方法: 在技术支撑下突破经验局限

经验是教师日积月累获得的宝贵财富,但往往是零散和默会地存在于教师的头脑中,只有在具体教学情境中才能表现出来。令许多老师感到困惑的是,学校教研活动中总是"你说、我说、大家说",似乎很难跳出感触式的经验怪圈。课例研究中则需要有意识地引进一些课堂教学研究的方法和手段,以此来审视经验所不能到达的地方,或者说通过方法背后折射的理论视角梳理经验,使之条理化并凝练下来。例如,对于教学任务设计,可以采用认知水平上升或下降的分析方法来判断;对于课堂效果的诊断,可以采用前后测技术或分层访谈的方法从学生角度获取等。每个技术背后往往提供了不同于经验式观察的用于理解课堂的独特视角,观察和分析的结果有时与经验一致,有时则产生冲突,这正好可以激发教师跳出经验式思考从而重新解读课堂。

四、有积淀: 在连环改进中留下痕迹

教研组有时会围绕几次"磨课"展开一系列教研活动,但认真反省这一系列研讨内容时,参与者常常会感觉研讨内容似乎"从头再来""似曾相识",没有留下深刻的印象。课例研究要让参与者头脑中留下痕迹、有所积淀,需要从两个方面入手。首要的是主持人不能只是简单地"传话筒",需要反复地梳理教研活动中得到的观点和共识。例如在活动结束前,主持人需要针对课例研究的主题进行梳理:通过对这次讨论,问题主要聚焦在哪几个方面,对其中哪些提出了改进的操作性建议,哪些还没有。当下一次

跟进的教学研讨开始前，主持人同样需要再次阐述上次的研讨"共识"，这样新的一次讨论就有了基础。主持人不断地梳理课例研究中讨论问题的共识、分歧或建议，使课例研究的主题不断地在前一次的基础上深入进行，避免观点的重复和无序。此外，"有积淀"还表现为每个参与者按照分工任务所"撰写"的小结或反思——这次课例研究中本人承担了什么观察任务或记录角度，几次观课在这个角度的纵向记录中比较出什么结果，这一系列的记录对一类课的启发和建议是什么。这种"撰写"的过程本身承载着深刻的思考，对于思维的挑战较高，"撰写"的结果更是本次课例研究中观点和想法的客观物化和外在表现。

五、有本质：在教学设计中找到锚点

课例研究是"以课为例讲道理"，这里的载体"课"，在中国的教研制度背景下往往被同一学科的老师在备课组或教研组活动中作为研讨对象被反复讨论，那么该"课"所承载的学科内容本质问题就凸显出来。再者，课例研究表面上研究的是一节课的改进，背后关注的却是解决一类课的问题，因此该学科的基本观念、基本思想方法等问题必须加以关注。课例研究中关注学科本质，就是找到教学设计和改进的学科内容角度的"锚点"，即从所有的教学设计和活动变化中找到了"不变"。

寻找"锚点"的过程，主要表现为以下三个层面问题的思考：

首先，这节"课"背后该学科的统领性观念是什么。所谓学科的统领性观念，实际上就是对所研讨和改进的这节课的学科性质、学科目标，有一个宏观的整体认识。

其次，这节"课"在整个学科知识体系中处于什么位置。课例研究是通过一节课的讨论使教师们对一类课有启发，因此讨论一节课不能就课论课，而是要放在整个基础教育学段，放在整套教材的视野之下去看——与这节课相关的内容"前面"学了什么、"后面"将要学什么，这里的"前面""后面"不仅仅是该课所处学段内的前后，而是整个基础教育学段。

最后，这节"课"在有限的时间内，要让学生体验到学科本质的哪个方面，到达何种层次。毕竟一节课的时间是有限的，不可能使该学科的学科思想和方法的方方面面都让学生体验到，具体设计应基于学生所处的年段、学生的认知水平，甚至一个班学生的学习程度，需要仔细厘定涉及学科本质的哪些方面需要学生体验和感知，哪些只需埋下伏笔,要制订"有限"的学习目标,而不是盲目地加深和拔高。

作为一种聚焦课堂的有效研修方式,中国的课例研究基于日常的教研活动,具有独特的制度背景和内涵特点,特别是支撑课例研究的教研员队伍——他们是架起理论和实践之间的桥梁,发挥着独特的"中介层面"的作用。但在世界各国开展课例研究的背景下,中国的这种课例研究更需要针对教研活动中的问题做出改进,并有意识地吸收一些研究方法和技术,进一步"精致化"我们的教研活动,在聚焦课堂中提升其"研究含量",让更多的教师从中受益。

第三节 课例研究成果的表达

课例研究作为一种促进教师专业水平提升的有效研修方式,从课例研究的成果表达角度,希望教师能够直接地从阅读课例中受益,特别是看到课堂教学的改进过程,反思获得一类课的改进。我们提出课例成果表达的如下四个要素。[①]

一、课例研究成果表达的要素

(一) 主题与背景

主题与背景这一要素,即要回答这次课堂教学研究聚焦教学中一个什么问题,以及为何选择研究它。课堂教学是复杂的,通常的听课评课往往对一节课从多个不同角度提出各种改进意见。但课例研究并不追求通过一节课解决很多问题,而是追求通过一轮课例研究活动重点认识一个小的研究问题,"小"才有可能"深"。主题最好从题目就能看出,或者开门见山地交代,这样别人可以直接地知道课例所要探讨的问题。此外,还需要交代该课例产生的背景,它可能是教学中的常见问题、教学中的困扰难点、课改中的核心理念等。背景的交代可以使读者感受到整个课例的价值和意义所在,理解改进课堂教学的背景和条件等。

---

① 杨玉东.课例研究的再认识:作为改进课堂的有效研修方式[J].江苏教育,2013(7—8):25—27.

(二) 情境与描述

情境与描述作为课例的要素，即要回答围绕主题的教学研究中，课堂里实际发生了什么。情境是指围绕研究主题的关键的原始片段，描述是指对那些与研究主题不太密切的课堂教学过程采取第三者角度的语言叙述。课例的载体是学科课堂教学，因此原始的课堂情境必不可少，但这不等同于把大篇的课堂实录直接摆进课例里。课堂情境的描述来源于真实的课堂教学及其改进过程，但其细节可以适当删减与调整，需要紧紧环绕研究的主题并凸显讨论的焦点问题。

(三) 问题与讨论

这个要素期望把课堂教学背后改进的过程展现出来，即阐述遇到哪些主要问题，如何做出新的教学决策，这样决策的理由是什么，这种背后的思考可以是群体讨论也可以是个体反思。因为课例反映的是"教学改进背后"的故事，交代问题的产生和解决的过程，可以使读者知道教学改进过程的来龙去脉，否则读者只是感觉描述了一节"好课"，却不知产生这个"好课"的过程是怎样的。对于研究过程中提出的各种问题加以筛选和梳理，最好问题的线索能够环环相扣，这样对读者更具吸引力，可以引发深入的思考和讨论。那种没有问题的"好课"的描述，或者说只是一节"好课"的展示，实际上并不是课例研究所倡导的。

(四) 诠释与研究

这一要素是课例研究中最为重要的，即要回答通过这节课、这个主题的研究，对于一类课的认识和启发是什么。所谓"诠释"，即援引他人的理论对这一系列围绕主题的教学改进过程进行解读；所谓"研究"，即用自己的话对课堂教学改进中获得的认识加以提炼和进一步条理化。无论诠释还是研究，目的都是为了赋予一节课的教学研究结果以更高一层的普遍意义，增加一些理性的成分，让教师对一类课的教学有所启发。不过这种诠释和研究都应该是归纳式的，内容紧扣课例研究的主题和载体，不宜夸大和跳得太高，避免前面是具体的课堂教学实例，后面是一般理论的泛泛而谈。

二、"好"的课例呈现出的特征

课例是以学科教学的内容为载体、具有某个研究主题的教学实例，它不是简单的"课堂实录＋点评"。我们可以按照课例的四个要素——主题与背景、情境与描述、问题与讨论、研究与诠释,把精彩的教学实例研究过程梳理出来,但如果要让课例的可读性强,让读者比较清晰地理解课例的主题思想,对课例的不断修改和加工是必要的。实际上一个好的课例不仅仅满足课例的四个要素,还具有如下几个方面的特征。

（一）主题明确

好的课例载体是学科课堂教学,它们通常是优秀教学经验的凝练,但课例不等同于实录,也不应该抱着"让读者自己去琢磨"的态度。好的课例研究的主题非常明确,开门见山地交代,使读者立即跟随写作者进入研究的状态。这些好课例的研究主题甚至从题目就可以清晰看出,它们往往来自教学实践的难点或突出问题、先进教学理念中的挂钩点、新颖的理论视角等方面。

（二）线索清晰

好的课例会将问题产生的背景,问题讨论中的困惑、冲突,看似无法解决的事件等围绕主题组织起来,使人清晰地了解问题的产生、发展、解决过程。通常,一个好的课例会对研究的思路进行高度的精炼概括,也会把研究过程划分为不同的几个阶段,使用一些小标题。好课例给人的印象是"清清楚楚一条线",而非"糊里糊涂一大片"。

（三）具有关键性事件

除了对于研究过程围绕主题梳理线索,好的课例还表现为具有关键性事件,也就是在课例中有一个非常突出的矛盾焦点会给人留下极其深刻的印象。对于这个反映研究主题中核心矛盾的关键事件往往会多花笔墨、使用突出问题细节的描述。因为有了这种矛盾的焦点——关键性事件,课例更加生动,更有引人入胜的情节高潮,可读性增强了。

（四）过程性资料翔实

好的课例把围绕主题的问题发生过程描述出来,尤其是那些具有教学决定的过程,包括:①教学决定后的教学现象,由此现象引发的新的教学决定,产生的新现象等资料;②有大量细致的观察研究为基础的叙述形式资料,分析与资料混合使用,资料用来解说、证明研究者的诠释;③资料描述比较充分,以便让读者进行自我判断。

（五）有结论和反思

课例研究的结果可以是开放式的,对问题的解决没有答案,以引发读者思考和讨论。但好的课例至少应呈现在本课例中通过研究过程得到的初步结论或阶段认识以及围绕主题的研究后反思,包括对学生感受和教师教学的反思,对教学效果的反思以及由此引出的需进一步研究的问题等。

　　实际上,表达精彩的课例并没有什么固定的写作模式,甚至没有数字序号标记的段落划分,但是仔细研读,会发现课例的几个要素一一具备。如果再配以优美的语言和吸引读者的文风,课例就像一篇好的文学作品一样令人享受而意犹未尽。

第二章　以助学提纲提升学生主动学习品质
——以"函数基本性质1"专题复习课为例[①]

结合嘉定区长久以来力行"品质教育"深化推进的"聚焦学生学习,提升课堂品质的区域行动"重大项目,安亭高中基于自身发展及长期聚焦课堂教学研讨焦点的综合考虑,以"探究高考背景下提升学生学习品质的'助学提纲'开发与运用研究"参与项目,基于课堂广泛开展课例研究。2018年末,高一数学刘园老师执教的"函数基本性质1(奇偶性)"课例即为典型。

第一节　助学提纲作为培养主动学习品质的手段

学校的课例研究立足于培养"学生主动学习品质",以"助学提纲"实践为抓手,旨在研讨在高中数学专题式习题复习课中如何开发出科学有效的"助学提纲"并运用于课堂的精确化教学,激发学生积极的学习兴趣,提升课堂教学的整体效果。立足学校作为区实验性示范性高中的发展基础定位,学生在区域所属学生知识素养与能力序列中等偏下的生情学力水平,大量存在的传统讲授式结构与普遍突现变革意愿的课堂教学常态,围绕"助学提纲"的现有教学研修成果基础的校本情景,开展课例研究是推进学校教学样态变革与"学生学习品质提升"的最切实有效的途径。

一、高中教育外部环境变革的主动顺应

2014年《高考综合改革实施方案》及2018年《高中学业水平考试实施办法》与"高中学生综合素质评价实施办法"共同构成的"两依据一参考"新高考模式成为普通高中

[①] 本章为嘉定区安亭高中课例研究成果。执笔人:柏荣、张春华、李坚。

教育教学整体变革的动力。① 2019年国务院办公厅发布《关于新时期推进普通高中育人方式改革的指导意见》作为重要的纲领性文件，为普通高中全面育人体系的完善与特色化发展进行了系统设计与全面部署。② 上海市高校招生考试与录取方式全面改革，更加注重对学生整体素养，如创新探究、知识能力迁移、社会实践与公民意识等鉴别考察，指示了普通高中教育教学变革方向。2017年颁布的《高中新课程标准》是对2016年《中国学生发展核心素养》从学科的角度具体落实，为新高考改革下普通高中各学科教学变革实践提供了方向和依据。如数学学科包括数学抽象思维、直观想象、数学运算等素养等，语文学科则包括语言的建构与运用、思维发展与提升、审美鉴赏与创造和文化传承与理解等，这些都需要在普通高中课堂，在学生的学习中进行有效落实。

二、区域"品质教育"探索的协同效应

2010年起，在上海市教育科学研究院普教所专业研究团队的支持下，嘉定区着力推行"品质教育"行动。为有效落实区域教育综合改革任务和核心素养培育的目标，2013年以来嘉定区承担的"提升教育品质，聚焦学生学习的区域行动"项目研究触及学校教育的课程建设与开发、课堂教学样态变革和学校管理制度创新等多领域，它是在"品质教育"指导理念下对"品质课程、品质课堂"的深入探索——从理念、价值和精神层面提升区域教育的品味和品质，"品质教育"探究将更加集中关注教育教学中真实发生的学生学习，关注学生学习过程中主动参与、合作探究的过程性体验和精神成长。为此，探究学生综合素养提升，优化完善学校课程体系，指导学生发展规划，拓展教学中方法指导、知识能力迁移与综合运用，塑造全新师生关系，推进学校"立德树人"与

---

① 上海市人民政府. 上海市深化高等学校考试招生综合改革实施方案. [EB/OL]. (2014 – 09 – 23)[2018 – 04 – 08]. http://www.moe.gov.cn/jyb_xwfb/moe_2082/s7866/s8367/201409/t20140923_175288.html；上海市教育委员会. 上海市普通高中学生综合素质评价实施办法. [EB/OL]. (2016 – 05 – 11)[2018 – 04 – 08]. https://gaokao.chsi.com.cn/gkxx/zc/ss/201605/20160511/1559869008.html；上海市教育委员会. 上海市普通高中学业水平考试实施办法. [EB/OL]. (2016 – 05 – 11)[2018 – 04 – 08]. https://gaokao.chsi.com.cn/gkxx/zc/ss/201605/20160511/1559870615-1.html.

② 国务院办公厅. 国务院办公厅关于新时代推进普通高中育人方式改革的指导意. [EB/OL]. (2019 – 06 – 11)[2019 – 12 – 23]. http://www.gov.cn/zhengce/content/2019 – 06/19/content_5401568.html? trs = 1.

"优化学习"目标的达成等成为"教育品质"提升的必然选择。安亭高中作为嘉定区实验性示范性高中,需要在对课堂学习方式转变和学习效能提升等方面开展探索,通过师生合作、活跃课堂教学氛围、激发学生兴趣等以实现"学生有效学习",从而为区域"课堂品质提升"教育变革探索贡献智慧。

三、助学提纲的"常规课堂"的亟待优化

作为自新世纪开始探索的教学形态,学校的"助学提纲"教学形态已形成一定影响——南京十四中借鉴开展"助学提纲"英语教学改革,学校"助学提纲"经验探索成果于2008年出版。[①] 但面对高考改革与新课程标准的新要求,学校生源的知识基础与素养状态,改变旧有僵化单调、浅表低效的"助学提纲"形式(如数学学科的习题汇编、校本教材的低层次结构),探索更适切有效的"助学提纲"样式并运用于教学,形成可迁移、类化的课堂教学新模式,尚需开展系统探索。同时,近年调研数据勾勒出学校日常教学如下常态——"教师备课缺乏内容整合与过程方法创新意识,教学目标笼统不精确,教师'一言堂',无视学生需求,教学局限于知识达标,忽略学生过程参与体验和创新能力、实践意识的培养;学生学习中被动放任,学习缺乏兴趣与主动性,过程缺乏乐趣与获得感,造成学生视野不开阔、知识迁移能力弱等;在片面升学率目标的驱动下,除了简单重复的识记强化,超负荷的巩固联系,知识技能训练之外,缺乏对学生兴趣爱好培养、个性完善、社会责任感、专业志向发展的关注",故借力"助学提纲"课例研究,改善常态教学的"任务重、效率低、缺生气、无兴趣",形成主动学习课堂,提升课堂"品位",成为必然的选择。

四、学科学术基础与教师本人的实践意愿

数学是学校历来的优势学科,也是最早进行系统探究"助学提纲"的学科——目前三个年级的数学教学中已全面使用"助学提纲",且先后形成完整的四个版本。但实践中师生普遍反映提纲的形式单调、层次感不强、针对性目标与使用效果不明显,为有效实现"导学助学"目标,"助学提纲"的内容、结构和使用形式上需要优化。研究所选课

---

① 朱光明,赵萍. 中学"助学提纲"教学方法研究[M]. 上海:上海百家出版社,2008,7.

题为"函数的基本性质1(奇偶性)",本部分内容是普通高中一年级第一学期第四个教学内容板块"函数"的第二节,对应学生相关的数学学科核心素养为"数形结合"和"逻辑推理"。同时根据预定研究时间,新课教学已完成,且在进行过集中练习检测之后暴露出问题——部分学生能够理解函数奇偶性概念,但针对具体题目的解答如"函数奇偶性的判断和运用函数奇偶性原理判断函数特征"方面存在问题,而教师在此阶段还有为提升学生的认识理解难度而引入复杂的"组合分段函数"的设想。故将本课设定为专题式习题复习课,作为小结复习;在学期教学进度上,定位于期中考试后与第二次阶段性检测之间,即"函数的基本性质"内容板块并未学完。这种定内容的专题复习课是数学学科中一种重要的常态课型,也是之前教学研讨中极少被涉及的一种基本课型。承担本次课堂教学的刘园老师,是本学期学校的新进教师,之前有过1学年的初中数学教学经历,对高中数学的教学内容、本校学生数学学习常态、学校数学"助学提纲"实施基础尚处于逐渐熟悉和摸索的阶段,这次担任开课教师既有不受陈规定向经验束缚的优势,教学过程本身也是个体经验丰富、探索和检验的学习过程。

基于以上思考,学校决定组织数学组以刘园老师执教高中一年级"函数的基本性质1"的专题式习题复习课为例,围绕"新高考背景下'助学提纲'的开发与运用研究"开展课例研讨。本次课例研讨目的在于通过围绕课例的研讨整体激发、促进并提升所有参与研究成员专业实践问题的思考与认知,生成、提炼和检验教育教学经验性规律。我们预设本次课例研究的核心问题是:高中数学"函数基本性质1."的新课教学和整体练习之后,如何有效地开发出"助学提纲",有针对性地帮助学生补充纠正知识理解的缺漏,强化学生对相关知识的理解,并能有效运用于相对复杂的情境题目中,学生通过师生、生生合作互动,进行生动、有趣和个性化的学习,有效促进学生数学逻辑推理和数形结合能力的提升。

第二节 从助学提纲到主动学习的理性关联

"助学提纲"实践探索同时关注学生在课堂教学中的知识能力、认知过程、情感体验、价值理念和人格境界、品德思想，尤其关注课堂学习过程中学生的情境体验、内心成长、成就获得感与主体效能等，从而将"助学提纲"的价值由"导助"延伸到"品质关注"。下文将从概念逻辑上解析"助学提纲"与"学习品质"的内涵关系。

一、助学提纲实践现状与概念内涵

（一）"助学提纲"的研究现状

"助学提纲"最早出现于世纪初新课改中，《国家中长期规划纲要》提出新课程改革的基本目标——"老师切实转变传统教学方式，让学生进行自主合作探究学习"，这点明了"助学提纲"的根本价值。① "助学提纲"最早作为一种教学辅助工具，是教师立足学生学情、课程要求和教学情境，对教学内容进行针对性增删、重组与改造而形成的服务于教学目标有效落实的内容，发挥着引导、补充、评价、拓展的功能，等同于"助学案""导学案""导学提纲"等。当前关于"助学提纲"的研究多关注学科有效教学或教学阶段运用的原则方法，系统探究不多。

在学科教学层面，中学物理学科有关"助学提纲"的实践探索较多。李静华系统探究了"助学提纲"教学模式的概念、理论基础、优势，以及该教学模式实施中教与学的原则、手段和策略，"助学提纲"的编写、运用和反思检查等相关经验，提出了"主动探究、开放课堂、有效教学、学习的个体差异性、自主学习能力、减负增效"等主张。② 姜攀研究了中学物理教学中"助学提纲"运用的教学与学习策略。如预习阶段教师使用"助学提纲"向每个学生提出学习要求，并基于学情提出分层要求，教学中教师通过"助学提纲"检查预习，围绕"助学提纲"组织问题与练习，教学中穿插运用，拓展深化"助学提纲"内容，复习阶段围绕"助学提纲"问题与练习进行诊断强化；学生可借助"助学提纲"学会独立思考，相互学习研讨，进行必要联系并及时巩固。③

语文和英语学科方面，王格虎以初中语文《我的叔叔于勒》一文的阅读指导为例，

---

① 国家中长期教育改革和发展规划纲要工作小组办公室.国家中长期教育改革和发展规划纲要（2010—2020年）.[EB/OL].（2010-07-29）[2018-11-21]. http://www. moe. gov. cn/srcsite/A01/s7048/201007/t20100729_171904.html.
② 李静华.新课程背景下中学物理教学改革之探索——"助学提纲"在中学物理教学中的运用[D].苏州：苏州大学硕士学位论文，2009.
③ 姜攀."助学提纲"在中学物理教学中的运用[J].沙棘（科教纵横），2012(12)：168.

使用"助学提纲"引导学生进入生活场景,形成"常情常理,基于生活经验下对历史的同情与周全的理性评析",从而对人物形象与社会背景形成真实的理解。① 刘坤探究了"助学提纲"在高中语文阅读教学中"依据课标、学情与教学内容选择确定教学目标与内容""通过指导预学,理清逻辑和整体归纳,帮助阅读策略的习得与内化""以主题探究和拓展迁移,丰富学习内容,提升阅读思维能力"。② 许国武探究了小学语文阅读教学中"助学提纲"在课前导读和课中归纳——包括"提纲总结、重点导读、构段类推、兴趣择学、按需选读、疑问觉悟"的阅读教学方法。③ 温虹燕以小学语文《威尼斯的小艇》阅读教学为例,运用"导学案"在指导学生预习中发挥"了解背景、整体感知、探究学习和迁移运用"的重要作用。④ 黄莺探究了南京市第五十四中学初中英语教学中"助学提纲"的运用,使教学目标更清晰,学生学习更高效,阐述了初中英语助学提纲四要素——习惯养成(Habit)、关注全体(Everybody)、目标引领(Lead)和促进发展(Progress)的具体运用。⑤ 丁粉林探究了英语教学中"围绕问题设计有效助学案"的方法——"设计层次性,引导学生自由选择","鼓励笔记式圈画,寻找各自困惑","尊重个体性意见,引导学生合理补充"等。⑥

对"助学提纲"的理论性和系统性研究不多。朱光明、赵萍等立足二期课改以来安亭中学在"语、数、英、理、化、生、史、地、政"的学校全科教学中"助学提纲"以学定教、以学拟纲、以学论质、与时俱进的内涵,以及"助学提纲"编制与实施的要领与策略,进一步将"助学提纲"衍生为一种教学模式,即教师根据学科教学的基本要求,设计出章节学习目标、自学方法、基础练习、拓展学习、深化建议等为主要内容的"助学提纲",让学生在课前、课中和课后以此为抓手进行自主学习,经历独立思考、问题研讨、教师点拨、练习探索、复习巩固等辅助学生学习的模式。⑦ 郑春芳提出教师教学中使用"助学提纲"可及时获取课堂教学效果信息,并对教学进行调整,助学提纲有助于保障及时反馈

---

① 王格虎.阅读教学:助导学生学会重返生活现场[J].陕西教育(综合),2014,(3):60,62.
② 刘坤.高中语文阅读教学助学导思策略研究[J].新课程,2016(12):6—7.
③ 许国武.阅读教学导学方法论[J].厦门教育学院学报,2001,2(6):54—56.
④ 温虹雁.导学案助益阅读教学——以《威尼斯的小艇》第一课时为例[J].阅读·写作,2015(9):67.
⑤ 黄莺.助学提纲在初中英语教学中的运用[J].镇江高专学报,2015,(4):123—124.
⑥ 丁粉林.提高英语课堂助学有效性[J].疯狂英语·教学版,2016(4):100—101.
⑦ 朱光明,赵萍.中学"助学提纲"教学方法研究[M].上海:上海百家出版社,2008,7.

的"针对性""激励性"和"交互性",从而关注到了"助学提纲"作为有效教学信息反馈手段的作用。① 当前来看,南京市第五十四中学的"HELP"教学模式对"助学提纲"的探索最为系统。②

(二)"助学提纲"概念生成

著名哲学家雅斯贝尔斯在《什么是教育》中写道:"教育的本质意味着:一棵树摇动一棵树,一朵云推动一朵云,一个灵魂唤醒一个灵魂。"最好的教育不是形塑铸造,而是启发唤醒,充分尊重学生作为认知与情感独立体的主体性,在此基础上协助其成为因其特质决定所要成为的人。课堂教学上,这种观念体现在提供资料、塑造情景帮助学生积极、主动、个性化的有效学习,"助学提纲"就是其具体体现。

在理念上,"助"即"辅助、协助、扶助",表明在教育教学中,教师处于辅助从属地位,发掘实现学生真实进步提升的功能,体现对学生主体自主性、个性化需求、兴趣爱好和自由选择的尊重维护,展现教育助人、树人、成人的本质;"学"不仅指教学,更指学生自主学习探究与全面协调可持续发展,学校课程开发、教师专业素养、教育精神与办学理念等特色育人系统;"提纲"既显示其简要精当、灵活且针对性强的形式特征,也表明其作为系统模式指导教育教学"从学校需求出发,促进学生综合素养提升"的主导地位。"助学提纲"即要求教师根据高考改革后各学科教学的基本要求,依据学生的认知水平与知识经验,科学编制单元或课时学习目标、学习内容、学习流程的学习提纲,让学生在课前、课中和课后,经过独立思考、问题研讨、教师点拨、练习探索、复习巩固等助学环节,促进学生自主学习、自主探究、自主获取知识。让学生在提升对外部世界的感受、体验、认识、欣赏、改变和创造等能力的同时,不断丰富和完善自己的生命世界。因此"助学提纲"不仅适用于基础型课程,同样适用于拓展型、研究型课程,它是源于教材而高于教材的有效辅助材料,是教师用来帮助学生掌握知识、培养能力的重要媒介,是基于课程标准、学生实际和教学有效性之间的平衡点,是学校课程实施的全新载体。

在实际运用中,当前"助学提纲"主要集中于文本载体的练习题和辅助资料的形

---

① 郑春芳. 例说助学提纲对即时反馈的作用[J]. 中学课程辅导,2017,36:10.
② 南京第五十四中学. H-E-L-P教育观下的"助学提纲"——一所学校教学改革的探索[EB/OL]. (2011-09-02)[2018-04-08]. https://wenku.baidu.com/view/1c17a8ec5ef7ba0d4a733b82.html.

式,未来的实践中需要进一步拓展,突破补充练习、校本教材、课外拓展知识的目标与形式局限,将所有运用于促进学生积极主动、趣味与个性化学习探究的过程的资源、情境、活动等均设定在"助学提纲"的范畴内,进而在相当程度上将之视为"微课程"。真正使得课堂教学从设计到实施都切实从学生学习出发,将"助学提纲"作为实现课堂生态和学生学习模式转型的重要抓手。

故此,助学提纲是指在课程开发、学程设计、教学实施、心理健康、社会实践、生涯规划等多领域,基于学生现实状况、核心素养培养和全面协调可持续发展要求,有效借助教育教学情境和现代信息技术与多媒体教育手段,从学生需求出发,发动学生积极参与师生群体合作,发展诊断、引导、辅助、咨询、拓展等有效促进学生学习与发展的简明扼要的教育系统。相比传统"导学稿、助学案、校本作业"等教学辅助工具,"助学提纲"是立意更高、涵括更广、探索更系统的多要素情景整合以促进学生有效学习与发展的教育教学系统模式。

二、"主动学习品质"内涵解析

（一）"主动学习品质"的典型研究回顾

在教育实践领域,"主动学习"作为惯常概念,直接关联学习积极心态与主动参与状态。目前大多数文献多集中于起始教育阶段,尤其是幼儿园和小学初段。

小幼教育领域中"主动学习品质"研究更多呈现为学科教学情景中的经验总结。范妍秋指出深入研究教学中的启发性提问,以促进幼儿主动发展,具有积极的意义。[1] 赵振宇指出"将关键词教学贯彻于教学过程的始终,将导师和学生的位置互换,课内教学与课外教学相结合,充分发挥学生团队的力量"有助于处理好课堂教学关系,调动学生学习主动性、积极性。[2] 顾元胜研究初中数学教学提出营造自主学习氛围和情境,激发学生主动参与意识和兴趣,引导学生独立自主、合作探究,积极主动学习,让学习由被动变为主动,培养学生主动参与、乐于探究、交流、合作与实践的意识和习惯,真正做到把"要我学"变为"我要学",把"学会"变为"会学",培养学生主动探索精神和

---

[1] 范妍秋.启发性提问引发幼儿主动学习品质的研[J].成才之路,2015,(16):36.
[2] 赵振宇.调动学生学习的主动性和创造性——关于提高课堂教学质量的实践与思考[J].课程与教学,2005(12):33—35.

主动能力。① 安丰德指出历史教师在课堂教学中要体现"教为主导,学为主体"的教学理念,就要倡导学生主动参与,乐于探究。教师的角色变为学生学习的引导者和组织者,以培养学生探究式的学习能力。②

对"主动学习品质"相对系统的研究成果较少。如高奋华指出"建立良好的师生关系,创设宽松和谐的教学环境;善于运用言行表情,鼓励学生成为课堂的主人;课堂培养学生多种参与方式,培养严谨的科学学习习惯"有助于培养学生"主动学习品质"。池浩田对呼和浩特市幼儿园进行抽样调查,研究大班幼儿在科学集体教育活动中学习主动性的五个维度——主动参与、主动发现、主动探索、主动交往、主动合作的表现特点与幼儿学习主动性培养现状,得出指导幼儿学习主动性发展的成功经验:活动氛围安全和谐、活动目标设计全面、活动材料围绕目标、活动材料分次投放,并从活动目标、活动内容、活动过程、活动评价、家园合作等方面对幼儿园在科学集体教育活动中促进幼儿学习主动性发展提出建议。王静指出主动学习是幼儿通过直接操作物体,在与成人、同伴、观点以及事件的互动中,建构新的理解的学习过程。并分别就教师层面——构建平等民主的师幼关系,沟通合作的同伴关系;制定弹性的作息制度;保证时间上的充分性;创设良好的班级空间环境,激发幼儿的学习主动性;提高教育教学水平,注重教学策略的发挥。幼儿园层面——提供教师在职培训机会,提高教师认知和实践水平;充分利用幼儿园空间环境,保证幼儿学习主动性;注重家园合作的落实,保证教育行为一致性;合理设置幼儿园课程,注重培养幼儿学习主动性,对幼儿园培养幼儿主动学习品质提出建议。2018 年上海市由由中学的区素质教育实验校创建项目"培养学生主动学习品质的实验研究"基于教育心理学、学习心理学等理论针对学科类学习与德育内容等领域,探究学生"主动学习"品质培养基本策略、内容、途径和方法,以提高教育教学效能,改进、优化学生的学习品质,促进学生的主动学习与发展。③

---

① 顾元胜. 初中生探究性学习能力的培养和提高——浅谈如何在数学教学中培养学生自主合作探究学习方式[J]. 数学教学与研究,2018,7: 32.
② 安丰德,田洪艳改. 革初中历史教学方式,培养学生主动学习品质[J]. 中学历史教学,2014,3: 12—13.
③ 海市由由中学. 培养学生"主动学习"品质的实践研究——上海市由由中学创建区素质教育实验校实验项目方案. [EB/OL]. (2019 - 07 - 21) [2019 - 12 - 21]. https://wenku.baidu.com/view/58aa448d4a73f242336c1eb91a37f111f0850d2d.html.

（二）"主动学习品质"概念辨析

"品质"是指特定事物的本质属性，是影响乃至决定事物或事物形态质量的要素。"主动"是一种心理内因动机与行为上外显倾向的混合心理因素。"主动学习"是基于学习个体因学习的内在需要而激发的一种热烈的求知情绪和积极的求知行为，即常说的"我要学""乐学"的情绪和行为。从心理指向性上看，"主动学习"强调个体内在的学习意向与行为趋向性，而"自主学习"则更强调主体对自己外在学习过程的实际掌控。故两者存在根本差异，主动学习可以在受控制和被协助的状态下发生，自主学习则必须是主体独立计划实施的全过程。

"主动学习"品质是指基于学生主动学习的动机、兴趣、态度、习惯等非智力因素，主要表现在浓厚的学习兴趣、主动的学习责任和良好的学习习惯等方面。[①]

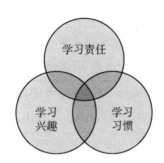

图2-1 "学生主动学习品质"的心理结构

学生的学习兴趣是指一种带有强烈感情色彩的渴望获得知识和技能的个性心理特征，是对个体学习活动的一种积极的认识倾向和情绪状态。[②] 学习兴趣驱动着学生学习活动，保障学生学习过程积极正向的情绪体验。实践证明，有兴趣的学习能收到良好的效果。

学习习惯是贯穿于学习过程的行为表现，是学习品质诸多要素中具有外显特征的品质，如预习习惯、上课习惯、作业习惯等。[③] 良好学习习惯的培养是主动性学习品质

[①] [美]马里奥·希森. 热情投入的主动学习者——学前儿童的学习品质及其培养. 霍力岩，房阳洋，孙蔷蔷，等，译. [M]. 北京：教育科学出版社，2018，1：25.

[②] 曹正善. 论学习品质[J]. 集美大学学报，2001(12)4：14—18.

[③] 彭贤智. 对学习品质的结构与培养策略的研究[J]. 唐山师范学院校报，2004(1)：75—79.

的基础性内涵,也是课堂主动学习的基本要求。

学习责任是指学习者充分认识到学习是个人应尽的义务和责任的认识和体验,是个人对自己学习负责的态度和担当,表现为学生对学习目标和意义的正确认识及由此产生的对学习的积极态度和敬业精神。[①] 高度的学习责任心是主动学习的必要条件,而浓厚的学习兴趣和良好的学习习惯则是学生主动学习的充要条件。唯有使"主动学习"品质内化为学生自我需要并稳定地表现为学生良好的学习习惯,自主学习才能真实地发生。[②]

(三)"主动学习品质"内涵的实践解读

不同于起始阶段以学习意识行为形成为核心任务的"主动学习品质"研究,作为认知发展到成熟度的高中学生,其"学习主动性品质"不仅要强调处于个体心理内隐层次学习行为——内部驱动与外部诱因共同构成的动机所表现出来的学习兴趣,更应该注重意识层面基于价值辨析的学习责任感,意志驱动下表现为稳定性行为的学习习惯。鉴于在目前"满堂灌"盛行的课堂教学生态下,大部分学生学习的被动消极状态与乏味枯燥的学习过程体验,作为"课堂品质"与学生学习能力可持续发展的重要评价指标,学生的"主动学习品质"应着重通过其参与课堂学习活动的行为表现出来。从参与主体行为模式上分类,能将学生课堂"主动学习品质"从学生课堂学习活动的行为表现上分解为"学习投入、参与合作、深度反思"三个层面,从而为"助学提纲"课堂中学生"主动学习品质培养"评价提供实践依据。

图 2-2 "学生主动学习品质"的实践内涵体系

---

① 程介明. 让教育回归学习[J]. 上海教育,2012(25):23.
② 郑秉湫. 论学习教育[M]. 天津:天津社会科学出版社,1996:17.

第三节　助学提纲激发主动学习的课堂改进历程

本次课例是由我校科研中心组与数学教研组共同合作，并在上海教科院普教所和嘉定区"品质课堂"重大项目专家组共同的指导下进行。下文分别介绍本次课例研究的过程要件。

一、课例研究过程与开课模式

（一）"函数的基本性质1（奇偶性）"复习课开课情况

结合学校《新高考改革背景下普通高中助学提纲的开发与运用研究》的研究计划，本课例研究的主要活动过程具体安排如下：

1. 设计与预备阶段

12月5日，刘园老师提交"函数的基本性质1（奇偶性）复习"的助学提纲（包含知识提纲和巩固训练6种类型33个题目）与教学设计（导入、新课、小结三环结构，涉及回顾概念、性质判定中定义法、图像法和性质法的运用）最初稿材料。12月10日，在与年级组数学教师研讨后，刘园老师提交修改后的"助学提纲"与教学设计第一稿。

表2-1　"函数的基本性质1（奇偶性）复习"课例研究参与人员简况及任务分工

成员	简况	任务分工
杨玉东	上海教科院研究员	课例研究指导专家
季　凤	嘉定区数学教研员	课堂教学指导专家
李　坚	校长（分管教学）	项目研究负责人
张春华	教师发展处主任	课例研究召集人
彭　朴	数学教研组长	组织与支持组内教师课例研究
刘　园	授课教师，教龄1年新教师	教学设计、上课、研讨、撰写课例

成员	简况	任务分工
同组教师	一、二年级共八名数学教师	现场观课,记录观课数据,参与研讨
封晓佳	信息管理员	现场录制,观课数据收集分析
柏 荣	课例研究联络规划	过程支持、工作传达与沟通协调

2. 第一次授课与研讨

12月11日上午第三节,刘园老师在本校高一(4)班首次上课,课例研究指导专家杨玉东教授现场听课,本校数学教师吴新萍、彭朴、金粹、陈非分别借助多元观课平台进行现场观评课。同日下午组织首次教后研讨,观课平台数据反馈给刘园老师,同年级陈非、金粹、李坚三位教师评价课堂教学和提纲开发质量。

3. 第二次授课与研讨

12月15日,刘园老师综合组内教师研讨意见、观课平台上教师评课建议和指导专家意见,形成第二次授课的"助学提纲"和教学设计。12月18日上午第四节,刘园老师在本校高一(3)班第二次上课,课例研究指导专家杨玉东教授和区数学教研员季风老师现场听课,本校数学教师金粹、李绍宏、彭朴、陈非分别借助多元观课平台进行现场观评课。同日下午,针对刘园老师二次授课进行课例研究,观课平台上二次授课的观测数据反馈给刘园老师,陈非、金粹两位教师评价课堂教学和提纲开发质量。

4. 改进后第三次授课

1月8日,刘园老师综合组内教师研讨意见、观课平台上教师评课建议和二次教后研讨的指导专家意见,形成第三次授课的"助学提纲"和教学设计。

(二)"函数的基本性质1(奇偶性)"课例研究推进模式

为有效规避班级异质性、教师教学差异性的影响,同时便于纵向观察教师对"助学提纲"的精细化设计与运用的主要研究问题,课例研究以"多轮改进"模式组织,刘园老师分别在高一两个平行班级各自执教"函数的基本性质1(奇偶性)"专题式习题复习课,比较发现有效开发与运用"助学提纲"的基本经验。

二、课例研究中辅助应用的观察工具

在上海教科院普教所杨玉东教授团队的指导下,基于"自主、趣味、开放、深度"的当前课堂教学改进重点,结合嘉定区"聚焦学生学习提升课堂品质的区域行动"重大项目组对于"课堂品质"内涵的解析,与本课教学设计的整体思路,课例研究组确定"主动学习"为本次课堂品质的关注重点,并基于相关文献与理论分析,形成基于"主动学习品质"实践内涵的课例研究"品质"评价指标,以此来评析课堂教学任一环节中教与学对"主动学习品质"的体现。

表2-2 "提纲式"课堂教学中"主动学习品质"的层级评价指标体系

品质特征类别		品质特征层级表现		
		1级(潜在可能)	2级(明确表现)	3级(明确强化)
主动投入 A	教师(T)	鼓动潜在学生"投入"的倾向	明确要求学生"投入"	任务有明确要求且对学生"投入"强化
	学生(S)	潜在性"投入",如愿望、情绪、态度等	行为和语言表现出明确的"投入"动机(兴趣)	积极获取表现机会,形成竞争
主动合作 C	教师(T)	任务有潜在"合作"的可能需要	任务明确要求学生"合作"	任务同时对学生"合作"有强化意义
	学生(S)	情绪、态度上表现出"合作"	行为和语言中明确的"合作"	"合作"分工有序且效果良好
主动反思 R	教师(T)	任务有"反思"潜在可能	任务表述中明确让学生"反思"	任务有激发学生"反思"的内涵
	学生(S)	"反思"的愿望、情绪、态度等	明确表现出"反思"学习方式,如归纳、提炼、比较等	表现出高阶的"反思"学习行为,如批判性、建构

此外,针对"助学提纲"课堂效果的普遍评价,项目组基于学校日常使用的"多元观课电子平台",选择了与"提纲预设质量""教师的生成性支持""学生的活动参与"三个相关的包含8个主题项目、23个指标观测点的指标体系,将之固定成为"多元观课电子平台"的常备观测指标,用作"助学提纲"课堂的质量考察依据。

表2-3 "助学提纲"课堂教学质量评价指标体系

观测对象	提纲预设				"教"的支持		"学"的参与	
分解主题	预设内容	预设过程	预设方法	预设工具	情境塑造	有效引导	参与形式	参与质量
分解指标	契合学生基础经验／符合课标大纲要求／基础性资源实况	过程完整／进程流畅	教学效率／方法多样	运用有效／教具运用／媒体运用	情绪渲染／氛围营造／针对性激励	应答反馈／关键点拨／引导拓展	主动倾向／参与频次／参与方式	任务类型／思维层次／过程方式／成果表达

三、课例研究中的课堂教学结果分析

通过对三次递进式教学设计与两次教学的过程材料归纳整理后，我们运用上述学校自主开发的评课工具，借鉴本区品质课堂项目组运用的目标、内容、过程三维度课堂分析框架，分别从教学设计（提纲）与课堂实践（教学）两方面比较分析三次设计与两次教学。

（一）"函数的基本性质1（奇偶性）复习"课例的质量分析

1. 目标与内容——三次教学设计的比较

（1）三次设计的提纲内容解析比较

三次"助学提纲"设计文本的形式改进体现出由庞杂到凝练，不断提纯精炼的过程。如首次教学前"函数的基本性质1（奇偶性）复习"的助学提纲包涵判断、填空、选择、图示、运用等6种类型33个题目，这对一堂课的最大容量而言，内容太多，尤其是练习部分内容太多；二次教前的"助学提纲"题目急剧精简，知识提纲以填空题形式呈现，涉及函数奇偶性概念与判断方法，练习巩固中各有例题练习题1道，后附练习5道，知识结构图示1张，共计练习题13道。在容量上考虑到课堂的有限，真正体现了助学材料与活动的"提纲"性质。在教学中，内容精确化凝练不仅是课堂科学化的直接考量，更是教师在对教学内容、学生学情等合理把握基础上对教学目标科学设定的直接反映。

表2-4 "助学提纲"设计内容含量的比较

观察类目	题型	数量
第一次	6	33
第二次	3	13
第三次	3	11

（2）三次教学设计的表述形式比较

三次"助学提纲"运用的教学设计文本最直接体现出表述角度的转变——从"教学"到"学习"，包括"教学目标、重难点、教学环节、师生活动、教学意图"转变为"学习目标、重难点、学习过程、教师辅助、活动意图"等。外在的文字表述与设计者内在观念的转变——"教师教授教材中心"转向"学生学习活动中心"相契合。尽管这种方式尚在探索中且不够成熟，但是它无疑代表着教师不自觉地内在思维意识的革命。在表述形式转变后的教学设计中，教师的课堂设计以学生学习为核心，以活动设计为先导，不再将知识的逻辑而是学生认知的逻辑作为课堂学习活动过程设计的依据，从而自然而然地形成课堂学习设计思路，在这一点上，第二次教学设计文本与第一次比较尤为凸显。

表2-5 教学设计典型表达方式的比较

观察类目	典型表达方式
第一次	教学目标、教学重难点、教学环节、知识总结
第二次	学习目标、学习重难点、学习流程、课堂回顾
第三次	……

（3）三次设计提纲类目结构分析比较

三次"助学提纲"与教学设计文本的改进鲜明地体现出从知识分散到结构化整合的取向，第一次"助学提纲"题目围绕判断、填空、选择、解答的基本题型，缺乏对题目背后知识内在的逻辑关联的思考；经首次教学后重新梳理，发现练习中基本错题包含四类——定义判断奇偶性错误，复杂函数表达式的错误判断，组合函数的常见判断错误，分段函数与非奇非偶函数的判断错误，从而将教学与提纲精简为"分段函数奇偶性判断、分段函数奇偶性运用、组合函数奇偶性运用"三部分。经过第二次教学之后，关联高中数学前后知识,进一步依据课程标准将教学设计的主要内容调整为"分段函数奇偶性判断、分段函数奇偶性运用、带参数的函数奇偶性运用",将代数式的相关知识与函数知识整合贯穿勾连,使得教学从目标、内容到过程的结构化程度增加。内容结构化不仅解决了外在文本的简洁问题,更是教师对知识体系、学生认知的深刻理解,结构化教学设计代表着教师教学水平。

表2-6 "助学提纲"设计的模块结构

类目观察内容	主题内容项目
第一次	选择题、填空题、判断题、运用题
第二次	分段函数奇偶性判断、分段函数奇偶性运用、组合函数奇偶性运用
第三次	分段函数奇偶性判断、分段函数奇偶性运用、带参数的函数奇偶性运用

2. 过程与效果——两次教学实践的比较

两次教学实践的比较以两次现场观评课数据及指导专家的反馈意见为据,立足于"'助学提纲'驱动学生学习方式和课堂教学模式"的研究价值取向,集中使用多元课堂观测平台中"学生学习、教师媒体运用与专业表达、教学效果"三方面主要项目数据(教师专业表达与媒体要素运用可整合)。具体分析如下:

(1) 两次教学学生学习表现的比较

针对首次教学,观测学生学习的教师彭朴提供意见:"学生思考问题时间不同,解题方法有差异;学生能动笔解题,表达自己的想法;学生几乎没有讨论;建议可以设计一些讨论题提供给学生讨论,合作学习"。课后研讨中,李坚老师也提出教学目标具体化与精细化问题,指导专家杨玉东教授针对首次上课在学生学习方面的提纲建议是"学生多讲、多表达思考成果,通过学生活动与思维过程展示助学提纲的'助'和教师的点拨和导向性"。二次观课中李绍红针对学生学习状况提出"到黑板上板书的同学6人次太少,建议让更多学生的任务完成情况得到及时反馈。教学中给予学生活动实践和参与方式太少,虽有改进,但是依旧暴露出学生主动性参与活动不足的弱点"。总而言之,在学生学习方面,尽管有所改进,但课堂给予学生参与展示的时间与途径均有不足,这个缺陷带有普遍性,也是未来探索课堂教学模式转型的症结所在。

表2-7　12月11日刘园老师课上各环节学生参与活动用时（评价者：彭朴）

学习活动项目	倾听A	阅读B	思考C	书写E	绘图F	发言G	计算J
导入	10.00	6.00	11.00	15.00	8.00	4.00	
新课	9.00	11.00	7.00	18.00			
总结	8.00	7.00	9.00	9.00			
数量统计	27	26	27	42	8	4	

表2-8　12月18日刘园老师课上各环节学生参与活动用时（评价者：李绍红）

学习活动项目	倾听A	阅读B	思考C	书写E	绘图F	发言G	计算J
导入	4.00	4.00	4.00	4.00	4.00		4.00
新课	4.00	4.00	4.00	4.00	3.00		4.00
总结	4.00			2.00		1.00	
数量统计	12	8	8	10	7	1	8

（2）两次教学媒体运用与表达的比较

针对首次教学，吴新萍老师的评价意见为"奇偶性的概念，具备奇偶性的条件，判断奇偶性的一般步骤等，都讲得很清楚，条理清晰；典型例题选得不错，学生也很配合，但关键点没强调"。在提纲的设计方面，杨教授提出诸多建议如"教学设计的落脚点、理解学生错题的思维盲点和练习题目的结构化精选"。二次教学之后，彭朴老师的评价为："几乎没用教材，教学重点不清晰，导学案编写思路有待改进；需要从学情出发，精心编写导学案，注重教材的示范效应，注意解题方法"；金粹老师指出教师"讲解不到位，经验不足；还要多多研究教材，深入题目，了解学生"。杨教授指出要"理清部分学生对象感的混乱，由知觉到抽象，由具体到一般的提纲整合原则"等。媒体运用与专业表达是二合一的关系，共同体现在"助学提纲"开发与运用的由静态到动态的过程，数据显示众多教师认为当前助学提纲本身质量及教学有效运用尚有探索的巨大空间。

（3）两次课堂教学效果分析比较

针对首次教学，陈非老师指出"教学环节组织、学习状态呈现还有待改进；本节课的教学重点和难点还不够明确，应针对学生容易错误的地方，有目的地设计学习过程，选择典型习题，并随时关注课堂生成，适时进行纠错和改进"。二次教学之后，陈非老

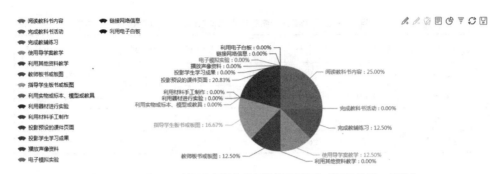

图2-3　12月18日刘园老师课上教师媒体运用行为（评价教师：彭朴）

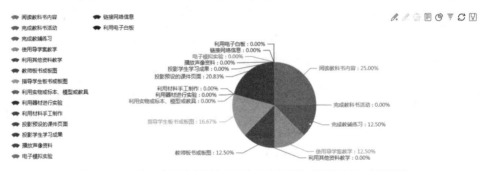

图2-4　12月11刘园老师课上教时专业表达行为（评价教师：吴新萍）

师总结"本节课的教学目标和重难点较为明确，课堂教学过程也较之前更为流畅，教师的教学用语可以更精炼一些，对数学问题的分类可以再精准一些，挖掘再深入一些，要注重引导学生在思维的基础上加强自主探究和学习"。在"助学提纲"与教学设计结构化之后，教学效果评价的数据改进最显著，这从一个侧面反映出数学课教学中提纲设计本身质量的决定性意义，同时也显示了精确性原则在"助学提纲"与教学设计中的核心地位。二次教学效果的改进根本原因在于提纲与教学设计中对目标、对象、内容、活动的精确性设计和把握。

总之，基于两次上课的视频，三份过程性"助学提纲"与教学设计和最终形成的成果性"助学提纲"与教学设计，我们对形成的数学组课例研究简况资料与样本课例研究进行了总结分析，了解到了本次数学教学设计与教学中的问题，形成了数学专题复习课的"助学提纲"与教学设计基本模式，以及数学学科课例研究实践操作思路，并分析了学生与设定教学内容的思路方法，达成这样的共识——逐渐精确化的"助学提纲"有

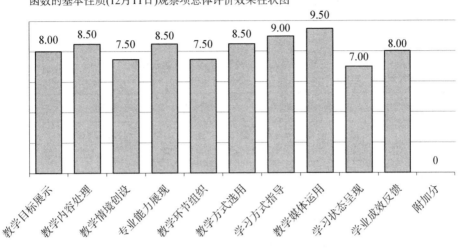

图 2-5　12月11刘园老师课上教时教学效果分析（评价教师：陈非）

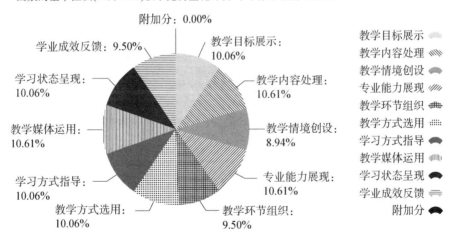

图 2-6　12月18刘园老师课上教时教学效果分析（评价教师：陈非）

助于促进高中一年级数学专题式习题复习课的课堂教学效果与学习品质的提升。

（二）指向"学生主动学习品质"的"函数的基本性质1"课堂解析

1. 首次教学的"学生主动学习品质"观测评价

（1）首次教学的"学生主动学习课堂品质"观测结果

下表为 2018 年 12 月 11 日首次课后，组内教师在课例指导专家杨玉东老师的指导下共同完成的关于刘园老师高一(4)班"函数的基本性质1(奇偶性)"教学的"主动学习品质评价"。

表2-9 第1次教学学习特征观察记录表

任课教师<u>刘园</u> 课题<u>函数的奇偶性复习</u> 20(18)年(12)月(11)日(<u>上午</u>)第 <u>2</u> 课高一(4)班

课堂教学环节	教师导学的设计层级	学生学习的表现层级	说明
导入部分	任务描述：使用风车、窗花等生活图形引入旋转图形到对称图形 编码：TA3　TR2	表现描述：学生反应积极，该阶段顺利完成 编码：SA3　TR2	
复习旧知（概念性质）	任务描述：教师提问有意识地转换提问方式 编码：TA1　TR3	表现描述：学生回答，但未按照老师意图回答 编码：	
习题检验	任务描述：出示四个函数判断奇偶性 编码：TA1　TR2	表现描述：学生应答简单被动 编码：	
要件提示	任务描述：提示先判断函数的定义域取值范围 编码：	表现描述：学生记笔记 编码：SA2	
定义法1 方法提示	任务描述：提出判断函数奇偶性的定义法 编码：TA1	表现描述：学生应答 编码：SA2	
定义法2 解题示例	任务描述：教师请学生选择题目，教师解析，随后总结思路 编码：TA3　TC2　TR2	表现描述：学生选题学生看解题过程 编码：SA3　SC2	由学生选题的师生合作
定义法3 学生解题 教师评讲	任务描述：请学生展示解题，讲评时指导全班与解题同学问答质疑互动 编码：TA3　TC3　TR2	表现描述：被叫学生展示解题，随后回应教师与其他同学问题 编码：SA3　SC3	同时体现师生、生生互动
图像法	任务描述：提问图像法判断的标准，将判断关系互为因果提问 编码：TA1　TR2	表现描述：学生应答 编码：TA1	
性质法1 判断依据	任务描述：多媒体展示四条奇偶函数合并的规律 编码：TA2	表现描述：学生回答奇偶函数四种合并的结果 编码：SA1	

续表

课堂教学环节	教师导学的设计层级	学生学习的表现层级	说明
性质法 2 填空题	任务描述：提问学生助学提纲上的填空题，其中第 5 题提问做题同学 编码：TA2　TR2	表现描述：被提问学生回答，第 5 道题的同学反思错误 编码：SA1　SR2	做题学生的反思
性质法 3 解析题 1	任务描述：教师在学生有难度时提示，教师讲评 编码：TA3　TC2	表现描述：学生听取提示，完成习题 编码：SA2　SC2	师生互动
性质法 4 解析题 2、3	任务描述：教师请学生展示，教师讲评 编码：TA3	表现描述：学生完成习题 编码：TA2	
性质法 4 解析题 4	任务描述：教师完成题目并讲析 编码：	表现描述：学生上黑板未完成题目 编码：	时间限制题目未完成

(2) 首次教学典型细节的"学生主动学习品质"评析

① "主动投入"效果解析

本堂课尽管在教学环节 7（定义法 3 学生解题、教师讲评）和环节 12（性质法 3 解析题 1）中，教师的导学有意识地表现出对学生"主动性"的鼓励，学生的主动表现也呈现出了相对较高水平，但仍局限于被抽到的学生。除以上环节外，教师在导入环节引入生活中常见的对称图形让学生判断对称方式时，学生表现出一个主动参与的高潮。也就是说，本堂课大部分学生课堂参与的"主动性"表现在 1 的水平上，教师没有有意识或明确地在导学中要求或鼓励学生积极参与课堂、争取表现，学生也多表现为被动接受教师指派的学习任务，包括在集体练习时也是如此。对此问题教师需要有意识地关注和改进。

② "主动合作"效果解析

本堂课的各环节中，教师问学生答和教师问单个学生答的活动较多，学生与学生之间的相互交流、辨析不多。同时教师和学生的问题绝大多数内容是"对不对、是不是、是什么"这一类思维层次较低的问题。学生集体完成练习的阶段也没有发生相互讨论和交流，尽管教师在该阶段明确表达了可以相互启发交流的要求。互动层次较高的环节体现在环节 7（定义法 3 学生解题、教师讲评），同学上黑板完成习题后，另一个同学与之发生质辩,环节 12(性质法 3 解析题 1)学生一边听取教师从错题讲析中形成的结题思路,一边在同学的提示下完成习题。这些暴露了教师在日常教学中对学生合作学习习惯的倡导与培养相对欠缺。

③ "主动反思"效果解析

本堂课教师在导入环节使用风车、窗花等引导学生回顾对称图形,复习旧知环节以变换因果结构的方式提问函数奇偶性的基本概念时,对导学任务试图预设较高的反思性,但学生的反思性表现相对则弱一些,复习旧知环节基本流于记忆,缺少反思。教学环节 6(定义法 3 学生解题教师评讲)、环节 8(图像法判断原理)、环节 10(性质法 2 填空题)教师分别通过生生质疑互动、判断条件因果倒置表述和同学间纠错辩解设置出了要求反思的导学任务,但是学生只在环节 10(性质法 2 填空题)解题思路归纳时表现出了相当于水平 2 的反思行为。以上说明学生在数学学习中,尤其是在具体解题过程中整体缺乏反思意识。

2. 二次教学的"学生学习品质"观测评价

(1) 二次教学的"学生学习品质"观测结果

以下为 2018 年 12 月 18 日第二次教学后,组内教师在课例指导专家杨玉东老师的指导下共同完成的关于刘园老师高一(3)班"函数的基本性质 1(奇偶性)"(专题性习题复习课)教学的"课堂品质评价"结果。

表 2-10　第 2 次教学学习特征观察记录表

任课教师 刘园　课题　函数的奇偶性复习　20(18)年(12)月(18)日(上午)第 4 节　高一(3)班

课堂教学环节	教师导学的任务层级	学生学习的表现层级	说明
知识回顾	任务描述:以表达式的方式提问函数奇偶性特征 编码:TA3　TC1	表现描述:被提问学生回答 编码:SA2　SC1	
思路梳理	任务描述:提问与多媒体动态结合提示函数奇偶性判断的思路 编码:TA3　TC2　TR2	表现描述:学生参与多媒体分步骤思路图归纳 编码:SA2　SC2　SR2	图式归纳体现反思性
分段函数 1 学生解题	任务描述:抽请学生做题 编码:TA2	表现描述:学生展示 编码:	

续 表

课堂教学环节	教师导学的任务层级	学生学习的表现层级	说明
分段函数2 练习讲评	任务描述：引导学生提问质疑 编码：TA3	表现描述：学生间互相交流纠正 编码：SA2　SC2　SR3	生生活动突出
分段函数3 学生再解题	任务描述：引导学生自解自评 编码：TA3　TC2　TR2	表现描述：学生与老师应答完成解题纠错 编码：SA2　SC2　SR3	师与一生互动
分段函数4 做题思路总结	任务描述：教师借助多媒体强调 编码：TA1	表现描述：学生倾听 编码：	
分段函数5 合作解题	任务描述：教师以提问方式提示步骤 编码：TC2	表现描述：学生根据提示思路解题 编码：TC2	
阶段小结 学生汇报总结	任务描述：引导学生总结 编码：TA3　TR2	表现描述：学生总结反思收获 编码：SA2　SR3	
组合函数	任务描述：请学生挑战，协助指导 编码：TA3　TC2	表现描述：学生汇报思路，再做题 编码：SA2　SC2	

（2）二次教学典型细节的"课堂品质"评析

①"主动投入"效果解析

本堂课学生的学习主动性处于水平2上，在知识回顾的抢答环节和函数奇偶性判断的思路图完型两个游戏性活动中，学生的主动性表达处于水平3，以下环节4（分段函数2练习讲评）教师引导学生向黑板上做题的学生质疑，环节8（阶段小结学生汇报）教师引导学生总结本堂课的收获，环节9（组合函数）教师协助学生完成未完成的难题任务下，学生的课堂参与主动性表现出较高水平。但仍需注意，此时是部分与活动相关同学的主动性较高。同时需要反思的是环节6（分段函数4做题思路总结）教师借助多媒体强调解题思路，本可以由学生自主完成，但变成了教师讲学生听，环节虽然紧凑，但是效果不如由学生说好。

②"主动合作"效果反思

本节课的学生合作性学习依旧不多，知识回顾的抢答环节和函数奇偶性判断的思路图完型两个环节中体现了水平1的师生合作，教学环节5（分段函数3学生再解题）

错题纠正后有另一个学生上黑板做题,环节7(分段函数5合作解题)学生遭遇难题后教师适时提示,体现出教师导学的合作性水平2的预设,学生也表现出相同水平的合作性。另外教学环节4(分段函数2练习讲评)的一个学生通过解题过程差异比较纠正另一个学生的错题,环节9(组合函数)上黑板同学解题遭遇疑难时,体现出了水平2层次上的生生互动。

③"主动反思"效果解析

本节课有三个环节上的反思性导学任务设计和学生学习表现均较突出,即教学环节2(思路梳理)多媒体图示完型活动,环节5(分段函数3学生再解题)在第一个学生错题讲析之后,第二位同学在全班监督下再解题,环节8(阶段小结学生汇报)学生反思本节课收获上,学生均表现出水平2的反思行为;在教学环节4(分段函数2练习讲评)教师并未做出任务指示,学生间对于黑板上同学解题的错误环节展开了讨论,并自发重复解题思路,也达到了水平2的反思。说明本堂课学生的思维活跃程度在此环节达到了顶点,也显示出宽松自由的学习环境对学生思维活跃程度的重要影响。

第四节 指向主动学习品质的课例研究反思

新世纪教育科学理论最大的进展是将教育教学聚焦于学生学习上,实现了"教育向学习的回归",这是20世纪初以杜威为代表的现代教育学"新三中心说"最深远的影响,也是从新课改以来教育改革的指导性理念。[①]

一、对指向学生"主动学习品质"的理性反思

(一)有效教学要以学生的学习为出发点

加涅指出"学习者具有与教学相关的某些特征,例如能够听懂口头言语,能够阅读书面信息,对不同学习者而言,这些具有的每一个性质在程度上是不同的,尽管程度不

---

① 程介明. 让教育回归学习[J]. 上海教育,2012(25):23.

同,这些对学习的信息加工过程有影响的特征仍然是教学设计所关注的……"①在"可见的学习"将"对学生的现前成就、当前成就和目标成就进行监控记录,并基于正当其时原则向学生作出解释,并确保学生能够获得这些解释"作为"学校拥有的、教师运用的正当合理的备课"首要方法。② 然而,当前教学设计与课堂教学中缺乏关注学生学习立场与需求是常态性问题,扭转这一现象必将带来学生学习状态和课堂教学品质的升格。如最初稿第一次教学设计与第二次、第三次教学设计的类目表述上,"教学目标"与"学习目标"、"教学重难点"与"学习关键点"、"教学环节"与"学习环节"的不同;如杨玉东教授针对刘园老师第一次教学设计导入环节(见教学片段一)的改进,提出"从学生学习基础、成就表现、问题疑惑上寻求教学设计的生成点"的设计理念;如两次观评课中,教师建议"保障不同层次学生参与课堂"的开放多样渠道和内容呈现方式;教学过程中以学生的学习状况为开启引领教学流程的依据,关注学生是否明确理解的直接反映,敏锐"把握与判断学生掌握的程度与思维纠结点","充分暴露并深入分析学生的相异构想"。

教学片段一:

师:之前已经学习过函数的基本性质——奇偶性,这节课我们再来研究一下,函数的奇偶性(多媒体准备展示旋转的风车图片),生活中是不是有很多这种对称图形,这种对称图形叫做?

生:中心对称图形。

师:中心对称图形。第二幅图、第三幅图、第四幅图(点击多媒体连续展示图片),让我们分别看看,它们有些是轴对称图形,有些是中心对称图形。接下来让我们拿出助学提纲,发现函数图像的对称美,看看这两个函数分别是关于什么对称的图形?(有同学开始说"第一个是关于 y 轴对称")

师:请两个同学回答一下。×××同学,第一幅图,它是什么对称图形?

生1:关于 Y 轴对称。

---

① [美]R·M·加涅,W·W·韦杰,K·C·戈勒斯,等.教学设计原理(第五版)[M].王小明,庞维国,陈保华,等,译.上海:华东师范大学出版社,2000:37—39.

② [新]约翰.哈迪.可见的学习——最大程度的促进学习[M].金莺莲,等,译.北京:教育科学出版社,2019:7.

师：好的，××同学，那第二幅图，它是什么对称图形？

生2：关于原点对称。

师：好。这两幅图我们很容易发现，一个是关于Y轴对称，一个是关于原点对称，那么这样的图形多吗？（学生回答"不多"。）碰到这样两个图像，我们再来研究一下函数的奇偶性。首先看看奇函数是怎么定义的？回想一下，还记不记得？××同学！（学生犹豫，教师重复问题）奇函数应该是怎样定义的？

（二）内容精确性是有效教学的首要原则

教育技术学著作《首要教学原则》在教学设计中提出首要教学原则包括"精确性"与"丰富性"，"精确性"集中体现在对教学内容、目标、对象、活动等的不断分化、组合，以最终实现确定性教学情境下最佳效果的持续性事件过程。数学教学设计中，"精确性"原则的价值尤为突出——助学提纲与教学设计定位的精确性直接影响教学效果，从而在教学设计的逻辑上保障了一种合理的逆向设计。"我们的课堂、单元、课程在逻辑上想要达到的是学习效果导出，而不是从我们所擅长的教法教材和活动导出。课程应展现达到特定学习效果的最佳方式……总之，最好的学习设计应该是以终为始的逆向设计"①。在样本课例研究中，教学与提纲的设计缺乏精确性的表现有如下几方面：如初次教学设计时，刘老师按照"从定义入手，遵循图像法、定义法和性质法由浅及深"的教的角度理解"认知逻辑"，展示对教学内容的一般理解，并确信这样做"有效体现本课作为相关知识教后复习"的课型基础，却被指出"教学定位不明显，课型特征不鲜明"；如初次助学提纲中题目按照类型而不是解决问题所运用的数学思维方法归类，练习题目数量过大且缺乏母题与变式间关联组合；如两次教学中学生问答与教师对学生理解盲点、思考规律缺乏重点引导与强调（教学片段二）；如评课数据显示运用题目的解答中大量学生暴露了缺乏整理对已知条件的规范意识等。

教学片段二

师：我们可以将情况分为四类，这四个大类中，奇函数是关于原点对称，偶函数是关于Y轴对称。根据这些内容，现在我们拿着提纲，看看任务一，主要判断一下，这里的定义域要判断一下，分段函数的奇偶性。先看第一题，××学生上来写一写。再找

---

① [美]格兰特.维金斯.追求理解的教学设计[M].闫寒冰，等，译.上海：华东师范大学出版社，2017：54.

一个同学,××,你也来做这道题。根据我们的步骤,第一步做什么,第二步做什么,流程图在黑板上了,按照这个顺序做下去。(学生做题,教师巡视指导)

师:上面学生完成了。现在找同学来说说他们做得对错?有错误,错在哪里?要说清楚。××,你看看他做得对不对?

师:一步一步地判断,看第一步对不对?

生4:对的。

师:继续往下看,计算f(x)为分段函数,因此当x>0时,得到这个。

生4:这一步对的。

师:当X=0时,得出这个。

生4:对的。

师:x<0时?

生4:对的。

师:所以最后的结果是?

生4:对的。

师:你做出的答案是什么?

生4:偶函数。

师:和他的不一样啊!那你为什么说是对的。你做的和他哪里不一样?

生4:就是1>x>0时,和他的不一样。

师:你来写写看。(学生上黑板去写)

师:大家发现了吗?有很多不一样的了,这该怎么办?(××同学黑板上修改完)我们来看一下,哪里不一样?首先当x>0时,f(x)的解析式$f(x)=x^2=2$,此时$-x$则小于0,应该带入第三个解析式$f(-x)=-x^2+2$,则$f(x)=x^2-2$,与原来的解析式互为相反式,因此是偶函数。中间x=0是,f(x)=0,也等于$-f(x)$。当x<0,此时$-X>0$,能不能代入第三个解析式?

生:不能,只能带入第一个解析式。

师:代入后化简一下$f(-x)=x^2+2$。和原来的解析式互为相反数。看看每段都互为相反数,因此这个函数怎样?

生:是奇函数。

师：好的，再来看另一位同学的，D1＝X＞0，为什么是D1＝X＞0？

生5：为了表示x的一段取值。

师：当x＞0时，－X＜0，那应该代入第几个解析式？

生5：第三个。

师：你代入的是第几个？

生5：第三个。

（三）目标明确是教学开展的基础

经典教学论中教学目标作为教学的基础被确认，在行为主义及其以后的教学设计与评价中都始终明确。[①] 教学设计中"首先要问的问题，不是学生要学什么，而是学完之后将会做什么，这就是教学设计始于教学目标的考量"。目标性既体现在教学设计与实施者的对象感上，明确提纲助学与课堂教学中教师对教学内容与学生思维理解的对象感需更明确。如样本课例针对专题复习课型在定义回顾上不宜花费太多时间，应着重分析解决学生实际题目运用中的错误，以明确课型定位的对象感；如针对学生日常练习中错题分析归纳，应聚焦学生在分段函数奇偶性判断方面存在的理解困难，明确教学内容的对象感；如针对学生解题时忽略前提条件总结归纳重点强调规范性，明确教学内容的对象感（教学片段三）；如针对不同认知理解水平学生设计参与课堂的内容与方式，拓展型练习的"组合函数"的"一题多问"和"字母代入"的设计方式，确保学生与教学契合的明确性。

教学片段三

师：现在我们对本节复习课所学的内容简短地总结一下。通过这节复习课，我们对分段函数有哪些认识和提高，相比初学时有哪些进步和收获，下面请同学谈谈自己学完这节课后的收获。

师：××同学，简单说说。

生8：更清楚步骤。

师：以前错在什么地方？

生8：时常忘记讨论D＝R，分段讨论时也会遗漏和忘记。

---

① ［美］格兰特．维金斯．追求理解的教学设计［M］．闫寒冰，等，译．上海：华东师范大学出版社，2017：54．

师：你觉得自己最大的改进在哪里？

生8：改进在自己做题的步骤更加严谨。

师：××同学，你以前常犯的错误是什么？

生9：在解析分段函数时，常把 $x<0$ 的情况代入错误的解析式，现在终于分清楚了。

（四）课堂教学规范化帮助学生素养形成

能力素养的培养是一个渐进持续的过程，需要在长期的规范化课堂中实现对学生数学思维与数学素养的潜在培养。在设计教学中，加涅将"元认知"作为理解监控策略，即"学习者建立学习目的、评价是否成功达到目的和选择这样的具体策略来达到目的的能力，简言之，是对执行过程中监控的能力"，在学习过程监控尚不能到达元认知层面时，教师需要作为学生的学习过程监督者存在，推动其通过有效反思实现认知与元认知的成熟飞跃。学习不能在教学设计中确定某堂课绝对实现每一个或数个能力素养目标，但是如函数分段讨论中，应该让学生明确奇偶性判断是针对整个函数的性质而言，而分段则是函数在不同取值区间的形态判断，两者为整体与局部的关系（教学片段四）；如取值范围作为判断函数性质的先决条件，对分段函数 X 取值有条理地分段分析要依次涵盖所有 X 值，避免颠倒错乱与遗漏；如函数性质判定中，图像法初步判断体现数形结合思维的培养和运用，作为数形结合思想为方程与曲线的学习预理伏笔等。

教学片段四

师：好，奇偶性的定义复习完了以后，同学们要学会判断一个函数是奇函数还是偶函数。那么判断一个函数的奇偶性，第一步应该做的是什么？

生：求定义域。

师：对，第二步应该干什么？××同学？

生1：判断函数奇偶性。

师：第二步就判断函数奇偶性？

生2：不是，是判断定义域是否关于原点对称。

师：判断定义域是否关于原点对称。好，还要具体说，定义域如果不关于原点对称，就怎么样？

生2：函数为非奇非偶函数。

师：如果定义域不对称，函数就为非奇非偶函数。所以我们的第一步就是求函数的定义域，请坐。（多媒体展示判断步骤，学生坐下）第二步是判断函数的取值是否关于原点对称，刚说过，如果不对称，函数则为非奇非偶函数；如果是对称的，接着干什么？

生3：计算 $f(-x)$。

师：对，计算 $f(-x)$，计算之后，就要根据函数奇偶性质，分为几种情况判断？

生：四种。

师：第一种情况下，如果 $f(-x)=-f(x)$ 则为奇函数；如果得出 $f(-x)=f(x)$ 则为偶函数。那么第三种，以上两者都满足则为？

生：既是奇函数又是偶函数。

师：第四种如果两者都不满足，则为？

生：非奇非偶函数。

师：因此我们将情况分为四类，这四个大类中，我们的奇函数是关于原点对称，偶函数是关于 Y 轴对称。

二、对课例研究实践机制的反思

刘园老师以"函数的基本性质1奇偶性"（数学专题式习题复习课）为主要内容开展的"品质课堂"课例研究通过集体教研、课例分享、成果展示等方式为广大教师教学观念和课堂实践模式带来了较大的变换，构成了学校日常课堂教学风貌、教师教学设计形式和校内课堂研究取向发生变化的系统机制。

（一）"支持机制"——课堂教学变化的常态

目前，在"主动、合作、反思"的课堂品质共识基础上，"活动、趣味、整合、协作"等价值已经成为课堂教学的共同追求。传统高中课堂的"一言堂"现象逐渐被打破，教师开始有意识地压缩自己的讲授时间，将课堂更多时间留给学生练习、展示、交流、总结等。授课教师开始关注学生课堂的学习表现，关注学生间相互协作的综合性任务的完成，关注学生学习高阶思维的参与，注重教学现场中对调动学生兴趣、吸引学生注意力、保持教学情境生动性的教学机智的运用。

（二）"学习指向"——教师教学设计的形态

"学习指向"是"学生中心"理念在教师教学设计层面的具体体现。从教案到学习活动指导方案，从教学目标到学习成果预设，从教学过程到学习辅助流程，从课堂小结到学习检查，品质课堂的课例研究带给教师教学设计的变化不仅体现在教案各栏目的项目名称上，更体现在支持这种教学设计的以学生学习为中心的课堂设计理念上，当教师首次将教的环节措施放在学生学习目标任务之后思考整体教学设计时，一种全新的课堂教学观油然而生；而教师这种教学设计思路更联动地带来了课堂评价对学生学习"主动、参与、合作"的核心品质的关注。

（三）"研究课堂"——课例研究队伍的壮大

课例研究首次让参与教师切实体会到课堂教学才是新教育理念最强劲、最持久的改变所在。"学生中心、任务驱动、先学后教、深度学习、翻转课堂"等等炫人耳目的新观念，落实到课堂中可能是一个或数个环节、策略、方式的改变，但就是简单的改变毅然撼动并重建了这个课堂教学的实践大厦。因此，课堂教学研究永远需要在"望远镜"和"显微镜"的交互使用中来获取创新突破的新生力量。学校教师中重新燃起了对课堂教学的研究热情，其中主动承担课例研究的教师队伍更在不断壮大，目前已涉及9门学科12名教师，虽然他们未必都有机会进行样板课例展示，但从侧面体现了教师课堂研究意识的树立。

三、对"助学提纲"的价值与实践的反思

（一）"助学提纲"价值的辨析再识

"助学提纲"的理念概括起来便是"以学定教、以教助学；以学拟纲，以纲导学；以学论质，以质促学"。

1. 将"以学定教、以教助学"作为"助学提纲"的基础理念

这要求教师以换位思考教与学的方式去研究学生的学习过程，改革传统的备课方式、课堂教学模式和复习巩固方式。要求教师从"教是为了不教"角度来思考问题，通过指导、训练，逐步让学生把握自己的学习进程，具备自学的能力，奠定可持续发展的学习基础。

2. 将"以学拟纲,以纲导学"作为"助学提纲"的基本理念

这要求教师从有利于学生自主学习的角度,根据学科教学育人的特点去拟定提纲的框架内容。既要考虑到学习困难的学生能否胜任,又要考虑到优秀学生能否"吃饱",同时兼顾动脑能力与动手能力的培养,运用学生易于接受和执行的方式,推动学生的学习行为,让每一位学生享受教育的公平,体验自学和合作成功的幸福。

3. 将"以学论质,以质促学"作为"助学提纲"的终极理念

这要求教师跳出课堂的狭小天地去思考人才培养的模式,思考如何正确评价学生的学习能力与效果,让学生在学习过程中从"学会"走向"会学",从"苦学"变为"乐学",真正培养能够顺利适应高考改革和时代发展的小能人,为学生的多维主动发展服务。

(二) 以课例推进"助学提纲"研究的经验成果

1. 基于课例研究归纳"助学提纲"教学实践经验

课例研究作为"助学提纲"的开发与运用研究的途径。教学设计以"助学提纲"为基础,提纲助学效果通过课堂教学检验;以多主题、多学科"助学提纲"课例研究过程性分析为基础,能归纳形成学科、课型层面助学提纲开发运用的经验,形成基于生情与教研现状的课堂教学基本架构理路,及助学提纲式的典型共识性模式等,形成"课堂—学科—全学科—学校教育"的层级思想提升。

2. 归纳提炼学校教育发展中的"助学提纲"理念

"助学提纲"本身是课堂教学辅助工具,其价值体现在推动课堂教学样态改变——"关注学生学习,提升课堂品质",追求"教是为了不教""学生自学乐学"的理想目标,故理想的"助学提纲"应该是学生独立学习的"操作指南"。而课堂之外,尤其在对学生的教育上,应"尊重学生主体性,激发学生自主探究的兴趣,以提示引导的方式帮助学生主动学习与自主发展",实现一种"心理完型"的教育,这是学校教育中"助学"理念更深更广的体现。

(三) "助学提纲"课例研究推进的疑惑

1. 课型迁移问题

在其他课型与学科的课例研究中,如何有效凸显各自特征以实现学科课堂中学生的有效学习。如数学学科的新授概念课、练习课,语文学科的阅读课、作文课,英语学科的单词语法教学和综合性运用巩固课,物理与化学的实验课,教师如何针对各自不

同课型、内容来进行针对性的"助学提纲"开发及有效教学设计。

2. 经验细分问题

除操作流程与组织形式启示外,样板课例研究还能为其他学科的课例研究开展提供哪些可借鉴的经验?如样板课例的助学提纲最终采用知识表单、典型习题+变式、学习任务关系图的方式,其他学科提纲还可以采取哪些结构形式以实现有效助学?在教学结构方式上,样本课例的"学生先练,教师再讲"的方式是否可以普遍使用,基于提纲还有哪些有效的教学组织形式。

3. 传承与革新问题

如何应对课堂教学形态变革中实作理念上新旧杂呈的问题。如教学设计上同时呈现"助推学生有效学习"和"系统讲授知识"的并行理念;如教学过程中面临"教师清晰讲授"和"学生多番尝试与互助纠正"的取舍,练习设计中"一题多变精炼"和"多重反复强化"的矛盾;在观课评价中同时呈现"有针对性地设计"和"有效开放式引导"的矛盾。概言之,为达成"有效学习"目标,学与教、设计与生成如何实现有效平衡。

安亭高中　课例研究专业支持者观点链接

杨玉东（上海市教科院普教所）

作为基础教育末端的高中阶段教育，近年政策频出、改革力度空前。国务院在2014年印发了《关于深化考试招生制度改革的实施意见》，上海作为"试点"开展高考综合改革，撬动了高中学校教育全面变革；2017年教育部颁布新的《普通高中课程方案》以及20个学科课程标准——所有学科课程标准均以"学科核心素养"架构，这对高中学校教育的学科内容做了明确的方向性指引；2019年国务院颁布的《关于新时代推进普通高中育人方式改革的指导意见》，则是在明确育人内容侧重"素养"培育之后进一步对育人方式的明确。安亭高中"以'助学提纲'设计提升学生主动学习品质"的选题，源于学校《新高考改革背景下高中助学提纲的开发与运用研究》课题研究，正是对育人方式"从教到学"的一个重大转变，也是学校多年来坚持以"助学提纲"形式探讨教育教学基本形态的一贯做法，既符合时代背景诉求，也符合学校自身发展需求。

该课例研究选取数学学科内容"函数的基本性质"（侧重奇偶性）作为载体，数学学科既是学校研究助学提纲的传统优势学科，也是面临政策挑战率先重新探讨"助学提纲"设计的先行学科。围绕主题词"助学提纲"所提出的理念——"以学定教、以教助学；以学拟纲，以纲导学；以学论质，以质促学"，更是当前嘉定区探讨"聚焦学生学习"的鲜明写照。因此，无论是课例研究的主题，还是载体，都非常明确具体，而且具有强大的背景解释力，值得肯定。

课例研究用到了三次授课内容质量的纵向对比法，学习方式和时长的课堂观察法，以及对授课教师的访谈法，得到了一些翔实的课例分析结果数据，并由此得出一些具体的关于助学提纲设计的课例研究结论，这些结论显然对于一类课的助学提纲设计具有一定的借鉴价值。同时，该课例研究还从课题研究角度提出了一些困惑和反思，展现了学校真实的课例研究过程。建议后期从通用型助学提纲实施过程的观察角度开发更多的"工具"，以支撑更多教师聚焦"学生学习"的过程性记录和反思。

第三章 以同类题材的情境作文提升学生的写作动机
——以《一堂_____的作文课》为例[①]

在上海市嘉定区教育局"聚焦学生学习,提升课堂品质的区域行动"重大课题引领下,安亭小学秉承"响应儿童需要"的办学理念,结合当前较为前沿的项目化学习理念,从教改实际需要出发,从学生实际需求出发,开展了"以项目化学习方式提升学习品质的实践研究"。

第一节 变革作文教学的迫切性

作为区级重大课题的子课题,"以项目化学习方式提升学习品质的实践研究"集中体现了安亭小学将学科学习中"学与教"的方式变革和真实问题解决情境的整合,意在针对学科学习中因时间松散等因素造成学科技能难以形成的问题,寻求学科教学中技能形成、提升学习品质的途径和方法。根据研究方案,学校在语文、数学、英语学科等工具学科和音乐、体育、美术、劳技、自然等技艺类课程中,开展项目化学习教学实践研究。

一、作文教学中的困惑

学校语文学科项目组研究的主题为"以同类题材的情境作文提升学生的写作",研究主题来源于真实的问题情境,一是作文教学一直是小学语文教学中的难点和痛点,学生作文学习的积极性和自主性难以调动,如何寻求突破?二是传统的作文教学在内

[①] 本章为嘉定区安亭小学课例研究成果。执笔人:周代兵、须强、吴梦圆、夏奉安、刘丹。

容组织上比较零散,学生的习作技能难以获得系统、科学地提升,如何转变思路?

基于上述问题的分析与研讨,学校语文组一方面通过在作文教学中实施情境创设环节,激发学生的写作兴趣,让学生寻得习作之源,另一方面运用项目化学习方式组织作文教学,以学生为中心,通过分工合作解决问题的方式帮助学生搭建写作支架,激发学生作文学习的积极性、自主性和创造性,同时将"技能集中强化"理念运用于作文教学中,以同类题材系列作文项目任务的实施完成触发学生对此类文体的融会贯通,以此提升学生的写作兴趣,促进学生习作技能的发展和语文素养的形成。

二、 以"同类题材"作文教学作为突破点

本次课例研究主题为《以同类题材的情境作文提升学生的写作动机》,研究主要通过项目化学习的方式来开展教学实践,这里有三个关键词:一是"同类题材",二是"情境作文",三是"写作动机"。

(一) 同类题材

"同类题材"指小学阶段某一类作文题材,如写人记叙文、记事记叙文、状物记叙文、写景记叙文等;"同类题材的项目化学习"指将同类型题材作文(2—3篇左右)组合成一个学习项目,采用项目化学习的方式集中在一段时间内对学生进行该类文体的写作技能训练,让学生在自主探究中发现写作规律,在互助合作中提炼写作要点,在反思评价中掌握写作技巧,在成果汇报中提升自信与能力,从而达成既定的项目化学习目标。

同类题材的项目化学习是针对目前小学作文教材层面的现状而提出的措施。无论是沪版小学语文教材还是统编版小学语文教材,每学期都有一定数量的习作训练题(一般每学期8篇左右),但均无完整的、序列化的作文训练教材,更无"情境化"的作文教学内容。往往写完一篇看图作文,就写一篇想象文,写完一篇实用文,就写一篇记实文,七拼八凑组成若干篇,就算完成作文训练。作文教学研究专家在反思六十年小学写作教材变迁时认为,"运用现有的写作教材很难达成上述教学目标,因为在设计写作练习时,教材要么对写作内容与写作形式都不予指导,只是告诉学生写作的任务,要么在写作内容与写作形式两者之间偏于内容一头。"①同类题材的项目化学习则使学生的某一类作文技能,能在相对集中的一段时间内通过"举一反三"式的练习而得到有效的训练。

(二) 情境作文

情境作文是指作文教学过程中,教师为了达到既定的作文教学目的,从教学实际需要出发,充分利用或创设与写作内容相适应的具体场景或情形,以引发学生的情感体验,触发学生探究、表达、实践的欲望,进而帮助学生顺利地、高质量地完成作文训练任务,提高作文教学的实际效率。

之所以提倡情境作文教学,是针对目前小学作文教学层面的现状提出的。小学语文教师在作文教学中有一定创设情境的意识,如观察实物、课堂素描活动、看图片、录像等,用情境激发学生的情感体验和作文兴趣。但创设情境并未成为作文教学的常态,多数教师受语文教材作文话题的限制,只是根据作文的命题,作一些审题、选材、构思指导。由于大多数习作是写回忆性记叙文,学生在习作中缺少对生活的体验和感悟,作文目的不明确,缺乏写作动机,为了作文而作文的现象比较普遍。

(三) 写作动机

心理学认为"动机是推动人行动的内在力量。它是维持个体行为,并将此行为导向某一个目标的愿望或意念。"②写作动机指的就是推动学生进行写作的内在力量,它促使学生把写作主题与生活情境密切结合,把自己的体验和感悟通过文学创作的形式体现出来。

潘新和在《语文:表现与存在》一书中认为,写作动机是写作行为发生的内在的心理因素。他认为"写作动机分两种:恒定性动机和随机性动机。恒定性动机是基于人对写作意义的理解,形成的较为明确、强烈的言语生命欲求,以此为动机,将驱使人持续地为之努力,存在性写作动机便是属于恒定性动机;随机性动机主要是由于外部某些偶然的诱因激起的写作欲望,形成的动机,生存性写作动机往往表现为随机性动机。在写作教育中,两种动机的培育和激发都是十分有必要的。但是比较而言,前者比后

---

① 丁炜,徐家良. 小学生写作学本的编写理论与实践[M]. 南宁:广西教育出版社,2015:56.
② 宋书文. 心理学词典[M]. 南宁:广西人民出版社.1884:85

者更重要。言语生命动力学就是建立在存在性言语表现动机上"。①

小学生的写作动机往往层次较为浅薄,比较感兴趣的话题,印象较为深刻的事件,难忘的生活学习经历,外界的激励与评价等都有可能成为其写作的动机,因此要围绕小学生写作动机的特点,多角度进行激发与引导,促进其主动参与习作教学中来,全身心投入,以获得习作技能的提升。

第二节 基于学情分析推进课例研究过程

一、学情分析与研究实施

小学中高年段的学生已经具备了基础的语言组织与表达能力,也具备了一定程度的观察能力及动手操作能力。《义务教育语文课程标准(2011版)》对于小学中高年段的习作与综合性学习做了如下要求:"留心周围事物,乐于书面表达,增强习作的自信心。""结合语文学习,观察大自然,观察社会,书面与口头结合表达自己的观察所得。""能在老师的指导下组织有趣的语文活动,在活动中学习语文,学会合作。"②

在平时的作文教学中,小学中高年级的语文老师常常会发现以下问题:第一,学生对作文课的兴趣不大,很多学生一听到写作文就"色变";第二,读完写作要求后,很多学生无从下手,不知道如何去选择写作素材;第三,许多学生的习作在内容的丰富性及条理性方面有所欠缺。

基于上述学情因素,以新课程标准为理论指导和实施依据,学校语文学科项目组提出了《情境作文教学中同类题材的项目化学习》这一命题研究,并选择"一堂_____的作文课"为主题,由夏奉安、吴梦圆两位老师执教两节不同内容的作文课。

"一堂_____的作文课"是一篇半命题作文,这样的主题给予教师较为广阔

---

① 潘新和. 语文:表现与存在[M]. 福州:福建教育出版社,2004:1434.
② 中华人民共和国教育部制定. 义务教育语文课程标准(2011版)[S]. 北京:2012.1

的设计空间,从教学内容角度而言,教师可以创设多种同类题材情境,使学生在一段时间内,集中学会一类作文的基本写作方法,形成作文技能;从教学形式角度而言,教师可以采用小组合作学习的教学方法,以共同完成写作任务为项目目标,引导学生以小组为单位进行分工合作学习,在小组合作学习的过程中训练学生的计划、倾听、协作、评价等学习品质。"一堂＿＿＿＿的作文课"课例研究过程如下(见表3-1):

表3-1 "一堂＿＿＿＿的作文课"研究过程

研究阶段	活动目标	活动内容	参与人员
研究准备阶段	制定课例研究实施方案	1. 确定课例主题"一堂＿＿＿＿的作文课"; 2. 确定执教人员:夏奉安、吴梦圆; 3. 研讨并制定实施方案。	须强、夏奉安、周代兵、吴梦圆等。
教学实施阶段	开展第一次教学实践	1. 夏奉安执教作文课; 2. 项目组老师分组进行课堂观察记录。	情境作文项目组全体成员。
研讨反思阶段	分析第一次教学实践成效	1. 夏奉安做教学反思交流; 2. 项目组成员依据各自观察点做交流发言,提出修改意见,完善教学环节; 3. 专家点评; 4. 项目主持人须强做总结。	语文教学、项目化学习专家,情境作文项目组全体成员。
教学再实施阶段	开展第二次教学实践	1. 吴梦圆执教作文课; 2. 项目组老师分组进行课堂观察记录。	情境作文项目组全体成员。
再研讨反思阶段	分析第二次教学实践成效	1. 吴梦圆做教学反思交流; 2. 项目组成员依据各自观察点做交流发言,提出修改意见,完善教学环节; 3. 专家点评; 4. 项目主持人须强做总结。	语文教学、项目化学习专家,情境作文项目组全体成员。
总结与论证阶段	提炼主题作文项目化学习实施策略	1. 项目组成员谈两轮教学实践体会; 2. 项目主持人做总结发言,阐述同类作文项目化学习实施策略。	情境作文项目组全体成员。

二、运用方法收集课堂信息

(一)观察法

项目组成员进行观课指导。互助式观课是一种横向的同事互助指导活动。我们采取如下步骤：项目组成员在课前先共同商定好课堂观察的主题和重点；观课者做好课堂观察和记录，记录下课堂内发生的真实情况以及自己的思考；开展课后的讨论，针对讨论主题和要点，提出自己的看法和修改建议；后续行动，执教教师把改进措施实施到下一轮的课堂教学中。

1. 课堂观察工具

表3-2 项目化学习学生学习品质观察记录表

项目化学习主题	"一堂＿＿＿＿的作文课"		学科	语文
观察对象			观察者	
观察类别	观察点	数据记录		等级评定
教师讲解	倾听情况	1. 倾听时间 A＿＿ B＿＿ C＿＿ D＿＿ 2. 开小差次数 A＿＿ B＿＿ C＿＿ D＿＿		
	发言情况	1. 举手次数 A＿＿ B＿＿ C＿＿ D＿＿ 2. 发言次数 A＿＿ B＿＿ C＿＿ D＿＿ 3. 回答正确次数 A＿＿ B＿＿ C＿＿ D＿＿ 4. 回答错误次数 A＿＿ B＿＿ C＿＿ D＿＿		
	质疑情况	1. 主动质疑次数 A＿＿ B＿＿ C＿＿ D＿＿ 2. 质疑问题的质量优＿＿ 良＿＿ 合＿＿ 须＿＿		
合作实践	自主探索	1. 组内分工情况优＿＿ 良＿＿ 合＿＿ 须＿＿ 2. 个人独立完成任务情况 A＿＿ B＿＿ C＿＿ D＿＿ 3. 独立完成任务的时间 A＿＿ B＿＿ C＿＿ D＿＿ 4. 个人任务的创新情况 A＿＿ B＿＿ C＿＿ D＿＿		
	合作过程	1. 合作角色 A＿＿ B＿＿ C＿＿ D＿＿ 2. 组员参与合作实践的情况 A＿＿ B＿＿ C＿＿ D＿＿ 3. 组内发言的次数 A＿＿ B＿＿ C＿＿ D＿＿ 4. 组内帮助他人的次数 A＿＿ B＿＿ C＿＿ D＿＿ 5. 合作时间质量 A＿＿ B＿＿ C＿＿ D＿＿ 6. 组内合作时间＿＿＿＿＿		
	合作成效	1. 项目化学习任务完成情况 优＿＿ 良＿＿ 合＿＿ 须＿＿ 2. 项目化学习任务创新程度 优＿＿ 良＿＿ 合＿＿ 须＿＿		

续 表

观察类别	观察点	数据记录	等级评定
交流汇报	再现式反思	1. 项目化学习交流汇报质量　　优　良　合　须 2. 交流汇报参与情况　A＿＿B＿＿C＿＿D＿＿	
	批判式反思	1. 本组批判式反思次数　A＿＿B＿＿C＿＿D＿＿ 2. 本组批判式反思质量　A＿＿B＿＿C＿＿D＿＿ 3. 外组批判式反思次数　A＿＿B＿＿C＿＿D＿＿ 4. 外组批判式反思质量　A＿＿B＿＿C＿＿D＿＿	
	建构性反思	1. 本组建构性反思次数　A＿＿B＿＿C＿＿D＿＿ 2. 本组建构性反思质量　A＿＿B＿＿C＿＿D＿＿ 3. 外组建构性反思次数　A＿＿B＿＿C＿＿D＿＿ 4. 外组建构性反思质量　A＿＿B＿＿C＿＿D＿＿	

2. 课堂观察说明

（1）观察指导与要求

研究团队首先探讨并确定观察视角，设计科学的课堂观察记录用表。明确分组，下发课堂观察量表（每人一份），以小组为单位，由组长负责，针对每个小组的观察视角，具体分配每个课堂观察点，针对每个课堂观察点，就如何记录课堂现象和进行观察结果分析进行简单的研讨交流，做好课前的观察准备工作。其次，观察仔细，细化教学实践，经过两次实践，要达到全方位了解课堂教学策略的转变，认真记录教学现象。最后，组内老师以自己小组的观察视角诊断课堂表象，从不同方面针对教研主题进行思考和分析，提出分析建议。

（2）研究成员分工

分成三个小组，每个小组每次活动确定一个主评，由组长按事先选定的观察角度分配观察点，各位组内教师按分配的观察点进行观察统计。

（3）课堂观察的维度及重点

第一次课堂观察的视角是"基于课程标准的教学与评价"，设计了教学目标、教师行为和学生行为三个课堂观察的维度，观察的重点是教学的实施与教学目标的达成情况，教师的课堂评价，学生的学习过程及效果。第二次在专家的指导下，课堂观察视角是"项目化学习学生学习品质"，设计了教师讲解、合作实践、交流汇报这样几个维度，设立了倾听、发言、质疑、自主探究、合作、再现式反思、批判式反思、建构性反思等九个观察点。观察的重点做到了以学生为中心，充分关注项目化学习方式及学生的学习品质。

（二）比较法

由夏奉安、吴梦圆两位老师执教的"一堂_____的作文课"，是同一主题不同内容的两节课，这两节课的教学不是同课异构，它们不是并列关系，而是循序渐进的，有着鲜明的层级序列。项目组预期达到的目标是：从内容层面而言，第一节课以打基础、搭框架为主，通过教学让学生知道此类作文的写作结构、关注要点，第二节课以丰富内容、鼓励创新为主，通过教学让学生在叙事完整、结构清晰的基础上把事件描述得具体生动，有个性化的思考；从学生学习品质层面而言，第一节课更多强调学生的倾听、自主探索、再现式反思等浅层次思维训练，把基础打牢，第二节课鼓励学生表达交流、大胆质疑、合作学习、开拓创新，发展学生深层次思维品质。通过对两节课的课堂教学实践及学生项目化学习成效的比较研究，对教学设计进行修改完善并提炼相应的教学策略。

（三）行动研究法

在情境作文教学同类题材的项目化学习研究过程中，项目组注重教学实践，通过"实践、反思、再实践、再反思"的行动研究，不断优化情境作文教学内容设计与项目化学习实施方式。在教学实践中，项目组主要采取"实践——反思——再实践——再反思——梳理总结"的研究思路：第一轮先由一位教师备课上课，项目组成员听课观课，课后集体交流，提出修改意见进行反思完善；第二轮由另一位教师进行实施，项目组成员再观课、交流，提出修改建议，反思完善；第三轮对前两轮的教学实践与研讨进行梳理总结与策略提炼，形成典型课例。

第三节　课堂教学的分析和讨论

由夏奉安、吴梦圆两位老师执教的"一堂_____的作文课"课例，教师创设的情境是扶手,是学生写作的"源头活水",也是激发学生习作热情、提升写作动机的催化剂,然而情境创设并不是最终的目的,落脚点还是要放在写作技能的训练、提升学生学习品质上来。选择什么样的情境进行创设,以什么样的项目化学习方式来锻炼学生的学习品质,课堂教学的重点需要放在哪些方面,情境创设与写作时间如何分配等,这些都是需要细致考虑的问题,接下来结合课例研究谈一谈学校语文学科项目组对于两节作文课教学的讨论与思考。

一、巧设情境主题,激发参与热情

情境作文的主题选择需要多角度分析和考虑。首先,要充分考虑学情,小学生的认知依然处于以感性认识为主的阶段,亲身经历的事件容易给他们留下较为深刻的印象和情感体验,写作之前创设情境,经历之后再进行写作,学生自然有话可写,写作意愿进一步增强;其次,要有趣味性,一些小游戏、小实验能够激发小学生的好奇心和参与热情,选择这类素材进行情境创设,学生全程注意力高度集中,主动参与意识变强;第三,要与文本密切结合,在语文教材中有许多课文内容贴近学生的学习和生活,例如《扳手腕》一文就描写了课间同学们开展的游戏活动,《走路的奥秘》一文叙述了学生探索小蚂蚁是如何走路的,将课文学习、情境体验、作文训练三者有机融合在一起,集知识性、趣味性与实践性于一体,寓教于乐。《一堂_____的作文课》正是基于上述几点因素考虑,一改以往作文课回忆式的故事讲述,以小游戏进行情境创设,给予学生一定时间参与其中,这样的形式一下子吸引了学生的注意力,激发了他们的参与热情和作文学习的主动性。

二、精心设计活动,关注技能习得

(一)目标设计

同类题材情境作文教学在目标设计时应综合考虑"情境创设""项目化学习""写作动机"等因素,活动及教学的重点为写作技巧的训练及学习品质的培养。基于上述考虑,我们设置了如下目标:

1. 能积极主动参与情境体验,并细致观察他人的体验过程;
2. 能够用较为通顺的语句把情境体验的过程以口头或书面的形式表达出来,真实地记录情境体验中的所见、所闻、所感；

3. 通过项目化学习活动，尝试总结一类作文的写法，明确写作提纲，把握写作要点。

(二) 课时安排

情境作文强调学生的体验经历，充分的体验才会激发学生的参与热情和表达欲望，因此在时间安排方面可以多给学生一些体验时间，同时还要考虑学生的记忆持久程度，因此一般采用先体验然后立马进行写作指导或者边体验边进行写作指导的方法，采用"先玩后学"的方式还是"边玩边学"的方式，教师可以根据实际情况进行选择。情境体验半课时，写作指导及学生交流1课时，学生独立写作需要1课时的时间。

三、开展教学实践，提升写作动机

(一) 以小组合作的方式开展自主学习

小组合作学习的方式给予了学生更多的参与机会和表达机会。在吴梦圆老师执教的课例中，情境体验环节，老师把学生分成了参与组和观察组两大类，让学生从不同角度感受传话游戏的乐趣，让学生带着任务去体验，更加具有针对性，学生的自主学习也更有成效。在表达交流环节，教师采用了坐庄法、游学法等小组合作学习的方法，给予学生充分表达和交流的机会。学生可能一开始的表达是存在问题的，但是在不断地引导和纠正后，学生说出来的语句就会变得通顺、准确。经过教师的引导和点拨以及生生之间的评价，学生在各种形式的表达交流中，思维的火花不断碰撞，语言的组织与运用的水平也不断得到提升。对于写作能力一般的学生而言，不断地倾听别人的发言，进行模仿与借鉴，表达能力也能获得一定程度的提升。

(二) 以评价前置的方式规范写作内容

在情境体验后的表达交流环节，教师通过评价前置的方式一方面引导学生在小组合作学习中明确学习的任务，为学生的写作搭建支架，另一方面为学生互评及自评提供参考和依据。为学生的写作搭建支架是情境作文教学的重要教学任务，完整的情境体验是情境作文为学生搭建的素材支架，学生不必为写什么而苦思冥想，从源头上解决了"写什么"的问题。学生要做的是将活动过程通过文字描述出来，也就是"怎么写"的问题，教师可以根据学情有选择地为学生搭建下列支架：首先是文章的结构，通过引导列出提纲,让学生养成写作前列提纲的习惯,可以使文章条理清晰,层次分明;其次是过程描写,可以为学生提供时间连接词"先……接着……再……然后……",让学生借助时间连接词把过程叙述完整;第三是细节描写,细节描写决定了过程描写的精彩程度,教师可以在学生交流的过程中提炼恰当的词语,以板书的形式写出来供学生参考。写作支架的搭建不能仅仅局限于语言文字的形式,还可以以情境再现的形式,学生如果对某一环节描述存在困难,教师可以将相应的情境再演示一遍,让学生带着目的再次观察过程;条件允许的情况下,通过现场抓拍然后投影的形式,让学生能够关注到情境体验过程中忽略掉的场景。在"一堂_____的作文课"课例中,教师把评价前置与写作支架的搭建进行了很好地融合(见表3-3、表3-4),在许多教学环节开始前,教师给学生出示了评价要求,让学生按照评价的要求先进行小组合作学习讨论,再让小组之间按照评价的要求进行相互点评,既落实了教学任务,又让学生在相互评价中获得表达能力的提升。

表3-3 "一堂_____的作文课"第一节课自我评价表

评价要求	★★★★★	★★★★☆	★★★☆☆	★★☆☆☆	★☆☆☆☆
1. 事件起因描述清楚简洁。					
2. 游戏规则描述清楚。					
3. 运用"先……接着……然后……"等时间承接词描述事件过程。					
4. 记录游戏结果。					

表3-4 "一堂_____的作文课"第二节课自我评价表

评价要求	★★★★★	★★★★☆	★★★☆☆	★★☆☆☆	★☆☆☆☆
1. 事件过程中的动作描写,用词多样化且准确,合理运用修辞手法等描述过程。					
2. 准确记录游戏过程中,观察到人物的语言、神态及自身的心理活动等。					
3. 记录游戏结果,有自己的体会、感悟或收获。					

（三）以产品导向的形式训练学习品质

在情境作文教学过程中，教师需要把目标明确地提出来，通过教学生要完成怎样的一个"产品"，课程结束后，需要展示一个怎样的成果，这样学生在小组合作学习中才更有目标性和针对性。在教师的引导下学生进行计划讨论、执行任务、不断完善、完成目标、展示成果，最终共同完成一个"产品"。在这个过程中，学生自主学习的品质，与他人协作的品质，评价品质，迁移与运用的品质以及想象与创造的品质都会得到有效锻炼。在"一堂_____的作文课"课例第二次教学中，教师在课的一开始就告诉学生，要完成一幅小报的制作，让学生明确最终的产品形式，再通过教学环节的落实让学生明确写作内容，接着通过小组分工每人完成一个部分，最后把每个部分按先后顺序粘贴在一起完成了一幅完整的作品。活动过程不仅让学生切切实实享受到了成功的喜悦，更重要的是学生在项目化的学习过程中学习品质得到了锻炼和提升。

第四节　对同类题材作文教学的思考

通过两节"一堂_____的作文课"课例研究，项目组成员通过课堂教学实践，观察研讨交流，经验总结反思等，对于语文学科的"以同类题材的情境作文提升学生的写作动机"研究达成了共识，并提炼出同类题材情境作文教学中提升学生写作动机的实施策略。

一、优化情境设计思路，响应学生写作需求

（一）以情境创设唤醒学生写作需要

作文教学往往是基于教学任务完成的需要而进行的，常常忽视学生的内在需求，学生写作动机的产生源自于需要，因此，教师需要积极创造条件唤醒学生内在的写作需要，设计贴近学生生活实际的习作素材，并创设相应的情境，使之成为一种行之有效的方法。

（二）以集中训练增强学生写作自信

写作是一种技能训练，必须通过反复操练才能形成技能。多练习不是简单地搞

"题海战术",写完一篇换个题目再写一篇,而是集中时间强化训练某一技能。正如明代大儒吕坤在《社学要略》中所言:"作不得题细讲一遍,仍作此题。一题三作,其思必尽,其理自通,胜于一日一题也。"①这个说法是有道理的,因为学生对某一事物的认识不可能一下子达到全面、深入的程度,需要一个由表及里、由浅入深、同化顺应、模仿迁移的探索过程。现在有教师仿此法进行"一题多作"教改实验,实是高明之举,与我们开展的"一类两作"教改实践可谓不谋而合。清代教育家唐彪也有类似的经验:"作文有深造之法,如文章一次做不佳,迟数月将此题再为之,必有胜境出矣。再作复不佳,迟数月又将此题为之,必有胜境出矣。"②这种做法与"冷处理"的经验相仿,是符合学生认识规律的经验总结。当然,从技能学习的角度讲,"冷处理"的时间不必相隔数月,宜相对集中。相对集中的写作训练有助于学生写作技能的快速提升,从而增强其写作自信。

(三)以支架搭建提升学生写作技能

情境作文的成功,关键在于情境支架的搭建。首先是搭建习作结构支架。所谓结构支架,是指作文的写作提纲,或称写作思路。这是言之有序的训练。其次是搭建习作表达支架。所谓表达支架,是指把事情经过说具体、写具体的某种凭借。搭建表达支架的目的是把过程写具体,这是言之有物的训练。再次是搭建习作语言支架。一种是语言形式,还有一种是词汇运用。语言是写作的建筑材料,应有意识地积累语言,逐步建立自己的语言词典,丰富自己的语言仓库。最后是搭建习作修改支架。重视习作例文的应用和评价量规的使用,把修改作文的权利还给学生。情境作文同类题材的情境支架设计须注意以下两点:

1. 规则学习,例子先行

形成技能,实际是熟练运用规则的过程。形成写作技能,实际是熟练运用写作规则的过程。梁启超先生说:"如何才能做成一篇文章,这是规矩范围内的事,规矩是可以教可以学的。"③可见,基本的写作规则是可以学习的。如何学习,奥苏伯尔的同化论指出,"学习习得规则的形式有上位学习、下位学习和并列结合学习。但基本的学习

---

① 蒲卫忠. 中国古代蒙学教育——历代少儿启蒙教育方法[M]. 北京:中国城市出版社,1996:147.
② 唐彪. 家塾教学法[M]. 赵伯英、万恒德选注. 上海:华东师范大学出版社,1992:74.
③ 刘国正,陶伯英. 中国近现代名家作文论[M]. 郑州:文心出版社,1992:19.

形式是上位学习和下位学习"。① 上位学习是从例子到规则的学习过程,下位学习是从规则到例子的学习过程。可见两种学习过程都离不开例子。每次作文训练可以有一篇或几篇例文,而"同类题材"的两次训练,实际也是一种例子,因为上一次的写作训练对下一次而言就是例子。因此,写作训练不是空讲写作方法,而是在实例中学习规则,在运用中内化规则,这样才能真正形成技能。

2. 同化迁移,循序渐进

小学生的作文课在本质上是一种实践训练课,而不是理论知识课。小学情境作文就是开展作文实践训练课的具体体现。例如,两篇习作的结构支架,即写作提纲,第一篇教师详细辅导,列出写作提纲,第二篇在前一篇写作框架的基础上小组合作讨论交流,并有所创新。这是一个写作规则逐步学习、同化迁移的过程。再如,从两篇习作的教学设计过程而言,第一篇比较详细,后一篇则粗线条呈现,这也是一种循序渐进的设计思路。因此,教师要根据习作内容,从儿童的视角出发,设计梯度式的情境教学支架,帮助学生高质量地完成训练,逐步撤去支架,最终达到"跳一跳,摘苹果"的教学效果。

二、优化课堂教学实施,提升学生写作动机

(一) 驱动性问题,让学生主动思考起来

学习的起点是学生在真实情境下遇到的存在一定难度的问题。在面对问题时,学生尝试运用已有的认知去解决问题,问题得不到解决时就会导致认知失衡。认知失衡是认知建构的动力,它驱动学习者反思自己原有的知识,努力在已有知识与问题之间建立关联,激活学习者存储的知识,使僵化的知识转化为活的知识,在原有经验的基础上"生长",形成新的认知图式;或者改变原有知识之间的逻辑关系,发展已有认知图式。在教育教学中,问题是驱动学生主动思考、合作探究、发挥创造的源动力,因此在同类题材情境作文教学实施的过程中,高质量、统领性、贴近学生学习生活情境且符合学生认知能力的驱动性问题,能迅速刺激学生的大脑,活跃思维,让他们围绕问题主动思考起来。

---

① 皮连生. 智育心理学[M]. 北京:人民教育出版社,1996:154.

(二) 合作性学习,让学生主动探究起来

问题发生后,该如何探寻解决问题的途径?这需要教师基于问题设计一系列具有一定挑战性的任务,引导学生亲身实践,合作探究,需要学生进行有思考、假设、探究性质的动手动脑的行动。心理发展历史文化学派认为"人所特有的心理机能不是从内部自发产生的,最初必须在外部的协同活动和人际交往活动中形成,随后才转移至内部,内化为人的内部心理过程。因此,学习最先发生在社会层面,然后才发生在个体层面,学生只有通过与其所处环境中的人交互,才能唤醒多种内部发展过程"。[①] 合作学习是项目化学习方式的重要特征之一,也是学生在探究问题解决路径过程中必须掌握的技能。在项目化学习的组织实施过程中,教师要引导学生学会合作学习。在小学阶段,较为常见的是小组合作学习。

1. 合作小组编排策略

小组合作学习的编组方式有很多,一般遵循"组内异质,组间同质"的原则。在小组人数上面,低年级阶段通常为两人互助小组,中高年级阶段一般为四人小组(按 ABCD 编号),教师依据学生的知识基础、性格特点、学习能力等差异进行分组,组内成员有着不同的分工。小组成员相对固定,经过一段时间的训练后,教师可以依据需要进行微调,以确保组间发展的均衡性。

2. 小组合作环节设计

小组合作学习的目的在于充分调动学生学习的自主性和协同性,通过系列"合作学习模式",增强学生的表达沟通能力、探索发现能力和实践体验能力,从而习得相应的技能和智能。当前开发的"合作学习模式"均有相应的运用前提,因此教师需要熟练掌握"合作学习模式"的适用场景,依据教学内容来选择合适的"合作学习模式",并设计相应的合作学习环节,这样才能让课堂教学变得更加高效。

3. 小组合作注意要点

现代课堂教学强调突出学生的主体地位,教师引导为辅,让学生在小组合作学习中获得能力的提升。如何体现以学生为主体、以学生为中心,教师需要在合作学习环

---

① S. L., Vygotsky. Interaction between learning and development [J]. Readings on the development of children, 1978(3): 34 - 41.

节让每一位学生"动"起来,时间允许的前提下,教师要亲自参与每一个合作小组中去,关注小组成员中基础较为薄弱、较为敏感内向以及小组融入感弱的学生,扮演好引导者、监督者、促进者的角色。

(三) 多元化评价,让学生相互竞争起来

同类题材情境作文教学需要相应的评价措施来助推学生学习的兴趣和积极性,激发组间的竞争意识,培养小组间成员的团队合作意识,增强成员间的凝聚力,最终完成系列任务,达成既定目标。

1. 基于目标的前置性评价

评价前置,在教学环节开始前,把预期的目标提前告知学生,出示评价标准,这种以目标为导向的评价使学生更加明确自己要做什么,做到什么程度。评价前置让学生清晰明了地认识到写作的精细化要求,它能够有效帮助学生发现学习中存在的问题,帮助师生发现连接教学与理想目标之间最便于开拓的路径,在一定程度上有效提升学生作文学习的自主性,并对于学生后续写同类文体的作文有较强的指导意义。

2. 基于过程的合作性评价

(1) 组内评价策略

项目化学习中的小组合作环节关注小组每一位成员学习环节的参与性,因此组内的评价指标以表现性评价为主。组内评价单(见表3-5)从课堂纪律遵守、合作技巧运用、表达交流情况、任务完成情况等几个维度,进行学生自评、组长评价和教师评价。

表3-5 组内合作学习评价单

姓名	课堂纪律遵守			合作技巧运用			表达交流情况			任务完成情况		
	自	组	师	自	组	师	自	组	师	自	组	师

3. 基于结果的总结性评价

集体交流或成果展示阶段,以总结性评价为主。合作学习小组之间依据最后总结性发言的情况进行组间互评,教师依据每个小组的最终表现进行打分,并进行小组间的排名。

(四)目标性成果,让学生拥有展示舞台

同类题材情境作文教学以"产品"为显性目标呈现形式,要求学生能够在真实情境中通过小组合作展示学习成果。教师要积极搭建平台,让学生的学习成果得到多途径展示:可以在班级里开展习作交流会、作品欣赏沙龙等活动,要发挥学生的主体作用,让学生把自己的学习成果展示出来,让学生看到合作学习的力量,让学生共享合作学习的成果;可以挑选小组合作学习中完成的优秀习作,用彩纸打印出来,在班级的宣传栏、学校的阅读长廊、读书角等校园宣传阵地张贴发布,或者让学生自己动手,制作作品集,让这些优秀的作品得到更多的关注,激发学生的创作动力和合作动力;还可以将优秀作品投稿至学校的红领巾广播站、电台、校刊、校报、区级乃至市级的儿童读物等,让学生走向更为宽广的展示自我的舞台。

"以同类题材的情境作文提升学生的写作动机"项目研究需要教师创设真实的问题情境,设置激发学生合作探究的学习任务,引导学生合作探寻解决问题的途径,搭建学生成果交流展示的平台,伴随着的则是学生学习兴趣更加浓厚,探究意识更加主动,合作技巧更加娴熟,自信心与解决问题的能力不断增强。它为教育教学转向以培养学生的核心素养为目标,落实立德树人的根本任务提供了一种新的实践模式,值得广大教育工作者做进一步探索和研究。

安亭小学　课例研究专业支持者观点链接

杨玉东（上海市教科院普教所）

"以项目化学习方式提升学习品质的实践研究"是安亭小学参与区重大课题的子课题。在安亭小学，强调的是"项目化学习方式"而非"项目化学习"，这是一个非常具体、可操作的定位，也是呼应区域项目"聚焦学生学习"的一种具体"方式"。难能可贵的是，安亭小学在强调"学与教"方式变革时，表现在举全校之力在所有学科开展，不仅仅是语文、数学、英语等工具学科，而且在音乐、体育、美术、劳技、自然等技艺类学科中都在尝试让学生经历项目化学习的方式，最终目的是克服学科学习中因时间松散等因素造成学科技能难以形成的问题，从而寻求学科教学中技能养成的途径和方法。需要指出的是，经由"项目化学习方式"，所经历的技能养成过程本身就是追求品质的一种手段，而非以往靠重复训练形成技能那么粗暴简单，这一点本身就是一个学习方式的重大变革。

本课例选择的载体是"一堂_____的作文课"，其实关注的是一类情境作文教学的问题，本质上是同类题材的语文作文教学；研究的主题是如何让学生经历项目化学习方式从而掌握情境类作文写作技能。课例研究过程中采取了"三次授课两次反思"的模式，前后有两位不同的执教者；针对情境作文教学采用了"因课制宜"的观察方法，每次观察过程的重点都略显不同，但无论哪一次观察，重点都放在了与学生学习有关的方面，如小组内互动、学生自主性等。值得肯定的是，课例研究中关注的三个方面，有梯度的小组合作、结果导向的前置性评价、学习结果的创新性表达，正是项目化学习"方式"所强调的，这与常规小学课堂教学里的学习方式明显不同。此外，课例研究的主要结论，如让学生经历项目化学习方式的学习内容选择、学习活动设计、学习活动实施方面等，都得出了具有操作性和迁移性的认识，这对于今后开展情境类作文教学有很大的启示。建议今后继续概括提炼出小学教育阶段"项目化学习方式"的本质内涵，以及这类学习方式的要领和要点，让更多的其他学科老师从这个课例中受益。

第四章 创设真实问题情境发展学生问题解决能力
——以碳酸钠与氢氧化钠化学性质复习课为例①

本次课例研究聚焦学生课堂学习过程中的知识应用、问题解决的过程,以真实问题情境设计为切入点和主要方式,旨在研究在初中化学教学中,如何通过创设真实且富有价值的问题情境,引导学生在情境中学以致用、开展创造性学习,从而灵活应用知识解决实际问题。

第一节 课堂变革需要发展学生问题解决能力

研究主题的确定以化学学科课程标准为指导,从学生的现实问题出发,是基于课堂教学实践,聚焦学生问题解决能力提升的一次探索。我们的研究是在这样的背景下展开的:

一、课程标准对学生问题解决能力提出要求

《普通高中化学课程标准(2017版)》提出了化学课程应"以发展化学学科核心素养为主旨,重视开展'素养为本'的教学"。同时《义务教育化学课程标准(2011年版)》指出初中化学课程包括"科学探究""身边的化学物质""物质构成的奥秘""物质的化学变化""化学与社会发展"五个内容主题,五个内容主题体现了化学学科对学生的发展价值,与化学学科核心素养相呼应。可见学科核心素养教学不仅适用于高中化学,对

---

① 本章为嘉定区德富路中学课例研究成果。执笔人:王静。

于与其衔接的初中化学同样具有指导意义。义务教育化学课程也应以学生学科核心素养发展为基本目标,只是更侧重基础性[1]。

如何在初中阶段开展"素养为本"的教学呢?《义务教育化学课程标准(2011年版)》中明确提出:"倡导真实问题情境的创设,开展以化学实验为主的多种探究活动"。可见在教学中开展基于问题解决的课堂教学必将成为核心素养落地的有效途径。

二、 品质课堂要求发展学生的问题解决能力

在初中阶段各学科的学习过程中,学生往往出现基础知识不扎实,知识不成体系,形成散乱,学以致用的能力薄弱、学科核心素养欠缺等现象。新一轮教育综合改革着重强调"关注学生学习",在此基础上嘉定教育学院提出"聚焦学生学习,提升课堂品质"重大项目研究,作为基层学校的课堂教学改革必须紧紧围绕"品质教育"进行深入研究和实践。要改变课堂,首先要改变教师,如何让我们的老师从"关注课堂教学"到"聚焦学生学习",不仅要学习先进的教育教学理念,更需要任务驱动下的实践研究。为此,我们选择课堂教学模式为研究突破口,提出符合学生学习需要的"创联式教学法",通过学生课堂学习方式的改变,更多地将实验问题和生活问题引入课堂,以实现注重基础知识的传导,注重知识与生活的联系,注重学生的合作探究、动手能力的课堂教学愿景,引导学生综合运用所学知识,做到学以致用,提升综合素养。

创联式教学基于建构主义学习的理念,在实践过程中,注重学生的主动学习、探究和认知策略的培养,引导学生在实践和体验的过程中,围绕核心问题,进行主动探究,寻求证据、解释,应用迁移,评价自己的学习结果。按照课堂环节创联式教学模式可分为三环节六要素。创联式教学模式中六个要素在不同学科内容(知识结构、能力要求)和不同类型的课(新授课、复习课、实验课、拓展课)等有不同的应用和偏重。如在新授课中,情境导入、质疑、探究、建构是重点,学生要通过主动探究,完整准确地理解知识。而在复习课中,强调在教学设计时注重知识应用的不同认知梯度,学生把所学的知识在新问题情境中应用,在解决新问题中深入了解知识应用的情境,提高反思和元认知能力。

---

[1] 中华人民共和国教育部. 普通高中化学课程标准(2017年版)[S]. 北京:人民教育出版社,2018.

三、化学教学中存在的实际问题要求发展学生的问题解决能力

九年级是化学基础教育的启蒙阶段,是"为学生的发展奠定必要的基础"的重要阶段,也是激发学生学习兴趣,培养学生化学思维,将学生引入化学殿堂的关键时期。复习课约占据了九年级化学学习三分之一的时间。复习课是课堂教学的重要形式,它的作用就是从新的角度、新的高度,针对学生已学过的知识重新制定教学目标,确定系统的知识网络,使学生从整体上把握内容的基本结构,使学生的认知水平和价值观念达到更高的层次,运用所学的知识在新的情境中解决问题。[①] 而在实际复习课教学中,教师大多采用先梳理知识、归纳及自我整理等方式构建知识体系,然后就是训练。虽然学生在教师的引导下把以前学习到的孤立的、分散的、零碎的、无序的、认识模糊的知识,以再现、整理、归纳等方法串成线、连成片,结成网,使知识条理化、系统化、结构化,但学生在解决问题时,还是不能很好地提取已有知识,仍然用碎片化的知识去思考和解决问题。这种现象产生的主要原因是重视了知识构建和问题解决,但忽略了它们之间的联系,即创联式教学建构中所强调的教师的"创"要实现学生的"联"。真实问题情境的有效创设搭建起了知识方法与问题解决之间的桥梁,引导学生在情境中运用知识,在思考、实践中解决问题。

四、创设问题情境对于发展学生问题解决能力的意义

教学情境是指与课堂教学内容相关的认知逻辑、情感、行为、社会和发展历程等方面背景且具有文化属性的综合体。[②] 教学情境是根据教学的内容,为落实教学目标所设定的,适合学习主体并作用于学习主体,产生一定情感反应,能够使其主动积极进行建构性学习的具有学习背景、景象和学习活动条件的学习环境,是解决学生认知过程中形象与抽象、感性与理性、理论与实践及旧知识与新知识的关系和矛盾的师生互动关系的载体。

所谓情境学习,即指在所学知识的真实的、应用的环境中,通过目标定向的活动而

---

① 付元兴,李瑶. 基于问题解决的中考实验探究专题复习[J]. 化学教与学,2020(5):83—86.
② 马圆,严文法,宋丹丹. 真实情境与化学学科核心素养的发展[J]. 化学教育,2019(40):6—10.

进行的学习。情境教学的倡导者都认为:"知识只有在它们产生及应用的情境中才能产生意义。知识绝不能从它本身所处的环境中孤立出来,学习知识的最好方法就是在情境中进行。"①

纵观已有的成熟的教学理论,无论是布鲁纳的发现法学习、杜威的问题教学法,还是建构主义提出的基于问题的学习,前提都是创设合适的教学情境,使教学内容蕴含在其中,设计出具有趣味的、有思考价值的、有意义的情境问题,围绕问题让学生思考、讨论、探究、尝试解决,通过合作、交流,自主归纳和发现所学的知识,教师再通过诱导和点拨促使他们解决问题。②

基于"问题解决"的教学是一种以问题为出发点,以教学为中心展开的课堂教学样态,由弱结构化、开放性的问题引发,有明确的学习目标,但没有指定达成目标的明确路径,需要学习者在"问题空间"内通过个体探究、协作共享、对话来认知和理解,以实现问题的解决,培养学生自主学习能力、协作探究能力、实践应用能力。③ 对于化学学科而言,化学问题解决能力是指学习者能理解给定的化学信息或真实的化学问题(或由自己提出),识别关键特征及其相互关系,构建外部表征,将某一学习情境中所学的化学内容迁移应用于新问题情境,采用多角度和多方法的思维解决问题,并对解决方案进行评价和判断的能力。

在本课例的研究中,学生解决问题的能力主要指学生知识的应用能力。

在问题解决教学中,教师需创设一系列问题,形成螺旋式上升的问题链,来降低学生的思维难度,使学生循序渐进地解决复杂问题。学生在解决一连串有指向性、逻辑性的问题过程中,充分调动各种知识,进而将零碎的化学学科知识结构化,形成分析问题和解决问题的能力。④

综上所述,我们以"化学复习课中促进学生解决问题的情境问题设计"为主题,以

---

① 杨玉琴,王祖浩.教学情境的本真意蕴——基于化学课堂教学案例的分析与思考[J].化学教育,2011(10):30—33.
② 范标.以情境设计与问题引领促进知识方法复习目标的达成[J].化学教学,2017,(9):51—54.
③ 胡先锦.基于"问题解决"的高中化学教学设计与思考——我们需要什么样的化学课堂[J].化学教学,2019(03):36—41.
④ 韦存容,叶静.基于"问题解决"的高中化学教学设计探讨与实践——以"氮肥的生产和使用"为例[J].化学教学,2020(04):38—41.

复习氢氧化钠和碳酸钠的化学性质为例开展本次课例研究。

第二节　以复习课为载体开展课例研究

在本次研究中,我们试图解决的问题是:在复习课中如何通过问题引领与情境设计,建立问题解决与知识的联系,促进学生学会在复杂的情境中运用所学的知识解决问题。

一、研究过程

结合我校课题"创联式教学"的研究,我校科学组开展了本次课例研究,采用了"一课一人三上"的形式进行。具体研究过程的安排见表4-1。

表4-1　课例研究过程

日期	具体任务安排	参与人员	备注
2019.3.1—3.10	1. 确定研究主题、执教者和教学内容 2. 确定开课模式 3. 编制课堂观察量表	科学组全体成员	
2019.3.11—3.19	化学备课组王静教师完成教学设计与备课	王静、化学备课组	九(1)班、九(2)班、九(3)班上课
2019.3.20—3.28	1. 老师上课并进行教学反思 2. 小组成员进行课堂观察、课堂测试数据分析 3. 小组成员进行评课	科学组全体成员	
2019.4.1—4.20	完成课例研究报告		

本次课例研究着重于"创联式教学"的第一环节——"创设情境,联系本体",主要是在"情境与质疑"两个要素的引领下。在教学开展之前,我们分析学情,优化复习内容,初步设计了创联式教学情境与问题设计说明表(表4-2)。

表 4-2 创联式教学情境与问题设计说明表

情境创设	核心问题	问题链	设计意图	难度系数与活动设计	评价指标

（一）学情分析

我校地处嘉定区新城，学生基础在全区属于中等水平，家长对学生的学习有一定要求，但学生学习知识面较窄，学习习惯和学习方法不够科学，学习依赖性较强。通过之前的学习和复习，学生虽已基本掌握氢氧化钠和碳酸钠的化学性质，但是运用物质的性质，在新的情境中，迁移已有知识解决综合题，还需要教师为其搭建平台，以达到中考需求和素养发展需求。

（二）优化复习内容

复习课中教学内容的的选择是非常重要的一个环节，它是根据复习需要，对相关内容进行整合，以一定的主题形式呈现，从而加强不同知识间的交叉联系，完善知识体系，有效实现复习目标。

氢氧化钠变质的问题一直是中考热门话题之一，有关氢氧化钠变质的原因，如何检验氢氧化钠是否变质和变质程度，如何除去变质氢氧化钠中的碳酸钠等系列问题，在试题中屡见不鲜。氢氧化钠变质问题涉及盐酸、氢氧化钠、氢氧化钙、碳酸钠、氯化钙等多种物质的性质和相互之间的转化关系，以及物质变质、检验、除杂和保存等多方面的知识。氢氧化钠变质问题还涉及科学探究的一般过程和方法，混合溶液检验、除杂的一些基本原则。因此这是学习氢氧化钠和碳酸钠之后比较好的复习专题。

二、研究方法

在本次研究中，我们主要采用了比较法和观察法。

（一）比较法

我们的开课模式是"一人三次上课"。一位教师对同样的复习内容进行整合，突出了情境与问题设计,三次课堂教学的教学设计,创联式教学的情境与问题链设计说明,教学实录作为主要材料以供比较。通过情境问题设计的不断优化和调整,对比课堂教学效果。围绕"促进学生问题解决的情境设计"这个研究主题,王老师先后进行了三次课堂实践,逐步调整并优化情境与问题设计,以达到促进学生学习,利于学生问题解决。

（二）观察法

课堂是教学设计实施的主阵地,课堂教学不是教师完全按照教学设计按部就班地执行,而是面对新问题、新情况进行适当地调整,每一节课都有它的生成与改进,因此课堂观察是必要的。基于关注课堂的情境问题设计,我们设计了教学设计观察表(表4-3),科学组的全体老师基于课堂观察量表分工合作,进行观课记录。

表4-3 德富路中学创联式教学课堂评价（质疑要素）观察记录表

开课时间		班级		学科	
执教者姓名		教师类型(A—新手型;B—成熟型;C—资深型)		课题	
观课者姓名		观课者学科背景		观课者任务分工(选择一项打勾)： □问题指向性 □问题链逻辑性 □问题难度梯次 □问题生成性	
指标		表现性评价		0—5分按程度从低到高打分	评价依据举例
问题指向性		T：核心问题基于课程标准和学生认知水平,问题指向明确,能引起学生思维冲突。			
		S：不同层面学生均有主动参与的思维时空和主动质疑的意识及行为。			

续 表

指标	表现性评价	0—5分 按程度从 低到高打分	评价依据举例
问题链逻辑性	T：基于核心问题设计问题链，且问题链能体现学习内容的逻辑性。		
	S：学生在问题链的引导下较顺利地开展学习活动，能够解决学习重点。		
问题难度梯次	T：问题链从易到难，贴近学生的最近发展区，关注学生学习程度的差异性，能够帮助学生并对问题的分析作必要点拨或指导。		
	S：问题能够激发学生回答欲望，既没有完全回答不出的问题，也没有不假思索就回答出来的问题。		
问题生成性	T：教师通过启发、引导、点拨，主导学生的问题质疑。		
	S：学生能够主动提出质疑、反思、评价学习过程和内容。		
综合分析（学习效果与教学方式、课堂氛围等）			

注：T：教师；S：学生

第三节 以问题情境建立问题解决与知识的联系

依据本节课的重点内容，我们以"氢氧化钠为什么变质""探究氢氧化钠是否变质"以及"氢氧化钠变质的程度"这三个问题的解决，关注教师的情境与问题设计，以及学生在解决问题过程中表现出的知识应用能力。

一、第一次授课：明确情境问题设计，缺乏问题解决与知识结构的联系

表 4-4 创联式教学情境与问题设计说明表

情境创设	核心问题	问题链	设计意图	难度系数与活动设计	评价指标
基于真实的实验情境：滴加酚酞的氢氧化钠溶液加酸的过程中产生了气泡的原因分析。	1. 氢氧化钠变质的原因是什么？	【问题1】氢氧化钠有哪些化学性质？	联系旧知	简单，回答	课堂回答效果评价
		【问题2】这只已经变红的氢氧化钠溶液，如果我们滴加足量的酸，大家预计会看到什么现象？	联系旧知	简单，回答	课堂回答效果评价
		【问题3】为什么产生了气泡？	分析实验现象	中等，独立思考回答	课堂实验与回答效果评价
		【问题4】为什么氢氧化钠变质了就会有气泡产生？	激活思维	中等，独立思考回答	课堂回答效果评价
	2. 如何检验氢氧化钠是否变质？	【问题5】氢氧化钠变质后的成分是什么？	联系旧知	中等，独立思考回答	课堂实验与回答效果评价
		【问题6】能否用酚酞检验氢氧化钠变质后的成分？为什么？	激活思维	中等，独立思考回答	课堂回答效果评价
		【问题7】哪些方法可以检验这瓶氢氧化钠是否已经变质了？	归纳总结	中等，独立思考回答	课堂讨论情形与回答效果
	3. 氢氧化钠的变质程度如何？	【问题8】一瓶久置的氢氧化钠溶液，溶液中溶质的成分可能是什么？这属于哪种情况？	激活思维	中等，独立思考回答	课堂回答效果评价
		【问题9】如果全部变质，溶液中的成分为？	激活思维	简单，回答	课堂回答效果评价
		【问题10】如果没有变质，溶液中的成分为？	激活思维	简单，回答	课堂回答效果评价
		【问题11】小组讨论如何判断氢氧化钠的变质程度？	学以致用，解决实际问题	中等，小组讨论解决	课堂讨论情形与回答效果

第一次执教后,观察组的教师根据观察量表,对这节课进行课堂教学分析,见表4-5。

表4-5 德富路中学创联式教学课堂评价(质疑要素)观察记录表

指标	表现性评价	0—5分 按程度从低到高打分	评价依据举例
问题指向性	T:核心问题基于课程标准和学生认知水平,问题指向明确,能引起学生思维冲突。	5	课堂实录1
	S:不同层面学生均有主动参与的思维时空和主动质疑的意识及行为。	4	
问题链逻辑性	T:基于核心问题设计问题链,且问题链能体现学习内容的逻辑性。	4	课堂实录2
	S:学生在问题链的引导下较顺利地开展学习活动,能够解决学习重点。	3	
问题难度梯次	T:问题链从易到难,贴近学生的最近发展区,关注学生学习程度的差异性,能够帮助学生,并对问题的分析作必要点拨或指导。	4	课堂实录3
	S:问题能够激发学生回答欲望,既没有完全回答不出的问题也没有不假思索就回答出来的问题。	3	
问题生成性	T:教师通过启发、引导、点拨,主导学生的问题质疑。	0	
	S:学生能够主动提出质疑、反思、评价学习过程和内容。	0	
综合分析(学习效果与教学方式、课堂氛围等)			

观察组的教师分工合作,依据课堂真实发生的情境与对话进行分析和评分。

课堂实录1

师:第三个实验滴加酸的实验,我们借用这只试管中已经变红的氢氧化钠溶液,如果我们滴加足量的酸,大家预计会看到什么现象?

生:红色溶液变无色。

师：请一位同学上台完成这个实验。

师：你观察到了什么实验现象？

生1：红色变无色。

师：还有吗？

生1：产生了气泡。

师：我想问大家，为什么产生了气泡？

生：变质了。

师：为什么氢氧化钠变质了就会有气泡产生？

生2：氢氧化钠变质是由于氢氧化钠与二氧化碳反应生成碳酸钠，碳酸钠与稀盐酸反应会产生了气泡。

从课堂实录1的描述中可以发现，情境的创设与问题的设计相辅相成，较好地解决了第一个问题氢氧化钠敞口放置会变质，教师的问题指向明确，能引起学生思维冲突，学生均主动参与教师问题与活动的设计，有主动的意识及行为。

课堂实录2

师：能否用酚酞检验氢氧化钠变质后的成分？为什么？

生1：……

生2：不能，因为氢氧化钠和碳酸钠都是呈碱性。

师：到底哪些方法可以检验这瓶氢氧化钠是否已经变质了？请在学案上写出你的方案。

生2：滴加氯化钡。

师：滴加什么量的氢氧化钡？

生2：足量。

师：观察到什么现象？

生：白色沉淀。

师：如果观察到白色沉淀，说明它变质了还是没有变质？

生：变质。

课堂实录2描述了教师引导学生解决如何检验氢氧化钠溶液是否变质。课堂中，教师先请一位同学回答，学生没有答出，教师又换了一位同学回答，第一位同学的学习水平占班级中上等,这里没有回答出,是对问题的描述和物质的性质不熟悉,教师此时完全可以通过一个简单的实验:将酚酞分别滴入氢氧化钠和碳酸钠溶液,通过实验加深对物质知识的回顾。

课堂实录 3

师:一瓶久置的氢氧化钠溶液,溶液中溶质的成分是什么?

生:碳酸钠和氢氧化钠。

师:这属于什么情况?

生:部分变质。

师:还有其他可能吗?

生:……

师:如果全部变质,溶液中的成分为什么?

生:碳酸钠。

师:除了碳酸钠还有其他物质吗?

生:氢氧化钠。

师:全部变质……

师:小组讨论设计方案,证明属于哪一种情况?

课堂实录3描述了教师引导学生解决氢氧化钠的变质程度,对应的溶液中成分究竟有哪些物质。针对老师提出的这些问题,有些同学没能够回答出,可能是问题的设计脱离了学生的日常认识。

本节课教师问题设计的逻辑性基本没有问题,也基本促进了学生问题的解决。简单化学问题,教师用合理的情境与问题的设计能较好地促进学生问题解决,但是当需要解决复杂的问题时,光有简单的问题设计还不行。问题的设计要关注化学知识、化学思维、化学能力等不同视角,也要关注学生的认知规律和认知差异,本节课中部分问题学生没有进行很好地回答,也在于教师对学情和问题的预设没有充分考虑。

作为一节复习课,本节课对知识结构梳理的程度还不够。本节课是利用结构化知识解决问题,如果学生结构化的知识没有形成,那么问题的解决只能说是课堂的热闹,并没有真正地解决问题。课堂的实践后,教师会明确本节课在达成教学目标的过程中教学设计的不足之处,在促进学生问题解决的过程中对于知识结构与问题解决之间的联系没有较好地建立，学生很难运用知识进行迁移应用。

二、第二次授课：明确情境问题设计，初步建立问题解决与知识结构的联系

表4-6 创联式教学情境与问题设计说明表

情境创设	核心问题	问题链	设计意图	难度系数与活动设计	评价指标
图片情境：实验室变质的氢氧化钠	1. 氢氧化钠变质的原因是什么？	【问题1】展示图片，氢氧化钠为什么会变质？	联系旧知	简单，回答	课堂回答效果评价
	2. 如何检验氢氧化钠是否变质？	【问题2】氢氧化钠变质后的成分是？	联系旧知	简单，独立思考回答	课堂实验与回答效果评价
		【问题3】要检验哪种物质？	激活思维	中等，独立思考回答	课堂讨论情形与回答效果
		【问题4】加入的试剂能不能与氢氧化钠反应？	激活思维	中等，独立思考回答	课堂讨论情形与回答效果
		【问题5】根据碳酸钠的性质，可以用哪种试剂检验碳酸钠？	联系旧知	中等，独立思考回答	课堂回答效果评价
		【问题6】如果向待测液中加入几滴盐酸没有产生气泡是不是可以证明氢氧化钠没有变质？	分析实验现象	中等，深入思考回答	课堂讨论情形与回答效果
	3. 氢氧化钠的变质程度如何？	【问题8】这瓶氢氧化钠是部分变质还是完全变质？	激发探究欲望	/	课堂讨论情形与回答效果
		【问题9】检验混合溶液中是否有氢氧化钠？	考查学生迁移问题的能力	/	课堂讨论情形与回答效果

续 表

情境创设	核心问题	问题链	设计意图	难度系数与活动设计	评价指标
		【问题10】氢氧化钠是一种碱,它有哪些性质?	联系旧知	简单,回答	课堂回答效果评价
		【问题11】用什么试剂除去碳酸钠	知识迁移	中等,深入思考回答	课堂回答效果评价
		【问题12】氢氧化钡行不行?	激活思维	中等,深入思考回答	课堂回答效果评价
		【问题13】设计方案时应该注意什么?	归纳提炼	/	/

第二次执教后,观察组的教师根据观察量表,对这节课进行课堂教学分析(表4-7)。

表4-7 德富路中学创联式教学课堂评价(质疑要素)观察记录表

指标	表现性评价	0—5分按程度从低到高打分	评价依据举例
问题指向性	T:核心问题基于课程标准和学生认知水平,问题指向明确,能引起学生思维冲突。	5	课堂实录1
	S:不同层面学生均有主动参与的思维时空和主动质疑的意识及行为。	4	
问题链逻辑性	T:基于核心问题设计问题链,且问题链能体现学习内容的逻辑性。	4	课堂实录2
	S:学生在问题链的引导下较顺利地开展学习活动,能够解决学习重点。	3	
问题难度梯次	T:问题链从易到难,贴近学生的最近发展区,关注学生学习程度的差异性,能够帮助学生并对问题的分析作必要点拨或指导。	5	课堂实录1和课堂实录2
	S:问题能够激发学生回答欲望,既没有完全回答不出的问题也没有不假思索就回答出来的问题。	4	

续 表

指标	表现性评价	0—5 分 按程度从低到高打分	评价依据举例
问题生成性	T：教师通过启发、引导、点拨，主导学生的问题质疑。	4	课堂实录3
	S：学生能够主动提出质疑、反思、评价学习过程和内容。	0	
综合分析（学习效果与教学方式、课堂氛围等）			

注：T：教师；S：学生

第二次授课，观察组的教师从不同角度对本节课进行评课，与第一次授课相比，教师关注了基于问题解决的问题设计与知识结构的联系。

课堂实录 1

师：老师整理化学实验室发现一瓶久置的氢氧化钠溶液，当我看到这瓶试剂时老师觉得这瓶氢氧化钠溶液变质了，如果变质，产生了什么？

生：碳酸钠。

师：检验氢氧化钠是否变质，就是把问题转化成检验否含有碳酸钠，如果含有碳酸钠说明氢氧化钠变质了，如果没有碳酸钠说明没有变质。

师：选择的试剂要和碳酸钠反应，必须要有明显的现象，选择的这个试剂能不能和可能存在的氢氧化钠反应呢？

生：……

师：混合溶液中成分的检验，要考虑干扰，所以加进去的试剂不能和氢氧化钠反应，或者反应无现象。

师：根据碳酸盐的性质，用哪些试剂可以检验碳酸钠？

生：碳酸钠可与酸碱指示剂反应；碳酸钠能够和盐酸(硫酸)反应；碳酸钠能和氢氧化钙(氢氧化钡)反应；碳酸钠能和氯化钙(氯化钡)反应。

师：小组合作完成学习单，通过实验复习氢氧化钠和碳酸钠的性质。

在实录1中，教师强调了证明氢氧化钠是否变质，就是把问题转化成检验溶液中是否含有碳酸钠，如果含有碳酸钠说明氢氧化钠变质了，如果没有碳酸钠说明没有变质。如何检验溶液中是否含有碳酸钠，从学生的表达中可以看出，学生根据老师的引导，从知识结构中归纳出利用碳酸钠的化学性质思考检验碳酸钠的方法。

课堂实录2

师：这瓶氢氧化钠已经变质，那么是部分变质，还是全部变质？部分变质，成分是什么？

生：氢氧化钠和碳酸钠。

师：全部变质的成分是碳酸钠。因此想要确定变质的程度，问题转化为检验是否含有氢氧化钠，按照刚刚检验的思路，对混合溶液进行检验，加入的试剂与碳酸钠应该不反应，或者反应无明显现象。

……

师：碳酸钠对氢氧化钠造成干扰，怎么办？除去碳酸钠，如何除去碳酸钠？

生：加入氯化钡。

师：加入多少量？

生：过量。

师：怎么知道加入了过量？滴加试剂至无沉淀产生。

师：加入的试剂为氢氧化钡行不行？

生：不行。

师：加入氢氧化钡会生成氢氧化钠，就会干扰对氢氧化钠的检验。

在实录2中，老师强调想要确定变质的程度，就是把问题转化为检验是否含有氢氧化钠。不足之处在于这个关键性问题的解决方法是由老师说出的，而不是学生回答出。在学习单上，教师设计了氢氧化钠和碳酸钠化学性质实验，并利用这张表格的知识解决了相关问题（表4-8），强化了知识结构与问题解决的联系，利于学生进行问题的解决。学生在教师问题的引导下较顺利地开展学习活动，能够基本解决学习重点。

课堂实录3

师：我们同学在实验时发现加入盐酸时一开始没有气泡产生，这是什么原因？关注我们填写的表格。因为盐酸加进去既能与氢氧化钠反应，又能与碳酸钠反应。

从教学实录来看,这节课教师问题的指向性明确,有些问题的设计有一定的思维含量,但是给予学生思考与回答的机会太少,比如实录3中的问题,教师设计了一个问题,学生实验中也发现了这个问题,但是教师最终还是以自问自答的形式解决了这个问题。基于"问题解决"的课堂教学中,创设化学问题情境,教师应引领学生开展师生、生生的多元互动,充分调动与发挥学生的主体性和创造性,引导学生像化学家那样去思考与解决问题。

表4-8 氢氧化钠和碳酸钠的化学性质

试剂类别	滴加的试剂	现象		相关化学方程式
指示剂		氢氧化钠		
		碳酸钠		
酸		氢氧化钠		
		碳酸钠		
碱		氢氧化钠		
		碳酸钠		
盐		氢氧化钠		
		碳酸钠		

三、第三次授课:明确情境问题设计,建立完善的问题解决与知识结构的联系

表4-9 创联式教学情境与问题设计说明表

情境创设	核心问题	问题链	设计意图	难度系数与活动设计	评价指标
图片情境:苹果的变质,到敞口放置的氢氧化钠溶液的变质	1. 暴露在空气中的氢氧化钠溶液为什么会变质?	【问题1】氢氧化钠为什么会变质?	联系旧知	简单,回答	课堂回答效果评价
	2. 如何证明氢氧化钠溶液已经变质?	【问题2】有哪些方法证明溶液中含有碳酸钠?	联系旧知	中等,独立思考回答	课堂回答效果评价

续 表

情境创设	核心问题	问题链	设计意图	难度系数与活动设计	评价指标
		【问题3】碳酸钠的这四种性质都能用来检验溶液中是否存在碳酸钠吗？	激活思维	中等，独立思考回答	课堂回答效果评价
		【问题4】哪些可以？哪些不可以？请你分别说明理由。	归纳总结	有难度，小组讨论解决	课堂讨论情形与回答效果
由图片情境：苹果部分已烂，苹果全烂，引入氢氧化钠变质的可能性	3. 氢氧化钠的变质程度如何？	【问题5】溶液部分变质，应检验什么物质？	引发探究欲望	简单，回答	课堂回答效果评价
		【问题6】溶液完全变质，应检验什么物质？	引发探究欲望	简单，回答	课堂回答效果评价
		【问题7】要证明原溶液中是否还含有氢氧化钠，从氢氧化钠的性质去思考，氢氧化钠有哪些化学性质？	联系旧知	中等，独立思考回答	课堂回答效果评价
		【问题8】这些性质是否都能用来证明氢氧化钠的存在？溶液中的碳酸钠对氢氧化钠的检验是否有影响？	激活思维	有难度，小组讨论解决	课堂讨论情形与回答效果
		【问题9】怎么解决碳酸钠对氢氧化钠的干扰？	激活思维	/	不要求回答，激发学生思考

续 表

情境创设	核心问题	问题链	设计意图	难度系数与活动设计	评价指标
		【问题10】除去溶液中的碳酸钠,要从碳酸钠的化学性质去思考,这些性质是否都能用来除去碳酸钠?是否需要考虑溶液中的氢氧化钠?	激活思维	有难度,独立思考回答	课堂回答效果评价
		【问题11】实验过程中如何保证碳酸钠完全被除尽?	联系旧知	中等,独立思考回答	课堂回答效果评价
		【问题12】除去了碳酸钠,继续检验溶液中是否含有氢氧化钠,请从氢氧化钠的化学性质再次思考这些方法是否都可用来检验它的存在?	联系旧知	中等,独立思考回答	课堂回答效果评价

第三次执教后,观察组的教师根据观察量表,对这节课进行课堂教学分析(表4-10)。

表4-10 德富路中学创联式教学课堂评价(质疑要素)观察记录表

指标	表现性评价	0—5分按程度从低到高打分	评价依据举例
问题指向性	T:核心问题基于课程标准和学生认知水平,问题指向明确,能引起学生思维冲突。	5	课堂实录1
	S:不同层面学生均有主动参与的思维时空和主动质疑的意识及行为。	5	

续 表

指标	表现性评价	0—5分 按程度从 低到高打分	评价依据举例
问题链 逻辑性	T：基于核心问题设计问题链，且问题链能体现学习内容的逻辑性。	4	课堂实录2
	S：学生在问题链的引导下较顺利地开展学习活动，能够解决学习重点。	4	
问题难 度梯次	T：问题链从易到难，贴近学生的最近发展区，关注学生学习程度的差异性，能够帮助学生，并对问题的分析作必要点拨或指导。	4	课堂实录2
	S：问题能够激发学生回答欲望，既没有完全回答不出的问题也没有不假思索就回答出来的问题。	5	
问题 生成性	T：教师通过启发、引导、点拨，主导学生的问题质疑。	4	课堂实录3
	S：学生能够主动提出质疑、反思、评价学习过程和内容。	4	
综合分析（学习效果与教学方式、课堂氛围等）			

注：T：教师；S：学生

教师课前采用梳理知识的方法将氢氧化钠和碳酸钠的化学性质进行对比（表4-11），为课堂探究实验做好准备。与第二次授课相比，这部分内容的复习安排在课前进行，为课堂实验探究的顺利开展提供了知识结构的保障。

课堂实录1

师：图片展示三只苹果，一只新鲜完好，一只有些黑斑点，一只全腐烂。

生：1号苹果是好的，2号有点变质，3号完全变质。

师：没有保存好的苹果，腐烂变质了，我们显而易见。但是有很多物质是否变质是用肉眼辨别不出的，这是一瓶忘记盖瓶塞的氢氧化钠溶液，它是否有可能变质了？它变质的原因是什么？

生：与空气中的二氧化碳接触。它有可能变质了。

师：请同学们在学案上书写氢氧化钠变质的化学方程式。

本节课的情境创设由明显现象的苹果变质,到无明显现象的氢氧化钠溶液变质,更加体现真实情境下开展实验探究的意义。学生课堂中对教师呈现的苹果变质的图片也比较熟悉,基于真实情境的问题设计既激发学生的学习兴趣,又为学生的复习提供认知的依托,使学生在轻松的环境中,积极主动地对知识重新认知,化解疑难,为后续的问题解决提供了信心保障。

课堂实录 2

师：那么这份氢氧化钠溶液是部分变质还是全部变质呢？怎么证明呢？

生：是不是全部变质就是证明溶液中是否还含有氢氧化钠。

师：要证明原溶液中是否还含有氢氧化钠,这就要从氢氧化钠的性质去思考,那氢氧化钠有哪些化学性质？

生：氢氧化钠的化学性质有：能和酸碱指示剂反应,能和酸性氧化物反应,能和酸反应,能和硫酸铜等盐溶液反应。

师：这些性质是否都能用来证明氢氧化钠的存在呢？溶液中的碳酸钠对氢氧化钠的检验是否有影响呢？

生：由于溶液中含有碳酸钠,通过比较,氢氧化钠的部分化学性质与碳酸钠相似（和酸碱指示剂、硫酸铜等盐溶液的反应现象一样）,而和稀盐酸、二氧化碳等物质的反应又没有明显现象,所以,利用氢氧化钠的 4 个化学性质直接去检验氢氧化钠是不可行的。

师：怎么解决碳酸钠对氢氧化钠的干扰呢？

生：除去碳酸钠后再检验氢氧化钠。

师：要除去溶液中的碳酸钠,就要从碳酸钠的化学性质出发去思考,这些性质是否都能用来除去碳酸钠？是否需要考虑溶液中的氢氧化钠？

生：碳酸钠和盐酸反应,能除去碳酸钠,但是盐酸也会和氢氧化钠反应……所以,只有氯化钡溶液和氯化钙溶液是可以的。

师：由于排除碳酸钠的影响,所加氯化钡溶液或氯化钙溶液的试剂要足量。

教学实录 2,教师引导学生将真实问题转化为化学问题,学生依据化学结构知识,解决化学问题,最终达成问题的解决。问题的解决过程中根据学生的回答,他们能够体会利用物质化学性质的差异性来解决问题。学生是学习的主体,学生的复习过程是对已学知识整理、巩固、提高的过程,是认知结构重组的过程,对问题自主探究,才能激活他们的思维,才能在学生头脑中形成稳定的、在不同条件下都能起决定性作用的化学思维能力。

课堂实录 3

师:经检验,这瓶氢氧化钠溶液已经变质,我们应该如何减缓氢氧化钠溶液变质呢?

生:先挤压胶头,再伸入到氢氧化钠溶液中吸取(避免反复捏挤滴管胶头,把空气挤入氢氧化钠溶液),防止把空气带入;使用后,及时塞好橡胶塞。

师:如何处理变质的氢氧化钠溶液?

生1:倒掉。

生2:加入适量的石灰水,过滤氢氧化钠溶液。

生3:如果全部变质了,也可以换个标签当碳酸钠溶液使用。

师:同学们都有自己的想法,哪种方法更好呢?请你给予评价。

生:倒掉太浪费,不可取,其他两个方案我认为都可行。

教学实录 3 中,教师基于真实情境,深入探究提出问题,学生对问题的回答,从师生的互动,转向生生互动,对他人的课堂表达,学生能够主动提出质疑,表明自己的观点,这也是对自己学习内容的评价和反思。由此老师的问题引领学生的思维发展,学生思维由浅入深,最终促进了问题的解决。

表 4-11 氢氧化钠和碳酸钠的性质

	氢氧化钠的化学性质	碳酸钠的化学性质
和指示剂作用	使紫色石蕊变_____,使无色酚酞变_____	使紫色石蕊变_____,使无色酚酞变_____
和酸性氧化物反应	(1) (2)	
和酸反应	(1) 盐酸 (2) 硫酸 (3) 硝酸	(1) 盐酸 (2) 硫酸 (3) 硝酸

续表

	氢氧化钠的化学性质	碳酸钠的化学性质
和碱反应		(1) $Na_2CO_3 + Ba(OH)_2$ (2) $Na_2CO_3 + Ca(OH)_2$
和部分盐反应	(1) $NaOH + FeCl_3$ (2) $NaOH + CuSO_4$	Na_2CO_3 和 $FeCl_3$、$CuSO_4$ 也会反应 (1) $Na_2CO_3 + BaCl_2$ (2) (3) (4)

通过比较，我们发现教师在这三节课的设计中都考虑了情境与问题设计，但从学生的学习课堂表现来看老师问题的创设与学生已有知识的联系存在差距。

第三次授课根据氢氧化钠变质问题这一教学情境，设计了核心问题。在解决这个核心问题的课堂教学中，教师针对每个问题，又设计"问题链"，这些问题的创设有利于搭建认识的台阶，针对学生可能出现的困惑，把教学难点进行分解，增强学习动机，提高学生的学习兴趣，引导学生的思维向知识的深度和广度发展，能够促使学生们用梳理的知识即两种物质的化学性质去解决教师设计好的问题，在解决问题的过程中，又强化了知识及其内在的区别和联系。学生在学习中能够体会到对氢氧化钠变质问题的探究实际就是在不断地应用氢氧化钠和碳酸钠的化学性质，尤其是它们的差异性来解决问题。九年级化学下学期学习酸碱盐之后，混合溶液成分的检验是难点，不同物质性质的相似是造成物质检验干扰的主要原因，因此教师从课前性质的对比，到课堂上问题设计的巧妙，激发了学生的思维，思维的发展促进学生知识应用能力的发展，基本实现在复习课中通过问题情境设计，建立问题解决与知识之间的联系，促进学生学会在复杂的情境中用所学的知识解决问题。

第四节　对发展学生问题解决能力的反思与展望

通过三次授课，两次课堂的教学改进，我们发现通过教师精心设计问题，以问题贯穿整个教学过程，能够促进学生在分析问题和解决问题的过程中学习知识和技能，帮助学生逐渐形成解决问题的能力，掌握解决问题的思路和方法。因此，基于学生问题解决的教学，我们可以得出这样的结论：

一、选择真实情境，设计核心问题

真实的问题情境是激发学生探究兴趣的最好方式，也是诱发探究问题的源泉。有了问题才能进行探究，而真实的问题情境则必须源于学生的学习和生活，这样学生更容易对它产生兴趣。基于真实情境的问题设计既能激发学生的学习兴趣，又为学生的复习提供认知的依托，使学生在轻松的环境中，积极主动地对知识重新认知、化解疑难，为后续的问题解决提供了信心保障。

德国学者有一个形象的比喻：把15g盐摆在你的面前，无论如何你都难以下咽；但如果把15g盐融化到一盆美味可口的汤中，那我们就在享用汤的同时不自觉地将盐吸收了。知识之于情境，就犹如盐之于汤，让学生在情境当中认识和吸纳知识才会更有效率。[1]

进行问题解决的教学设计时，教师需要在充分考虑教学内容和学生已有认知的情况下，提炼并设计出贯穿课堂始末的核心问题。问题需要具备真实性和科学性。

为了能够激发学生解决问题的兴趣，引发学生的认知冲突，教师需要选择或者创设一个贯穿整个课堂的、与本节课学习内容相契合的情境，学生从情境中自然地挖掘出有待解决的、较为复杂的问题。问题是贯穿化学课堂教学的主线，需要如何创设呢？回归学生生活经验的"生活情境"作为大情境更具有真实性，更能体现化学学科的价值，激发学生的兴趣，同时符合学生的认知发展顺序，为学生挖掘有价值的问题提供支架。

如"氢氧化钠溶液变质的原因和程度"中，以生活中苹果变质这个紧密联系学生生活经验的情境，内含了化学学科问题"氢氧化钠变质的原因，如何证明氢氧化钠已经变质"，促使学生用已有知识解决混合溶液中物质检验的问题，为将要在课堂中讨论的问题设计框架。

---

[1] 马圆,严文法,宋丹丹. 真实情境与化学学科核心素养的发展[J]. 化学教育,2019(40)：6—10.

二、设计逻辑问题链，促进知识结构化

复习课中，教师往往根据复习的需要，对相关内容进行整合，形成一定的主题，因此复习课中的问题，尤其是基于真实情境的问题往往比较复杂。有时问题的核心需要学生去进行挖掘。学生明确问题时需要将问题具体化，思考这一问题与所学知识是否相互对应；在面对一个大问题时，需要对问题进行细化，分解为一个个小的问题，这些工作可以通过小组分工或自己逐一解决的方式来解决。这一部分工作最初可以由教师指导学生完成，但学生应该逐渐发展这种能力，学会从实际情境中发现问题，分析问题。

在生成问题链时，每一个小问题之间应具有逻辑性和激发性。如"探究氢氧化钠变质程度"中，可以设计一连串的驱动性问题链。这一系列螺旋式上升的问题链可以将化学知识联系起来，后面问题的解决需要使用解决前一问题所积累的知识和方法，这样可以促进学生知识的结构化，并且激发学生解决问题的兴趣，引导学生像科学家一样进行探索、思考与解决问题，保障核心素养的真正落地。

基于我们的研究，三次课的课前，教师都对探究的问题进行了问题链的设计，通过一个个节点问题的解决，最终实现复杂问题的解决。这样的问题设计，相当于给学生的思考过程搭建了脚手架，降低了学生的思维难度，有助于学生从简至繁地解决问题。

我们通过观课量表从问题指向性、逻辑性、难度梯次、生成性这几个角度对教师的课堂进行观察。最终我们一致认为第三次授课，教师基于问题的解决所设计的问题具有逻辑性和层次性，激发了学生的思考，在课堂中使老师与学生的对话更具有深度。因此这样的问题链设计，帮助学生铺设了解决问题的台阶，促进了学生知识的应用。学生在探究学习中能够体会到氢氧化钠变质问题的探究实际上就是在不断地应用氢氧化钠和碳酸钠的化学性质，尤其是它们的差异性来解决问题，为知识的学习提供了方法。

本次课例改进过程中，教师第二次授课与第三次授课对课堂的知识进行了梳理（表4-6与表4-9），尽管都是有关氢氧化钠和碳酸钠的性质，但是表格设计是有区别的：表4-6中，教师的设计只是让学生们再次复习这两个物质的化学性质，表4-8将氢氧化钠和碳酸钠的化学性质进行对比梳理，并渗透两种物质之间化学性质的异同点,而这样的异同点正是是问题解决的重要知识基础。

在梳理知识时,为了建立知识之间的联系,形成较完善的知识结构,便于贮存、提取和迁移运用,可运用概念图、思维导图、例表等方式帮助整理知识的结构。在杨文斌老师所撰写的《化学教学互动理论与运用》中提出了知识结构的方式:(1)主线串联式:可用一条主线将有关内容按一定的结构关系串联起来,对知识进行整理。(2)中心辐射式:形成一个或多个中心向四周辐射的结构。(3)网络并联式:形成知识的网状结构。(4)功能比较式:以某项知识或技能为线索,进行功能的比较,重新建构知识结构。[①]

由此可见,知识结构的梳理需要借助一定的方式才能更有效地服务于问题的解决。表4-11中知识的建构采用了列表法,进行了两种物质性质的比较,也更加有利于学生运用知识进行迁移运用。

三、真实问题情境与学生活动有效融合是提升学生问题解决能力的新方向

基于问题解决的复习课的达成要素主要有三点:一是创设与复习内容相关的情境,在情境中发现相关问题,应用化学知识,展开问题解决的系列学习活动。二是为了顺利解决问题,需要教师引导学生进行一系列学习活动。不是所有的问题都要设计成学习活动,教师需要考虑该问题的解决是否是关键环节。三是学习活动中要渗透给学生研究思路和方法,教师要尽可能地创造条件,为学生提供具有操作性的活动空间。

我们的情境问题设计帮助学生解决了实际问题,一定程度上培养了学生知识应用能力。然而问题解决作为一种伴随终身的学习能力,需要学习者在"问题空间"内通过个体探究、协作共享、对话来认知和理解,以实现问题的解决。因此学生问题解决能力的发展还需要我们设计多样化活动,突出高阶思维活动。这也正是创联式教学课堂教学模式所关注的。在后续的研究中,我们将以学生的活动为载体,继续深入关注在活动中发展学生解决问题能力的实施要点。

---

① 杨文斌.化学教学互动理论与运用[M].上海:上海教育出版社,2017.

德富路中学　课例研究专业支持者观点链接

李金钊（上海市教科院普教所）

本课例是德富路中学开展创联式教学的一次积极有效的探索。

本课例研究主题明确，内容具体。德富路中学提出的创联式教学模式中包含了"三环节六要素"的操作要点，本课例聚焦的研究主题是第一环节"创设情境，联系本体"中"教的流程"的两个要素，即"创设情境"和"提出问题"。该研究探索了在初中化学复习课中问题引领与情境设计的方法，使"创"的效果较好地反映在"学"的效果上。这样的课例研究有助于丰富创联式教学的内涵与策略。

本课例采取比较的方法进行研究。采用"一课一人三上"的形式，通过三次授课，两次课堂改进的教学研究过程，详细探讨了精心设计问题的重要性和基本方法。研究者自己设计了具有校本特色的课堂观察表，用课堂观察表收集证据，并基于证据提出课堂存在的问题及改进建议，引导课堂教学研究逐步走向深入。

教师在研究过程中，对发展学生问题解决能力有了更深刻的理解，研究者提出的"选择真实情境，设计核心问题""设计逻辑问题链，促进知识结构化""真实问题情境与学生生活有效融合"等结论，具有一定的推广价值。这样的研究方式完全贯彻了嘉定区提出的"聚焦学生学习，提升课堂品质"的理念和要求。

| 第五章 | 以图片资源设计创生学生的乐学语境 |
| | ——以四年级英语第一学期 M3U1 In our school 为例① |

2016年《中国学生发展核心素养》的发布,对提升学生素养提出了更明确的要求。与此同时,嘉定区教育局推行"砺新计划",进一步深化"品质教育"的研究,并确立了"聚焦学生学习,提升课堂品质的区域研究"的研究课题。我校在此基础上拟定"提升'和乐课堂'品质:以资源设计变革学习方式的实证研究"课题,研究以教学资源设计促进学生学习方式转变的策略与方法。在英语学科中,我们开展了"以图片资源设计创生乐学语境——以四年级英语第一学期 M3U1 In our school 为例"的课例研究。

第一节 乐学与图片资源设计

本次课例研究围绕"乐学"语境的创设,以图片资源设计为切入点,旨在研究在小学英语教学中,怎样通过对图片资源进行设计更好地为学生创设乐学语境,提升乐学能力。

一、"乐学"需要对图片资源进行设计

研究主题的确定是以《中国学生发展核心素养》和英语教学的学科要求为指导,基于教学实践,从现实问题出发,聚焦学生学习。研究在这样的背景下展开:

(一)课程标准等政策文件对学生"乐学"提出诉求

《中国学生发展核心素养》已将"乐学"作为中国学生乃至国民素养养成的目标之

---

① 本章为嘉定区古猗小学课例研究成果。执笔人:杨秀娟。

一。要做到"乐学"就要有兴趣，要对所学学科内容感兴趣，要学得快乐。这在《义务教育英语课程标准(2011)》(简称《课标》)中已有强调。《课标》指出，教师要以学生的生活经验和兴趣为出发点，通过感知、体验、实践、参与和合作等方式，实现语言任务的目标，让学生感受成功，形成积极的学习态度，促进语言实际运用能力的提升，使学生的思维和想象力、审美情趣和艺术感受、协作和创新精神等综合素质得到发展。《课标》中还提出英语教师要提供各种各样、形式丰富的学习资源，丰富教学内容和形式，提高教学效果。上海市教育委员会教学研究室编写的《上海市小学英语学科教学基本要求》和《小学英语单元教学设计指南》也对教学资源的使用提出了具体的要求。特别是《小学英语单元教学设计指南》单独列出《单元教学资源设计》一章，对教学资源从概念界定、依据、分类、设计方法、设计原则、设计流程等方面进行了详细的说明。可见，教学资源在教学活动中具有的重要作用已经受到关注。那么，以资源设计激发学生兴趣，提升学生乐学能力值得研究与探讨。

(二) 英语教学的现实需要要求对图片资源进行设计

在英语教学中，主要的教学资源是教材。我们使用的是沪教版牛津英语教材。教材采用了模块组合的方式来安排主题，一册教材由四个模块(Module)组成，每个模块下设三个单元，单元由若干个板块组成，各个板块围绕着单元主题展开。尽管如此，每个单元中，各个板块之间的联系与逻辑关系有时并不明确。但是，因为英语学习的特殊性，我们必须为学生创设各种适合运用英语的语境。通过创设一定的语境，带动学生的学习，为其提供丰富的语用体验机会，帮助学生在语境中学习语言并运用语言。因此，我们在进行主题式教学时，需要对教材进行单元统整，对教学内容进行整合。在对教材整合的过程中，不可避免地涉及对教学资源的设计。在英语教学中，图片是我们最常用的且在学生的学习中发挥着重要作用的一种资源。因此，对图片资源进行设计，更有效地发挥图片资源的作用，是英语教学的客观要求，也是满足《课标》的要求。

在《课标》的目标要求中，图片就是作为一种重要的教学资源而存在的。在其语言技能分级标准中，要求小学阶段学生必须达到一级和二级标准。这些分级目标中的很多要求都是和图片结合在一起的。在一级目标中，对学生的语言技能要求分为听做、说唱、玩演、读写和视听五个维度，要求学生"能根据听到的词语识别或指认图片或实物"，"能根据指令做事情，如指图片、涂颜色、画图、做动作等"，"能在图片和动作的提示下听懂简单的小故事并作出适当的反应","能根据图、文说出单词或短句","能看图识字","能在图片的帮助下读懂简单的小故事"。在二级目标中,技能要求分为听、说、读、写、玩演视听五个维度,要求学生"能借助图片、图像、手势听懂简单的话语或录音材料","能听懂简单的配图小故事","能在教师的帮助和图片的提示下描述或讲述简单的小故事","能借助图片读懂简单的故事或小短文,并养成按意群阅读的习惯","能根据图片、词语或例句的提示,写出简短的描述"。① 此外,从国内外已有研究可知,图片具有优势效应。在英语单项基本技能的培养中,图片的使用可以提高英语听说读写能力。由此可见,图片资源在小学生的英语学习过程中发挥着重要的作用。因此,英语教师关注教学资源的开发和利用,研究图片资源的设计在教学中的有效应用,将有利于提升英语学科教学质量。

(三)教学中的真实问题要求以资源为突破口研究提升学生乐学能力的策略

在嘉定区 2018 学年第一学期接受的上海市教育督导指标体系中,学生在课堂上的参与度指标得分最低。我校通过前期对课堂教学的问题调研,也发现我校学生学习方式以被动的接受式学习为主,形式较为单一。教师在对教学资源的利用和设计方面存在很大问题,对于使用什么资源、什么时候用、运用在哪里都未曾思考透彻,有时甚至是直接的拿来主义,教师成为网络资源的搬运工。这反而降低了课堂教学的品质,与我校所提倡的"和乐课堂"的内涵相背离。因此,为了改进教师教学,促进学生学习方式的转变,我校参与了区重点课题"聚焦学生学习,提升课堂品质的区域行动"的研究,并确定了研究课题"提升'和乐课堂'品质:以资源设计变革学习方式的实证研究",试图研究如何通过对教学资源进行设计,促进学生学习方式的变革,进而提升学生学习品质。

在学科教学中,英语作为我们的第二语言,因在生活中没有可以应用的情境,多数学生对其缺乏甚至没有学习兴趣,学生学习品质受到影响。基于此,由教师借助教学资源创设相应的语境,激发学生的学习兴趣,促使学生乐学是英语教学中的一项重要任务。因此,我们选择以上海市牛津英语四年级上册第三模块第一单元《In our school》的第一课时为例,在英语学科中开展课例研究,探讨如何通过对图片资源进行

---

① 中华人民共和国教育部. 义务教育英语课程标准(2011)[M]. 北京:北京师范大学出版社,2017.

设计来创设乐学语境,进而提升乐学能力。

二、 以图片资源设计创生乐学语境

在本次研究中,我们试图解决在小学英语课堂教学中,如何通过图片资源的设计,为学生提供一种利于创生的语境,促进学生的理解与思维发展,实现教师与学生之间的积极互动,学生在教师指导下主动地、富有个性地学习,提升乐学能力,提升思维水平。首先,我们要厘清几个概念。

一是"乐学"及"乐学语境"。"乐学"一词,最早见于我国第一部教育专著《学记》:"不兴(xìng)其艺,不能乐(古音 yào,今音 lè)学"。[①] 意思是思想上不重视实际训练,就落实不了"乐"、《诗》、礼的教学任务。虽然这里的"乐"是指音乐的学问,但它强调了教师要在激发学生学习的积极性和自觉性方面发挥主导作用。它第一次明确地提出了乐学思想,它提倡使学生乐学,主要从教育学的方法论上探讨了乐学的必要性和重要性,并提出了一系列促使学生乐学、善学的原则。[②] 但最早提出"乐学"思想的是孔子。孔子在《论语》开篇第一句话就谈到对"乐学"的认识:"学而时习之,不亦乐(悦)乎?"他精辟地指出学习是一件愉快的事情,学习过程本身就应该充满乐趣。[③] 他强调"知之者不如好之者,好之者不如乐之者"。(《论语·雍也》)他认为,只要达到"乐学"境界,学习动力就会自动产生,学习任务就能顺利完成。[④] 在孔子思想中,仁是核心,学是基础,乐是生命。学习是生命之本能,学礼是成人之路径,达乐是学成之境界。乐学是一种圣贤境界,这种境界亦可称为"同天人、合内外"。由学到乐、由乐到学,是生命经久往复、贯穿始终的恒定方式,这就是孔子乐学所标示的人生路向。[⑤]

根据孔子的乐学思想,学习有三种不同的境界:知道——喜欢——乐在其中。"知道"偏重理性,只是被动学习知识,不能把握自如。"喜欢"触及情感,发生兴趣,喜欢学就学,不喜欢就放弃,不能长久;"乐在其中"才是"乐之者"的境界。学习起来非常

[①] 高时良译注. 中国教育名著丛书学记[M]. 北京:人民教育出版社,2016(3).
[②] 曹彦杰. 乐便然后学——《学记》乐学思想新探[J]. 新课程研究(职业教育),2008(11).
[③] 张天喜. 论"乐学"思想[J]. 理论导刊,2003(11).
[④] 蔡志贤. 乐学思想综述[J]. 中学语文,2007(10).
[⑤] 金忠明. 孔子乐学三探[J]. 河北师范大学学报教育科学版,2012(1).

"投入",几乎"陶醉",这样的人学习不累。乐学之巅是学乐,乐学是状态,学乐是境界。学有所用,学有所悟,学有所乐,是人乐学的作为,也是学乐的境界。① 乐学作为一种学习状态,也是一种学习方式。在这种学习方式下,学生是快乐的,能够带着愉快的心情去学习,能够感受到学习的快乐。

我们要创生乐学语境,就是要创设语言环境,生成乐学之境。这个"境"是在语境中运用语言,达到乐于学习之境。在这个"境"中,既有学生感知的实体形象,又有展现学习的智力背景。它调动学生智力与非智力因素的积极参与,也有着学生生理感官与心理需求的快乐与满足。具体说来,就是从学生的兴趣出发,创设一种可以充分调动学生学习兴趣的语言环境,让学生在该语境中开心地学习英语,轻松自如地运用英语进行表达,尽可能多地用英语进行对话交流。我们的目标就是通过语境的创设,学生能够将外在动机转化为内在动机,能够全身心地投入英语学习中。在这样的语境中,学生能够感受到学习的快乐和英语学习的乐趣。

创生乐学语境,需要借助图片资源。所谓"图片",在《现代汉语词典(第7版)》中的解释是用来说明某一事物的图画、照片、拓片等的统称;在教育维基百科中是指以照相或类似照相方式呈现的人、地、物。常见的图片有照片、风景明信片、图书、杂志中的插图、教学图片。作为教学资源的图片,除了教材中配有的插图、教辅用具中配备的单词卡片和人物头饰外,还包括教师在课堂教学中可使用的各类图片,如教学挂图、幻灯片、实物投影片、师生简笔画和师生自制图片等等。

图片作为一种教学资源,对学生的英语学习具有重要的作用。但是,要充分、有效地发挥图片的作用,需要对图片资源进行设计。这就要求教师在使用图片时考虑清楚:根据教学主题,要创设怎样的语境?可以使用哪种风格的图片为该语境服务?是直接使用教材中的图片,还是使用其他来源的图片?这些图片使用的目的是什么?在哪些环节使用?怎样使用?如果这些图片的使用没有达到教师的预期,教师应该怎样及时调整?对这些问题的思考与预设回答,就是对图片资源进行设计。当然,图片毕竟有其局限性,如何将图片与文本、音频等其他教学资源相结合,也是对图片资源进行设计的内容。

---

① 搜狗百科.乐学[EB/OL]. https://baike.sogou.com/v56042121.htm?fromTitle=%E4%B9%90%E5%AD%A6,2019-1-1.

第二节 研究规划与设计

本研究是我校科研中心组与英语教研组合作完成的。研究前,我们整体规划研究进程,落实相关责任人;研究中,采用多种研究方法,力求保证研究的科学性。

一、整体规划,落实责任

本研究由科研中心组规划研究进程,组织开展研究活动,英语教研组全程参加讨论并开展相关教研活动,过程如下(见表5-1):

表5-1 课题研究活动过程安排表

日期	具体任务安排	参与人员	备注
10.25—11.4	1. 查找课例研究资料,科研中心组讨论设计研究过程,确定学科教研组	刘海平 丁艳君 杨秀娟	整理资料
11.5—11.19	1. 确定研究主题、执教者和教学内容 2. 确定开课模式 3. 确定研究方案	刘海平 杨秀娟 英语教研组	
11.20—12.3	1. 围绕主题查找资料,撰写研究综述 2. 教研组讨论形成上课方案 3. 执教教师完成教学设计与备课 4. 编制课堂观察量表	杨四耕指导 刘海平 赵潇潇 杨秀娟	整理资料
12.4—12.9	1. 两位执教教师上课并进行教学反思 2. 各小组进行课堂观察、后测及整理分析数据	赵潇潇 杨秀娟 英语教研组	四(5)班、四(6)班上课
12.10—12.18	形成观察记录微报告	杨秀娟	
12.19	讨论主要的观点和结论,形成总报告框架	杨玉东指导 刘海平 杨秀娟	整理资料
12.20—1.5	完成课例研究总报告	杨秀娟 刘海平	

为了比较不同语境中，学生学习状态和效果的差别，本次研究采用同课异构的开课方式，由赵潇潇和杨秀娟两位老师分别使用不同来源的图片，即教材图片与网络影视图片，对《In our school》这一单元的内容重新进行单元整体设计。赵老师创设的是一个与学生生活密切相关的语境，基于教材中 Mr Black 参观彩虹小学的语境来学习学校内的场所词汇与句型，使用的图片资源主要是教材图片，这些图片与真实生活中的校园内场景类似；杨老师基于电影《哈利·波特与魔法石》创设了一个哈利·波特参观魔法学校的虚拟语境，采用的图片资源主要是电影图片和网络图片。

二、方法多样，趋向科学

在研究中，我们通过分析教学设计与课堂观察，从多个维度进行比较，并通过访谈调查获得直接数据，保证研究方法的多样性与研究结论的互证性。

（一）多维度比较分析

我们的开课模式是同课异构。两位教师基于同一单元内容，突出对图片资源的使用，对教材进行不同程度的单元统整（见表 5-2）。通过使用不同的图片资源，创设了不同的语境。通过调查，数据显示我们选择的这两个班级在水平上相对持平，比较两个班级的教学，可以体现图片资源的使用对学生学习状态的影响。我们围绕图片资源的使用，将两位教师的教学设计思路与创设的语境进行比较分析，试图比较出不同语境下学生学习状态上的差异。

表 5-2　单元话题设计

单课话题＼教学设计	方案一	方案二
第一课时		
第二课时		
第三课时		

为了提升学生的语用能力，在英语教学中，我们通常要设定一定的语用任务，因为语用任务是教学目标在特定的语境中在语言运用方面的具体体现。因此，基于在单元整体设计中对教学内容的整合方式与所用教学资源的差别，两个设计方案在教学目

标、语境创设方面都存在差异。与此同时,随着语境的不同,其语用任务的设定也有所差别。在教学设计中,所有的教学活动及资源设计都应该同时指向教学目标和语用任务,为实现教学目标和语用任务服务,脱离了教学目标的活动设计是无意义的。我们在教学活动的设计中,要体现教学活动与教学目标、语用任务设定的一致性,教学活动中使用的教学资源应能支撑教学活动并能促进教学目标的达成,从而实现语用任务。因此,我们从教学目标、语用任务、教材板块、教学内容、教学资源设计四个维度设计了《教学设计观察表》(见表5–3):

表5-3 教学设计观察表

设计维度	教学设计	方案一	方案二
教学目标			
语用任务			
教材板块			
教学内容	学校内的场所		
	教学楼内的场所		
	方位介词		
	句型结构		
资源设计			

(二) 课堂观察

所有教学设计的效果最终要由课堂来检验。课堂的实施过程既是对教学设计的执行,又是对教学设计的完善。课堂并不会完全按照教师的设计按部就班地执行,学生在学习过程中会结合自己的已有经验形成生成性资源,因此对教学过程进行观察十分必要。本课例研究的问题是图片资源的设计在创设乐学语境中的作用。我们编制了《学习过程观察表》(见表5–4),集中对学习过程中图片的使用和学生的学习状态(包括学习兴趣与学习投入度)进行观察。通过对比针对同一内容开展的不同学习活动,图片的使用方式及其作用,观察分析学生的反应,来分析不同语境中图片的使用对学生学习行为及学习状态的影响。

表 5-4　学习过程观察表

教学设计\学习活动	方案一	方案二	对比结果分析

（三）访谈调查

在两节课上完以后，我们针对学生的感受、学习效果进行访谈，期望更直接地了解学生对不同语境的感受，以此了解该语境对学生兴趣的影响。访谈提纲如下（见表 5-5）：

表 5-5　学生访谈提纲

---

1. 你_____跟着哈利·波特/Mr Black 参观魔法学校/彩虹小学。
   A. 喜欢　　　　B. 不喜欢　　　C. 无所谓
2. 在学习这节课之前，你能正确认读这些词汇吗？
   canteen, gym, building, classroom building, library, in front of, behind
   A. 全部都会　　B. 会读一些　　C. 全部都不会
3. 经过本节课的学习，你现在知道 There be ... 句型用来描述什么吗？
   A. 完全知道　　B. 知道一点　　C. 不知道
4. 你觉得这节课有趣吗？
   A. 很有趣　　　B. 还可以　　　C. 没意思

第三节　图片资源设计差异分析

通过研究我们发现，两位老师因教学设计中对图片资源关注度不同，导致教学过程中对图片使用的方法与效果也存在差异。

一、图片资源的使用导致教学设计的差异

在教学设计中，对图片资源的使用取决于话题和教学内容的设计。话题不同、教学内

容不同,所使用的图片资源必然有所区别,对图片的处理方式与方法也会存在差异。

(一)图片的来源不同导致话题设计存在差异

从话题设计与课时分布来看(见表5-6),这两个方案都对教学内容进行了单元统整,根据所用教学资源的不同,分别设计了不同的话题。方案一中使用的主要是教材资源,对教材的内容进行了整合与调整,首先学习动物学校,然后再参观彩虹小学,介绍在彩虹小学开展的活动。其中,只有第二个和第三个话题之间具有话题的延续性,似乎与第一个话题的联系不够紧密。而方案二主要使用影视图片,是以魔法学校为主线,分设了三个话题:在第一个话题中,哈利·波特来到魔法学校后首先了解学校的基本情况和主要场所,在第二个话题中,哈利·波特向来魔法学校参观的朋友介绍自己学校的情况,在第三个话题中,哈利·波特与朋友一起参加魔法学校中举行的比赛活动,感受丰富多彩的学校生活。方案二利用影视图片资源创设了新的语境与话题,而在学生的现实生活中是没有魔法学校的,只在电视电影中才看过,这更容易引起学生的好奇心,激发学生学习的兴趣。

表5-6 单元话题设计

单课话题 \ 教学设计	方案一	方案二
第一课时	Animal School	Welcome to Magic School
第二课时	A visit to Rainbow Primary School	Visiting Magic School
第三课时	Activities in Rainbow Primary School	Having a race in Magic School

(二)图片的风格不同导致语境创设思路的差异

教材是实现教学目标的重要材料和手段。两个教学方案对教材内容的不同板块进行了整合,都充分使用了教材的板块资源,但是在具体的使用方法上存在差异。方案一从语境的创设、文本的再构到图片资源的使用都来源于教材,特别是使用的图片要么源于教材,要么是教师基于对文本的整合自制的图片,都是对教材内的图片资源进行了充分的利用。而方案二主要借助影视和网络资源进行教学设计,创设了一个与方案一完全不同的语境。在该语境下,为了保持学习资源风格的一致性,教师在教学中使用的图片都源于影视和网络,对教材中的图片资源并未使用。可见,在教学设计中对教学资源的使用会影响教学过程的设计思路。

我们利用《教学设计观察表》对两个教学设计方案进行了比较观察,发现这两个方案的设计体现了不同的思维方式,教师所使用的教学资源的不同,导致在对教学内容的处理和语境创设上都有所不同(详见表 5-7)。

表 5-7 教学设计观察表

设计维度	教学设计	方案一	方案二
教学目标		能在 Mr Black 参观彩虹小学的语境中,较为正确表达目标词汇 classroom building, canteen, gym, office, computer lab, behind, in front of ...;正确理解并尝试表达目标语句 This is ... That's ... It's ... There is/are ... 介绍学校某个场所及其方位,并能在相关语境中,介绍自己喜欢的场所。	能在哈利·波特参观魔法学校的语境中,较为正确表达目标词汇 classroom building, canteen, gym, office, computer lab, behind, in front of ... 介绍学校中的场所及其中的物品;正确理解并尝试运用 What's in/behind/in front of ... 句型询问信息,并尝试运用目标语句 This is ... It's ... There is/are ... 介绍学校某个场所及其方位。
语用任务		能在 Mr Black 参观彩虹小学的语境中,完成学校平面图,并能运用所学知识及句型结构介绍学校场所及其方位。做到语音较正确,表达较流利。	能在哈利·波特参观魔法学校的语境中,运用核心词汇和句型介绍学校中的场所及其位置。做到语音较正确,表达较流利。
教材板块		Read a story, Look and learn, Look and say, Say and act, Learn the sounds	Listen and enjoy, Look and learn, Look and say, Say and act, Ask and answer
教学内容	学校内的场所	garden, classroom building, playground, gym	building, classroom building, canteen, gym
	教学楼内的场所	office, canteen, computer lab	library, computer lab, classroom, office
	方位介词	in front of, behind	behind, in front of
	句型结构	This is a .../That's ... There is/are ... We can ...	This is ... It's ... What's in/behind/in front of ...? There is/are ...
资源设计		教材语境、教材文本、教材图片	教材文本、影视素材、网络图片

图片的来源最能够反映教师对于教学资源开发利用这一问题的认识。在课堂中使用的图片,绝大多数来自于教师和教材,这说明对于课外、校外资源的开发还不够充分。因此,方案一中教师应注意对其他教学资源的开发与利用,为学生提供更开阔的思维空间和更丰富的语言材料。方案二中的教师在使用教材以外资源的同时,也应重视对教材图片资源的使用与设计,教材中的图片资源都是为了支持教材内容而选择设计的,有助于学生对所学内容的理解,因此教师应该重视发挥教材内图片资源的价值,也能节省寻找资源的时间,提高备课的效率。

(三) 图片使用的思维方式影响对教学内容的处理

教师教学设计的思路不同,在对教学内容的处理上也存在差别。方案一在学习场所名词时,先介绍了 garden, classroom building, playground, gym 四大场所,然后分别介绍每个场所里的设施,最后通过对方位介词的练习形成学校平面图。它主要是依据教材各板块的资源对教学内容进行整合与设计,特别是以 Look and say 的文本为核心,与 Say and act 中有关场所的内容进行整合,形成关于学校内场所的概念,并通过方位介词的学习,将各个场所以位置关系联系起来,形成彩虹小学的平面图。这是一种归纳式的设计思维,学生对学校内场所的学习以从点到面的顺序进行,并借助方位介词的连结,在头脑中形成方位地图,有利于学生归纳思维的发展。

而方案二中,首先介绍了学校内的三栋主要建筑:classroom building, canteen, gym;然后,学习这三栋建筑之间的位置关系,明确其空间位置;最后,学习每栋建筑里面的设施。可见,方案二也是以 Look and say 的文本为核心,但是将 Look and learn 与 Ask and answer 中的内容进行整合,先介绍学校内的主要场所及其位置,然后再通过对话问答的方式,了解每个场所内的设施。这是一种演绎式的设计思维,在对学习的场所及其位置形成整体性的印象后,再分别去认识每一个场所及其内部设施,学生经历了一个由面到点的思维过程,有利于对具体信息的把握和演绎思维的发展。

从学习内容的设计角度来看,两位教师分别将核心词汇与句型的学习,置于不同的课时内:在方案一中,主要是在第二课时进行学习;在方案二中,第一课时就抓住核心词汇与句型进行学习。方案二中,学生可以通过三节课在相互关联的三个语境中来学习和运用核心语言知识,学生经历了一个从学习到使用的完整过程,而且获得了更多在语境中运用语言进行表达的机会,可以更好地巩固所学。而方案一中只有两个课时可以学习和练习。心理学的理论和实践证明:语言实践的影响产生特殊直觉——语感。用语言手段进行的交际越多,就更能感觉到语言的语音、词汇和语法特点。因此,用目标语思维的交际在不同语境中的调整能力更强。基于此,方案二在培养学生的语感和思维方面,具有更大的优势。

二、对教学过程的比较分析

(一)图片的使用方式、功能发挥存在差异

在对两个教学过程进行观察的基础上,我们从不同维度进行了比较(见表5-8):

表5-8 学习过程观察表

教学设计 学习内容	方案一		方案二		对比结果分析
	学习活动	学生表现	学习活动	学生表现	
揭示话题	看彩虹小学的图片,听Alice的介绍	多数学生边看边听,有的学生东张西望,还有学生在玩东西	看魔法学校的图片,猜测学校里有什么	脸上有兴奋的表情,多数人积极举手猜测	方案一中用教材中的图片导入情境、感知词汇,学生多数都以平淡的方式进行交谈。方案二在哈利·波特参观学校的语境下,学生的表现有所不同。在初步感知环节,学生还是很平静地看图片,默默地跟读。当教师在呈现出主要人物时,就有学生立刻兴奋起来,有的学生笑了起来,有的说出电影的名字。学生用已学词汇在魔法学校的语境中进行猜测,形成想象,引起了学生的好奇心,激发了学习兴趣。
学习核心词汇 behind, in front of	呈现场所名称及平面图,师生问答、朗读	有的学生发呆,有的学生不张嘴朗读,有的学生皱眉	呈现场所图片及立体的空间位置,朗读、对子活动	跟老师朗读,同桌对话问答,积极举手要求对话	在学习方位词时,方案二中的立体图片较之方案一中的平面图更具有空间感,学生能更直观地从视觉上感受到其位置关系,有利于帮助学生在大脑中建立空间概念,对词汇意义的理解更透彻;学生表现也更积极主动。

续 表

教学设计 学习内容	方案一		方案二		对比结果分析
	学习活动	学生表现	学习活动	学生表现	
学习核心句型 There is/are …	看学校花园的图片,以问答、齐读、自读等形式朗读	有几名学生积极回应老师的问题;多数人认真朗读语段	呈现图书馆的动态图片,并将图书馆的图片作为背景,进行朗读、对话学习;学生模仿魔法书发出的咒语,进行句型操练	很快猜测到答案;听对话,朗读,与同桌对话。所有学生都认真参与,不会朗读的学生在同伴帮助下练习对话;表演时学生都很兴奋,并绘声绘色进行表演,能用自己的语言进行介绍	方案一中仅呈现图片帮助学生理解句型的意思与用法;方案二中则充分利用了场所图片,将对话置于该场所的语境中,学生始终是在语境中感受、学习句型,并通过生动的模仿练习以魔法书的语气尝试进行语言表达,学生的主动性更高。而且在呈现图片的同时,还有语言留白,给学生提供想象的空间,实现思维的拓展。
学习"office"词汇	以单页的PPT直接呈现每个场所及内置物品的图片,学生用核心句型进行介绍	学生跟读、朗读,个别学生发呆	将办公室与教室的图片对比呈现在同一张PPT上,学生看图表演对话	学生们显得很兴奋,纷纷猜测是什么场所,并积极进行对话练习	方案一直接呈现办公室图片,学生朗读词汇,方案二中对教师办公室的学习,通过与学生熟知的教室进行对比,帮助学生了解二者内置物品的区别和功能。这种比较学习给学生提供了可以选择的语言材料,学生参与对话的积极性更高。
总结归纳	以场所单词呈现学校平面图,同桌一起介绍学校内的场所及其位置	多数学生能介绍场所,但是方位有点介绍不清	借助贴图的板书总结魔法学校内的场所及内置物品,师生一起总结并进行自我总结	全班看着黑板,与老师共同总结,然后自己进行总结,有的学生还向身边的人请教	方案一以平面图形的排列达到一种立体的空间效果,有的学生反应不过来。方案二直接用打印出的贴纸图片呈现空间位置,同时呈现场所名词的排列。这种图文结合的方式促进了学生形成视觉理解,并通过语言表述同时在大脑中构建一种立体的影像,进而促进视觉思维的形成。

通过比较,我们发现教师在这两节课中使用的图片都比较多,图片都在学习活动过程中发挥了作用,但是在学习活动中图片的使用方式、发挥的功能等方面都存在

差别:

在图片的使用方式上,这两节课中的图片都是在学生的听、说、读、演、游戏等学习活动形式中得到应用的,且都以图文结合、图片与音频结合的方式进行使用。差别在于方案二中强调学生在观察图片的基础上进行猜测、想象、比较,学生的思维已经超越图片本身,用已学词汇在语境中进行猜测,形成想象,展开对话,引起了学生的好奇心,激发了学习兴趣,多数学生能主动参与,更有利于学生将已有知识与新授内容建立联系,建构自己的知识体系。

在图片资源的设计上,学生看图说话的环节,这一过程的设计调动了学生的已有经验与已有词汇,并能引出本课学习的主要内容。在图片的功能上,方案一中对图片的使用主要发挥的作用包括激趣、导入情境、说明解释知识、优化记忆、化解难点;方案二中则在这些功能的基础上增加了以图增知、补偿的功能,对图片的使用更充分。

在图片发挥的作用上,方案一中的图片仅提供语言交际的话题材料,发挥了图片的导入情境、解释说明知识等功能;方案二中的图片不仅提供语言交际的话题材料,还作为背景图片提供语境支持,作为视觉载体通过想象、比较等方式,促进学生视觉思维和逻辑思维的发展。

在学生的学习方式上,通过视听、观察、模仿体验、对话、表演等活动,采用视听、表演、对话、观察和体验等多种学习方式,以图片为载体进行语言输出练习,对词汇、句型的理解与运用有更直接的感受,更能激发学生情感上的共鸣,使学习成为更有趣的事情。

(二)使用图片的不同引发学习兴趣产生明显差异

从教育心理学的角度来说,学习兴趣是一个人倾向于认识、研究并获得某种知识的心理特征,是可以推动人们求知的一种内在力量。学生对某一学科有兴趣,就会持续地、专心致志地钻研它,从而提高学习效果。心理学研究证明,形象愈是鲜明、具体、活泼、新颖,就愈能缩短感知的时间,引起联想、想象,激发人们认知的兴趣。

小学生因其年龄特点,好玩、好奇,注意力不稳定、不持久,且常与兴趣密切相关,他们的记忆最初仍以无意识记、具体形象识记和机械识记为主。低年级的小学生,想象具有模仿、简单再现和直观、具体的特点。到了中高年级,他们对具体形象的依赖性会越来越小,创造想象开始发展起来。其思维从以具体形象思维为主要形式逐步向抽象逻辑思维为主要形式过渡，但他们的抽象逻辑思维在很大程度上仍是直接与感性经验相联系的，具有很大成分的具体形象性。因此，在教学中使用能够激发学生好奇心的图片，制造悬念，给学生想象、幻想的空间，将看似平淡、枯燥乏味、教条性的教学内容与奇异现象、生动事例、现代高科技结合起来，使学生产生好奇情绪，有助于学生激发学生的学习兴趣。

根据对两节课的课堂观察，我们发现学生表现出了不同的学习兴趣，使用影视图片的语境更吸引学生。利用教材中图片资源设计的语境下，学生多数都以平淡的交谈进行练习，学生有兴奋的地方是在进行对话表演的时候，希望有展现自我的机会。而在哈利·波特的语境下，学生的表现则有所不同。在感知词汇环节，学生还是很平静地看视频，默默地跟读。当教师在呈现出主要人物时，就有学生立刻兴奋起来，有的学生笑了起来，有的说出电影的名字。在教师出示主题页面图片，请学生猜测魔法学校里有哪些场所的时候，很多学生都积极地举手用学过的词语进行表达。在学习过程中，当看到一张张图片、一个个场所背景时，甚至有的学生惊呼起来："哇！这是图书馆吗？"当一本本魔法书展示在学生面前，说出自己的咒语时，学生们一脸不可置信的样子，仔细聆听，并在教师的带领和示范下，尝试自己扮演魔法书操练句型，有的学生是用低沉的声音，有的学生用精灵的声音扮演自己的魔法书，课堂气氛活跃了起来。在最后将学生的教室与老师办公室、食堂与体育馆进行对比学习时，学生不断感叹魔法学校的神奇。在这样的过程中，我们看到的是孩子们一张张兴奋的脸，听到他们发自内心的赞叹。相信在这一刻，他们的学习是融入了情感的，是在感叹与憧憬中进行语言表达的。

三、对学习效果的比较分析

我们分别在课后使用学生访谈提纲，分别对两个班级的学生进行了访谈。该访谈提纲的第 1 题询问学生对语境的喜好，第 4 题询问学生对本节课的感受，以此了解学生对该语境的学习兴趣；第 2 题关于学生的已有水平，第 3 题关于本节课中对难点的掌握情况，以此我们可以看出这节课的学习效果。具体的访谈结果如下（见表 5-9、表 5-10）：

表 5-9　学习兴趣

班级＼题目	第 1 题			第 4 题		
	A	B	C	A	B	C
四 5	73.1%	7.7%	19.2%	60%	32%	8%
四 6	84%	0%	16%	73.1%	19.2%	7.7%

表 5-10　学业水平

班级＼题目	第 2 题			第 3 题		
	A	B	C	A	B	C
四 5	76.9%	19.2%	3.8%	76%	24%	0%
四 6	72%	28%	0%	84.6%	15.4%	0%

在表 5-9 中,第 1 题的统计结果显示,四 5 班学生对 Mr Black 参观彩虹小学这一语境的创设,共有 26.9% 的人"不喜欢"或觉得"无所谓",我们可以将其归结为对该语境持消极态度;而四 6 班对哈利·波特参观魔法学校的语境创设,持消极态度的人占 16%,比四 5 班少 10.9%,这说明四 6 班学生对其语境创设更感兴趣。在第 4 题中,我们将"没意思"视作持消极态度,四 5、四 6 两个班级中分别是 8% 和 7.7%,两个班级中持消极态度的比例都有较大幅度减少,与此相对,四 5 班持积极态度的比例由 76.9% 上升为 92%,四 6 班持积极态度的比例由 84% 上升为 92.3%。这说明两个方案中语境的创设对提高学生的学习兴趣都产生了积极的影响。

在表 5-10 中,第 2 题的统计结果显示,四 5 与四 6 两个班级学生在上课之前的水平相差不多,只有四 5 班有 3.8% 的人全部单词都不认识。第 3 题的结果显示,通过一节课的学习,四 5 班对重点内容的掌握程度有较大幅度的提高,原来的 3.8% 也消失了。而四 6 班学生对重点内容的掌握情况有较大变化,特别是"完全知道"的比例增长较大,这说明学生的学习效果比较明显。

根据上述结果的对比,我们可以看出,两个教学方案中语境的创设都对学生的学习成果产生了积极的影响,但是四 6 班的学生对语境的兴趣度更高,学业成果变化也更显著。

第四节　图片资源设计与学生学习

我们通过对比两位老师的教学设计和教学过程发现：以教材图片为主要资源创设的语境更贴近学生生活，学生更加熟悉，可以结合自己生活中的事情进行表达；而以影视、网络等图片为主要资源创设的语境，因教师的精心选择与其画面的特殊性，更容易吸引学生的注意力，激发其学习兴趣。因此，语境的创设直接影响学生学习的投入度和参与度，进而影响学生的学习方式。因此，我们可以得出以下结论。

一、以影视图片资源设计创设的语境更能促进学生乐学

学生乐学能力的提升是在每一个具体的学习方式中实现的。对学习方式的研究，我们可以参考美国亚利桑那州立大学玛丽·卢·富尔顿教师学院教育领导与革新部季清华教授（Michelene T. H. Chi）提出的"ICAP框架"。[1] 季教授主要研究复杂学习的机制和探索有效学习的方式。她对儿童学习能力和问题解决能力等做过专门研究，投入大量精力研究不同的学习方式，如自我释义、辅导学习、合作学习、对话学习、观察学习等。季教授将她的学习方式分类学研究命名为"ICAP框架"（"ICAP"分别是 interactive, active, constructive and passive mode 四种学习方式的首字母缩写）。

"ICAP学习方式分类学"根据参与程度或者活动方式的不同，将学生学习的方式分为四种：第一种是被动学习，学习特征是"趋近"与"接受"；第二种是主动学习，学习特征是"选择"与"操控"；第三种是建构学习，学习特征是"生成"或"产生"；第四种是交互学习，学习特征是"共创"（协同创新）。学习方式的差异实际上代表

---

[1] 盛群力，丁旭，滕梅芳. 参与就是能力——"ICAP学习方式分类学"研究述要与价值分析[J]. 开放教育研究，2017，23(2).

了"知识变化的过程"。知识变化是学习过程或者认知过程带来的,所以知识变化的过程就是认知变化过程或者学习变化过程。与四种学习方式相对应,有四种知识变化过程。第一种知识变化是"储存",第二种知识变化是"激活"或者"选择",实际上可以用"整合"来概括,第三种知识变化是"推断",第四种知识变化是"协同推断",包括"激活""推断"或者"储存"。与四种学习方式(活动)和四种知识变化过程(学习过程)相对应的四种知识变化结果是:第一种知识变化结果是"记忆",第二种知识变化结果是"应用",第三种知识变化结果是"迁移",第四种知识变化过程是"共创"。[①] (见表 5-11)

表 5-11 ICAP 框架

类别		被动	主动	建构	交互
特征		趋近与接受	选择与/或操控	生成或产生	对话中合作
教学或学习任务	认知过程	以孤立单一的方式储存	激活原有相关知识;新旧知识结合的方式来储存	激活原有相关知识,推断新知识;使用激活的和推断的知识来储存新知识	激活、推断、储存以他人的知识为基础整合和建构
	知识变化(作为认知过程的结果)	记忆 在同一情境中	应用 相似的问题或情境中	迁移 解决或解释不同问题	创造 发明或发现新方法和解释
	理解学习材料	层浅 被动方式	浅层 主动方式	深度 建构方式	最深 交互方式

注:假设一组不同的认知过程带来不同的知识变化,那么四种学习方式都可以采用外显的参与行为加以标志。

季教授的研究经过验证学习方式中交互水平的高低,能够预测学习效果的好坏或者学习程度的高低。交互方式的学习效果优于建构方式,建构方式的学习效果优于主动方式,主动方式的学习效果优于被动方式。

根据季教授的 ICAP 框架来分析两个教学设计及其教学实施过程,我们可以得

---

① 盛群力,丁旭,滕梅芳.参与就是能力——"ICAP 学习方式分类学"研究要与价值分析[J].开放教育研究,2017,23(2).

出：图片资源的来源不同,所创设的语境对学生情感调动的程度不同,导致学习效果也有所差别。其中,以影视图片等网络资源创设的语境更能促进学生的主动学习。

在这两节课中,图片资源发挥的作用有所差别。在方案一中,图片主要的作用是创设情境、说明解释,促进了学生结合旧知储存新知,学生采用了主动方式实现了浅层学习。在方案二中,图片发挥的主要作用除了创设情境、说明解释,还有以图增知、补偿的功能,学生通过交流自己观察到的图片信息,结合已有知识,推断新知识,并将所学新知进行了迁移,属于ICAP框架中的建构学习方式,学生实现了深度学习。在对话学习中,学生采用交互方式开展学习,借助图片激活已有知识,通过想象、观察等方法,借助图片进行语言表达,图片在学生互动的过程中,发挥了补偿功能,促进了不同水平学生的学习。不同水平的学生都有充分的语言交流机会和练习,并且很多学生能够带着热情去表演,这说明学生感受到了其中的乐趣。

正如著名语言学家克鲁姆所说:"成功的外语课堂教学应在课内创造更多的情景,让学生有机会运用自己学到的语言材料。"英语作为我们的第二语言学科,就需要在各种语境中进行交流运用,这样才能真正发生"英语学习",学生才能学会用英语思维去思考,这才是我们英语教学的根本所在。通过本次研究,我们认为使用影视、网络图片创设的虚拟语境,更能引起学生的学习兴趣,能为学生提供更多生动的语用情境,学生获得了更多的语用机会,他们在充满童趣、魔幻的语境中更愿意表现自己。这样的语境是学生喜欢的,他们能更主动地投入英语学习中,进而提升乐学能力。

二、 图片资源的有效使用有利于促进学生视觉思维发展

心理学研究表明,视觉是人类认识外部世界的主导感觉,一个正常人从外界接受的信息中,有80%—90%是通过视觉获得的。在我们的学生中,一般有69%的学生是视觉型的,31%的学生是听觉型的。[①] 因此,视觉学习是多数人主要采用的一种学习方式。

视觉学习最初是作为区别于听觉学习、触觉学习等不同感知通道倾向的一种学习

---

① 视觉学习[DB/OL]. [2019 - 01 - 02]. https://wenku.baidu.com/view/570e7c48336c1eb91a375d82.html.

风格而提出的。视觉学习通常被认为是从文本、图片、图表、电影、电视、计算机等视觉信息载体中获取新知识的一种方式。视觉学习涉及各种图像和技术的应用,强调将学习材料和学习内容的视觉化,更重要的是借助视觉感官经验促进学习者的学习,提升他们认知和读写方面的能力。视觉学习运用视觉化的符号系统来处理观点和呈现信息,视觉学习的符号包括视觉型语言符号(书面语、手语)和视觉型非语言符号(静态和动态的,如图片、影像、动画等)。两种视觉型符号的有机结合,有助于信息获取和知识建构。

图片,作为视觉学习的非语言符号,具有其他符号不能比拟的优越性。视频等运动画面的有效应用,不仅能够激发学习者的积极性,还有助于学习者的理解以及对学习内容的内部表征。但是,由于动画是短暂的、动态发展的,学习者对于其中信息的获取是有限的。因此,动画的交互性对学习者的学习也有一定影响。

而静态的图片可以排除这些干扰,能给人带来直接、丰富的视觉信息,是文字所不能描述的,所谓"一图胜千言"说的就是这个道理。由于图片比较直观、形象,我们加工图片信息的速度要远远快于对文本信息的加工速度。图片的表征功能有时远超过文字。图片有助于学习者对较为复杂概念的理解,尤其是在讲解语言知识所蕴含的复杂的隐性知识时(如社会、文化等),图片能以直观、生动的形式将隐含的知识内容以不同的视觉元素表征出来。此外,图片还具有装饰、展示、补充、强化、激发、启发等功能。因此,在外语教学中,对于概念或者陈述性知识的学习,可以利用静态图片进行外部表征。这些图片的使用可以促进学生视觉学习,有利于培养学生的视觉思维。[1]

"视觉思维"一词最早就出现在鲁道夫·阿恩海姆的著作《视觉思维》之中。在阿恩海姆看来,视觉思维是一种创造性思维。威尔曼(Wileman,1980)认为视觉思维是指将头脑中的图像从形状、线条、色彩、质地和构成的角度加以组织的能力。视觉思维涉及两种基本的行为,即想象和图像化。[2] 我们在使用图片资源进行教学的过程中,让学生通过观察图片,注意图片中事物的细节,并在此基础上展开想象,想象该场所中可能有的事物,让他们发挥想象力,培养学习者的视觉注意和视觉感知

---

[1] 张清英. 高中英语情境教学的研究与实践[D]. 上海:华东师范大学,2005:21.
[2] 何秋琳,张立春. 视觉学习研究进展[J]. 开放教育研究,2011,17(4).

能力。

通过观察图片并对两幅图进行比较这一教学活动,不仅涉及学生的视觉思维能力,还考验着学习者的视觉注意和视觉感知能力。这种学习策略有助于发展学生辨别和探索的能力。学生借助图片进行角色扮演,用英语进行介绍、表达自己的意愿,通过这种方式来促进学习者的语言表达能力。在视觉学习中,图片的运用不仅是学习者个人情感的一种表现,更是学习者视觉思维的直接反映。因此,这种学习活动能够促进学习者的视觉思维能力。

三、图片资源设计过程中应注意的问题

从上述教学课例我们可以看出,通过图片资源设计创设的语境有利于促进学生的学习。但是,要更好地发挥各种图片资源的作用,在教学过程中需要做到以下几点:

(一)图片资源的选择应与话题和整体语境保持一致

在使用图片时,我们都想选择最合适的图片。什么样的图片合适?这取决于话题与语境的设计。作为教学资源,其来源、类型本身并不存在好与坏之分,不同的图片各有特点。只要图片的使用能够与话题保持一致,能够帮助学生始终在一个完整的语境中正确地理解语言、使用语言,能够吸引学生的注意力,引发他们有兴趣进行表达,就可以认为这样的图片是合适的,是可以使用的。

(二)图片资源的使用应有效支持语言表达

图片资源有助于促进学生的学习。这一假设的前提是对图片资源进行合理的设计,使图片资源的使用能够为学习活动服务,并有助于促进学生的理解与记忆。无论图片来源于教材还是网络、影片,只有正确选择、合理设计其应用,才能达到预期的效果。反之,倘若图片资源使用不当,不仅不能促进学生的学习,反而会干扰学生的学习。因此,在使用图片时,要注意图片中承载的信息与文本、音频等其他资源的一致性。在学生用相关语言进行表达时,学生也应从图片中找到相关的内容。另外,在图片的具体使用过程中,也要关注图片呈现的顺序、方式等问题,确保图片资源的使用能够真正有效支持语言学习和语言表达。

(三)图片资源的功能挖掘应引起重视

在教学中,图片通常为学生提供语言材料,学生借助图片来理解、学习相关的语言

知识。但是,图片作为一种视觉媒体,还有更多的功能有待被进一步挖掘。充分挖掘图片的功能,需要教师对图片有更深刻的认识与理解,并在使用图片的过程中有意识地对学生进行引导。教师在设计图片的使用方法时,应有意识地避免将图片的功能限制在话题材料上,应更注重图片的背景信息、关键内容对学习内容的支持,以及对语境整体性的维系。应让学生在观看图片时,感觉到始终是在这个语境中进行学习的,不能只为了维持学习兴趣而使用脱离语境的图片。此外,还可以通过对图片的观察与描述,借助图片展开想象,以图增知,并以图文并茂、图片与音频的结合,补偿不同感觉类型学生的学习方式偏好,帮助其更好地理解词义,从而更好地挖掘图片的功能。

(四)图片资源设计应关注不同学习者的需求

图片作为教学资源,只能在图形、图像上为我们提供一定的信息,并不能为我们提供完整的信息。图片为我们提供的只是一种视觉媒体,而人类感知信息、了解世界的主要途径除了视觉,还有听觉、嗅觉、触觉和味觉。我们的学生是不同的,他们具有不同的感知世界的方式,只使用图片这一种资源,也并不能帮助所有的学生进行理解学习。因此,要在学生的学习中真正发挥图片的作用,还需要将图片资源与文本、音频、视频等其他资源形式相结合,做到视听结合、静态与动态结合,让学生在具体的语境中从音、形、义不同的角度去理解词、句及其用法。这样才能在全面地考虑英语学习的特殊性与照顾每一个学生个体之间达到良好的平衡。

研究表明,使用图片资源进行教学并不必然能促进学生学习方式的变革。只有对图片这一教学资源进行科学、合理的设计,才能更好地帮助学生进行学习,并在促进学生学习方式变革中发挥作用。

古猗小学　课例研究专业支持者观点链接

杨四耕（上海市教科院普教所）

该课例是古猗小学科研中心组与英语组在探索以教学资源设计促进学生学习方式变革的策略与方法过程中的一次有意义的尝试。课例研究立足教学实践，以资源设计为突破口，凸显丰富儿童学习经历的要求，张扬了学校在聚焦学习品质方面的特色。

视觉思维是将头脑中的图像从形状、线条、色彩、质地和构成的角度加以组织的能力。由此可见，视觉思维本质是一种创造性思维。课例研究从培养"乐学善学"之素养出发，基于《义务教育英语课程标准（2011年版）》，通过对图片资源的再设计，让学生通过观察图片，关注图片细节，通过比较，展开思维和想象，这对发展学生辨别和探索的能力是有积极意义的。同时，学生借助图片、角色扮演，用英语表达意愿，这对促进学习者语言表达能力的提升也是有很有意义的。

更为重要的是，课例研究小组开发了课堂诊断工具，基于课堂观察结果，通过比较不同资源设计对语境创设以及对儿童学习态度的影响，在理论分析的基础上总结得出研究结论，研究结果有理有据，观点鲜明，理据充分，研究味道比较浓。

总之，课例研究充分体现了学校在变革学习方式、提升学习品质方面的努力，研究过程是扎实有效的，课例的典型性是比较强的。

第六章 以学习规则设计涵养学生主动学习品质
——以二年级数学《角与直角》为例[①]

嘉一附小是一所刚刚开办5年的新学校,虽然在科技特色、教学评优、学生兴趣拓展等工作上有所创新,但学校的课程内容正在构建完善中,尤其是学校的校本课堂教学样式还在摸索探求中。传统的教学方式和学习方式特征较为明显,还需要在内涵和质量上有所突破。2017年起,学校参加嘉定区教育局教育科研重大课题"聚焦学生学习,提升课堂品质的区域行动"的研究与实践,对学校提升课堂教学品质和学生学习质量无疑是一次巨大的推进和帮助。

第一节 直面课堂短板,聚焦课堂生态

作为嘉定区教育局"品质课堂"研究重点课题"聚焦学生学习,提升课堂品质的区域行动"项目实施校之一,学校拟定了"以学习规则设计提升课堂生态环境品质的实践研究"作为研究的子课题,将实践的重点聚焦以学习规则的设计促进课堂生态品质的提升上。

一、现状: 不良课堂生态导致学生学习主动性缺失

一所新学校,最大的问题是新进教师过多,造成教学观念上的差异和课堂实践中的偏差。显著表现在以下几个方面:一是在课堂上更多以教师的教代替学生的学,以学生为中心、以学习为中心的观念尚未形成,往往为完成教学任务,重视学科知识的传

---

① 本章为嘉定一中附属小学课例研究成果。执笔人:庄丽凤。

授,而忽视学生学习习惯、学习兴趣的培养;二是青年教师面对大班额,控班能力较弱,往往为了推进教学进度,而忽视了课堂上对学生的个体关照,学生参与度、获得感、主动性不足;三是教师在课堂上对学生的训练多是重复的机械练习,评价也停留在显性的学习活动表面,学生深层次的学习内驱力和思维力缺失。这样一来,学生在课堂中的主动参与意识会逐渐弱化,习惯于被动地接受老师的"填鸭式"教学,养成不主动思考、不积极参与的坏习惯。

为此,我校积极申报区级课题"以学习规则设计提升课堂生态环境品质的实践研究"作为子课题,正是针对学校教师教学的短板和改进学生课堂学习的实际需求。

二、改进:依托学习规则促进学生主动学习

课堂生态环境是一种以课堂生态主体(师生)与课堂生态环境之间,以及课堂生态主体与课堂生态主体之间存在的相互联系和相互作用为纽带而形成的有机生态整体。学校课题组将理想的课堂生态定义为:学生能在课堂上主动学习,教师能在课堂上关注学生,师生在课堂互动生成中共同得到发展。因此,生态课堂是顺应学生"自然生长",是自主、自学、自由的课堂,也是生存、生长、生命的课堂。①

规则学习是美国心理学家加涅(Robert Mills Gagné)提出的最高层次的学习。他认为规则或原理是由两个或更多个概念连锁构成,该学习就是形成两个或多个概念的连锁。斯坎杜拉认为按照科学中的节俭原则,规则是行为单位的基础,行为最终要通过规则来表示。他认为规则学习有利于行动,它的一致性和一般性意味着一旦习得某种规则,将解决一类问题。从长远的角度看,规则学习是事半功倍的事。②

华东师范大学出版社出版的《素养何以在课堂中生长》一书中提到规则是经由师生的社会互动所产生的课堂期待,是由师生、生生之间的互动共同产生的,最终形成在课堂中共同的心智习惯。③ 科布(Cobb)将数学课堂中的学习规则分成两类:一类是通用性的规则;一类是学科性的规则。

课堂生态品质基于品质课堂建设的学习规则,不仅保障课堂教学任务的有序推

---

① 刘开文,罗咏梅.生态课堂的内涵、操作模式和实施策略[J].教学与管理(理论版),2012(1):14—16.
② 唐平.关于规则学习与教学的若干思考[J].教学研究,2016(9).
③ 学习基础素养项目组.素养何以在课堂中生成[M].上海:华东师范大学出版社,2018.

进，更要将学习规则的设计与实践融入核心素养，形成"学会倾听——提出问题——建立联系——个性化表达"的学习模式。围绕各学科的核心素养、各学科课程标准和教学基本要求，制定学科课堂规则，促进学生学会承担学习的责任态度，养成社会性学习的行为习惯，锻炼深度灵活的思维能力。以课堂学习品质，来改进教师的教学行为和教学方式，增强学生学习动力和自主、自信的学习状态，以此提升学生高层次思维能力。

学习规则的制定和应用受早期行为主义方法的影响，在几十年的发展中，经历巨大的变革，逐渐发展为以认知行为方法为主导的建构策略，更加关注学生深层次的思考过程和认知技能。越来越多的学习规则基于教师的教学实践逐渐被提出，并不断发展完善。这些学习规则的特点更多以学生为中心，充分调动学生对规则的内在认可和主动遵循，进而营造出积极的学习环境，最大程度满足学生的学习需求。

因此课题组拟通过对课堂中"学习规则"的共同设计与实践的课题研究，日趋改进并完善课堂学习生态环境，逐渐形成嘉一附小的课堂学习样态，从而达到以每一堂家常课的累积，培养学生积极主动投入教学活动的意识，实现促进学生主动学习品质发展的最终目标。

第二节 设计学习规则，开展课例研究

2019年，"以学习规则设计提升课堂生态坏境品质的实践研究"被列为嘉定区科研区级课题，由课题组负责人领衔研究，校骨干教师和数学教研组先行实践，初步制定了"学习规则"下的课堂观察要点，并尝试使用学习规则课堂观察量表进行观课，开展课堂通用规则和学科规则的研究实践。

一、准备阶段：基于教学目标制定学习规则

（一）研读文献，初步制定规则

学校数学组认真研读"学习基础素养项目组"编著的《素养何以在课堂中生成》，学

习书中的相关理论与方法,初步制定课堂学习规则,开展学习规则实践研究,促进学生主动学习。具体规则如下:

表6-1 学习能力规则

提出问题的规则	建立联系的规则	个性化表达的规则
1. 在课堂上勇敢地说出"我不会"。	1. 学习新知识时能建立与旧知识的关联。	1. 发言前先做准备,整理好思路再发言。
2. 同学问我问题时努力说明,直到对方了解为止。	2. 学习新知识后能找到与生活实际的联系。	2. 发言时面向大家,对于同学的质疑礼貌回应。
3. 同学说"你教我"时不可以取笑他。	3. 能运用所学新知识解决生活实际问题。	3. 发言时有理有据,讲明观点。
4. 营造温暖而轻声细语的班级。	4. 能在与同学互动的实践中产生新知识。	4. 可以用打比方、举例子、画简图等各种方法来解释自己的观点。

表6-2 课堂文化规则

倾听的规则	讨论的规则	合作的规则
1. 身体朝向发言者。	1. 按一定顺序依次说出各自的观点。	1. 独立思考。
2. 思维跟着发言者。	2. 听取对方意见后修正自己的观点。	2. 积极参与,发表意见,完成小组分工任务。
3. 礼貌回应发言者。	3. 基于证据表达质疑对方观点。	3. 为自己的学习负责,也为同伴的学习负责。

为了探究将这些学习规则运用到课堂实践中去,是否合理适切;能否促进学生主动学习,改善课堂生态环境等问题,我们以二年级数学《角与直角》一课开展课例研究,由数学组青年教师彭贝妮执教,对同一节课进行连续不断的改进。

(二) 授课内容目标分析

《角与直角》是九年义务教育课本二年级第一学期第五章"几何小实践"的第一课时。

1. 教材分析

《数学课程标准》指出:要让学生经历从观察实物到抽象出图形的过程;通过操作活动,认识、掌握图形的特征与计算方法。本单元是通过动手、实践,积累角与直角、长方体与正方体和长方形与正方形的经验,并认识它们的最基本特征,并借助教学手段体验几何图形的美。本课时是学生第一次接触几何中角的概念。教材从学生熟悉的生活情境出发,让学生接触、观察、寻找生活中的角,在此基础上认识直角,使学生感受到数学与生活是紧密联系的。本节课对于本单元学习长方体、正方体和长方形、正方形的认识有着重要作用。同时,也为二年级第二学期学习锐角、钝角和角的分类,四年级学习角的认识和度量等知识做好必要的准备。

2. 学情分析

角与直角在学生的生活中是非常常见的,学生有一定的了解与认识,在学习本课之前,学生已经在一年级认识了物体的形状、线段等。另外二年级学生已经具备了一定的自我观察、合作学习、自主探究、交流表达的能力。

基于以上分析,数学组制定了以下的教学目标和教学重难点。

教学目标:

(1) 初步认识角与直角,知道角的各部分名称。

(2) 通过观察、比较、归纳、交流等活动,了解角与直角的特征,并能运用直角量具去测定和判断直角。

(3) 通过观察生活中的角与直角,体验数学与日常生活的密切联系,激发学习数学的兴趣,感悟数学的严谨性。

教学重点:初步认识角与直角,知道角的各部分名称。

教学难点:能运用直角量具去测定和判断直角。

二、实施阶段: 三次课堂实践呈现改进过程

围绕"学习规则"这个研究主题,彭老师先后进行了三次课堂实践,逐步调整并优化规则,以达到促进学生学习,提升课堂生态环境的目标。同时,数学组的全体老师分成两个观察小组进行观课记录,分别以表格和课堂实录的形式进行呈现与对比。

第一小组观察学习能力规则的落实情况。

表6-3 第一次实践

课堂观察	提出问题的规则	建立联系的规则	个性表达的规则
现象1		课始谈话,老师问:看到"角"这个字想到什么?帮助学生建立角与生活的联系。	老师请学生观察PPT上的3个角有什么共同点时,2位学生分别回答:它们都有两条直直的线;里边也有角(师补充:尖尖的地方)。
现象2		折好直角后,老师说:现在我们有两个直角,一个是我们刚刚折出来的直角,一个是三角尺上的直角。我们就利用这两个直角,把它当作工具,请你来判断一下,这个角是不是直角?(教师直接告诉学生方法)	在判断是不是角时,老师引导学生利用"是否有一个顶点和两边直边"来判断角,并大声说出自己的理由。
现象3			同桌合作找三角尺上相同的角。学生想到了将两把三角尺叠在一起比。随后教师直接告诉学生这是直角。
现象4			判断练习纸上的3个角是不是直角。学生逐个上来用三角尺上的直角判断。最后老师指出可以用目测的方法直接看出第三个角不是直角。

表6-4 第二次改进

课堂观察	提出问题的规则	建立联系的规则	个性表达的规则
现象1	教师创设了一个问题情境:小胖三角尺上面的直角坏了,不能测量直角,我们能不能帮助小胖,用一张不规则的纸折出一个直角?	课始谈话,老师问:看到"角"这个字想到什么?帮助学生建立角与生活的联系。	老师请学生观察PPT上的3个角有什么共同点时,有5个学生分别回答:这些角都有尖尖的地方;都是由两条线组成的;这两条线都是连在一起的;这两条线都是往外延伸的;这两条线都是直的。

续 表

课堂观察	提出问题的规则	建立联系的规则	个性表达的规则
现象2		学完直角后,教师出示一个角,请同意这个角是直角的同学举手。大部分学生都举手了。老师追问到底是不是直角,有什么好办法来验证?有学生想到了直接看;有学生想到了用直角符号;有学生说用三角尺来量……学生上来尝试用三角尺的直角量。	在判断是不是角时,老师引导学生利用"是否有一个顶点和两边直边"来判断角,并大声说出自己的理由。
现象3		在经历了自己动手折一个直角的过程后,教师再次出示生活中的角,学生能快速判断是不是直角。	同桌合作找三角尺上相同的角。虽然第一组学生没有想到将两把三角尺叠在一起比,但在老师的引导下,第二组学生想到了这个重叠的方法。老师让学生摸一摸这个角,感觉一下。有学生说摸了以后感觉很平;有学生说摸上去感觉直直的;有学生说很直很光滑……从而引出直角。
现象4		在课堂总结中进一步帮助学生梳理知识,建立生活中的角与数学中的角的联系,并指出直角是一种特殊的角。	判断练习纸上的4个角是不是直角?老师采访一个学生,问为什么做得那么快?学生在老师的引导下说1号和4号不用量就能看出不是直角。

表6-5 第三次完善

课堂观察	提出问题的规则	建立联系的规则	个性表达的规则
现象1	教师创设了一个问题情境:小胖三角尺上面的直角坏了,不能测量直角,我们能不能帮帮小胖,用一张不规则的纸折出一个直角?	课始谈话,老师问:看到"角"这个字想到什么?帮助学生建立角与生活的联系。	老师请学生观察PPT上的3个角有什么共同点时,有3个学生分别回答:它们都是有两条线;都有尖角的;都是两条射线;都是直的;它们再加一条线就是一个三角形了。

续 表

课堂观察	提出问题的规则	建立联系的规则	个性表达的规则
现象2		学完直角后,教师出示一个角,问这个角是不是直角?有什么方法证明是不是直角?有学生想到把它变成三角形,看看像不像三角尺;有学生想到画一个正方形,看是不是正好是一个正方形……于是教师引导学生借助身边的工具。学生想到了三角尺。	在判断是不是角的时候,老师请学生说说对或错的理由。学生能够在老师的引导下,主动运用"是否有一个顶点和两边直边"来判断角,并大声说出自己的理由。
现象3		在经历了自己动手折一个直角的过程后,教师再次出示生活中的角,学生能快速判断是不是直角。	同桌合作找三角尺上相同的角。学生想到了将两把三角尺叠在一起比。老师让学生摸一摸这两个相同的角,感觉一下。有学生说这个角很直;有学生说这个角比较长;有学生说边看上去非常方……从而引出直角。
现象4		在课堂总结中进一步帮助学生梳理知识,建立生活中的角与数学中的角的联系,并指出直角是一种特殊的角。	判断练习纸上的4个角是不是直角。有学生很快就完成了,教师就请这位学生介绍快速判断直角的方法:1号和4号一看就知道不是直角,就直接用三角尺的直角量2号和3号。

第二小组观察课堂文化规则的落实情况。

第一次尝试:

课堂实录1:认识角的顶点与直边

师出示PPT,指着第一个角的顶点说:我们把这个尖尖的地方称为顶点。

教师出示"顶点"两个字,学生齐读。

师指着两条直边说：我们把这两条直直的线称为直边。

教师在两条直边旁出示"直边"，学生齐读。

师指着PPT上的第二个角问：谁来指一指这个角的顶点和直边在哪里？

一个女生上来指，模仿老师的动作正确且规范。

于是师指着PPT上的第三个角问：那么谁来指一指后面那个角？

一个男生上来指，顶点能找正确，但指直边的动作不规范。

老师没有注意到学生的错误，继续展开教学。

师：接下来彭老师在黑板上也来画一个角，请大家观察彭老师先画什么，再画什么？

老师在黑板上依次画上顶点和直边，然后请学生回答。

生：老师先画了顶点，再画了两条直边。

师贴出板书：角有一个顶点，两条直边。随后老师画出弧线表示角。

课堂实录2：找出三角尺上的角

教师在PPT上出示两把三角尺：小朋友们，其实我们的三角尺上也有角，现在请你找一找三角尺上有几个角，并指给同桌看一看。

学生互相找角。

教师请一个学生上来，把三角尺放在实物投影上。

生：我发现三角尺上有3个角。

师：你来指一指。

生指着顶点处数出3个角。

教师没有指出学生的错误，而是问：同意吗？

全班学生大声说同意。

师：那么我们还有另一把三角尺，谁愿意上来指一指？

一个学生上来指，还是向前一个学生一样指着顶点处数出3个角。

师：同意吗？

全班齐声说同意。

课堂实录3：找教室里的直角

师：接下来我们在教室里找一找有没有直角，好不好？拿好你的三角尺或者折的直角，开始。

学生吵吵闹闹地跑到教室的各个地方找直角。有的学生找完之后呆在原地,有的学生开始玩耍。老师有点顾不周全,场面一度失控。

反馈时,有的学生站在座位上远远地指直角,有的学生跑出来指直角……

第二次改进:

课堂实录1:认识角的顶点与直边

师:这些角有什么相同点呢?

学生观察讨论后,老师分别请了5个学生汇报。

师:两条直线所交的点就是角的顶点。由顶点引出了角的两条直边。

教师边说边在黑板上画角,并用弧线表示角。

师(指着PPT上的第一个角):那么谁来指一指这个角的顶点和直边?

一个学生上来指,教师发现学生指直边时不规范,就及时加以示范。

师:我们指直边的时候要注意方向,是由顶点引出的。这是一条直边,这是另一条直边。

老师用手指规范演示后,请这个学生再来指一指。

师(指着PPT上的第二个角):谁来指一指这个角的顶点和直边在哪里?

第二个学生规范地指出第二个角的顶点和直边。第三个学生也能规范地指出第三个角的顶点和直边。

课堂实录2:找出三角尺上的角

师(出示PPT上的三角尺图片):小朋友,其实我们的三角尺上也有角,谁来找找看三角尺上的角?

一个学生上来指出其中的一个角:这是顶点,这是直边,这是另一条直边。

学生的动作规范且语言正确,老师及时加以肯定,并提醒全班学生先找到顶点,再找到直边,最后画上弧线。

师:谁再来找一找?

一个学生上来,模仿老师的要求规范并熟练地找到了角。另一个学生也上来指出角的各个部分,基本正确。

师:现在请你找一找手中的三角尺上有几个角,并指给同桌看一看。

学生同桌讨论,互相指出三角尺中的角。

老师请一个学生上来指给学生看,当发现学生指直边时方向错误,老师及时指出错误,帮助学生纠正。

课堂实录3: 找一找教室里的直角

师:我们生活中处处都有角与直角,接下来我们就一起来找找教室中的直角。在找之前彭老师有一个活动要求,谁愿意帮彭老师读一读活动要求。

生:活动要求1.安静、有序,音乐响开始,音乐停归位。2.仔细观察,迅速找到直角并用工具验证。3.验证完举手示意,安静等候。

学生利用各种工具找生活中的直角,教师边巡视边拍照。虽然有学生读了活动要求,但场面还是比较混乱,一直有学生在呼叫彭老师。音乐停了之后,学生们没有马上回到座位。

当老师把拍摄到的照片用投影展示给学生看时,学生还没有安静下来。

第三次完善:

课堂实录1: 指出角的顶点与直边

教师在黑板上演示画角的过程:先画顶点,再从顶点出发画两条直边。学生认真观察老师画角的过程。

师(指着PPT上的角):那么谁来指一指这个角的顶点和直边在哪里?

一位学生上来指:这个角的顶点在这儿。(正确)这个角的两条直边在这里和这里。(不规范)

师:我们在指直边的时候,要注意它的方向。是由顶点引出的,这是顶点,这是一条直边,这是另一条直边。(教师边说边指)你学着彭老师这样再来一遍好不好?

学生模仿彭老师的动作边说边指,语言和动作都规范了。

课堂实录2: 在三角尺上找角

师(指着PPT上的三角尺图片):小朋友们,其实在我们的三角尺上也有角。谁来到上面找找看?

一位学生上来指:这是角,这是角,这也是角。

这时教师发现学生指角的动作不规范,便及时指出:我们在指角的时候,要注意先找到顶点,再指出两条直边,最后画上弧线。你按照彭老师的方法再来找一找,好不好?

学生模仿彭老师的方法边指边说:先找到顶点,再找到两条直边,最后画上弧线。

老师又请了两位学生上来找三角尺上的另外两个角,这时候学生都能规范正确地指出角了。

师:现在就请你找一找你手中的三角尺上有几个角,并指给同桌看一看。

同桌学生互相交流,课堂气氛热烈。

课堂实录 3: 找一找教室里的直角

师(在 PPT 上出示活动要求):谁来读一读?

一位学生大声读出活动要求。师:听明白了吗?接下来就带着测量工具开始吧。

学生离开座位,有序开展活动。

教师及时拍摄学生找到的直角。

音乐停止后学生迅速归位。

教师把拍摄到的照片用投影展示给学生看。

第三节 优化学习规则,促进主动学习

在经历三次课堂实践之后,数学组的老师们逐步理清教学脉络,针对本节课的教学目标删减并优化学习规则,力求更加贴合教学实际,营造学生主动学习的良好氛围,帮助学生加深对角与直角的感悟,构建良好的课堂生态环境。

针对不同的学习规则制定与实施,课题组在反复观课中逐步达成共识。

一、关于通用性学习规则

(一)提出问题有难度

在上面的三次教学实践中,老师没有发现学生主动提出问题的现象。于是,老师

自己创设了"小胖三角尺上的直角坏了,请学生帮忙折出一个直角"的问题情境,激发学生的探究兴趣。

观察小组认为,学生提不出问题的原因,可能是由多方面因素决定的。首先,二年级学生本身的知识储备少且零碎,他们的思维主要停留在直观形象思维,要把自己的想法抽象成问题表达出来有一定困难。其次,低年级学生课堂注意力集中的时间较短,老师在课堂上必须严格把控纪律,否则教学任务难以在有限的时间内完成。这些导致学生在课堂上习惯于被动接收老师提供的信息,而主动思考问题的时间较少。

经过讨论,观察小组在本课的研究中最终决定去除提出问题的规则。

(二) 建立联系多角度

观察小组发现三次课堂实践在建立联系规则方面落实得较好。

1. 建立与生活的联系

课前的谈话引入,建立角与学生已有生活经验的联系。课中直角的验证,老师从第一次课的直接告诉学生用工具测量到第二、三次课中让学生主动思考验证方法,建立数学中的角与生活经验(目测)以及身边工具的联系。设计活动让学生在教室里找直角,进一步联系生活,把所学的数学知识运用到生活实际中去。

2. 建立知识间的联系

第一次课中,老师按照常规流程就事论事,先教角,再教直角。但在第二、三次课中,老师在最后的总结中进一步指出"直角是一种特殊的角",表明了角与直角之间的包含关系,帮助学生沟通起知识内部的联系。

3. 建立生生互动的联系

在第一次课中,老师教完直角后马上让学生折直角,很多学生试来试去就是折不出直角,浪费了许多时间,后来老师只能直接告诉学生应该怎么折。而到了第二、三次课中,老师调整教学环节,教完直角后,让学生先学会判断直角,在学生对直角有了充分的感悟后,创设问题情境,激发学生动手制作一个直角的探究兴趣,学生成功折出直角人数比之前明显增加,最后由学生上来演示折直角的方法,由学生教学生,生生互动,让不会折直角的学生也慢慢学会了方法。

(三) 个性表达有深度

观察三次课堂实践中学生的个性表达,可以发现学生的表达是在学习中逐渐规范起来的,凸显思维的深度。

刚开始老师让学生说出三个角有什么共同点时,学生的用语是:直直的、平平的、很光滑的,这种语言表达符合低年级学生的年龄特点。但在学完角的特征"角有一个顶点两条直边"后,学生在判断角时,就能有意识地根据这个特征完整地表达出这是角或这不是角的理由,体现了数学语言的规范性。

另外,在判断直角时,第一次课中学生只想到逐个用三角尺上的直角去测量。而在第二、三次课中,老师有意识地找到一个最快判断好直角的学生,请他介绍自己的判断方法。于是,给学生创造了个性表达的机会:有的角不需要用三角尺上的直角去测量,一眼就可以看出不是直角,体现了学习方法的不断优化。

根据以上课堂观察与分析,观察小组最终调整了本课的学习能力规则,见表6-6:

表6-6 学习能力规则

建立联系的规则	个性表达的规则
1. 能够找到新知与实际生活中的联系。	1. 能够做到回答声音响亮、表达清晰。
2. 能够认识和理解角和直角的联系。	2. 能够用自己的语言完整地表达个人的想法。

二、关于学科性学习规则

由于《角与直角》是空间与图形模块中的内容,结合本课的教学目标和教学重难点,观察小组发现:倾听、讨论、合作等规则在这节课中体现不明显。而课中学生的个别操作和集体活动较多,如指出角的顶点与两条直边、测量直角、找直角等,都需要老师进一步规范与指导,以提高课堂教学的实效。

于是观察小组重新制定学习规则,从操作规则和活动规则入手进行观察。具体规则见表6-7:

表6-7 课堂文化规则

操作规则	活动规则
1. 指角:手指从顶点出发指出一条直边,再从顶点出发指出另一条直边,最后画出一小段弧线。	1. 纪律:安静、有序;音乐响开始,音乐停归位。

续 表

操作规则	活动规则
2. 验证直角：顶点重合，一边重合，看另一边是否重合。	2. 独立：仔细观察，迅速找到直角并自觉运用三角尺验证。
3. 手势、口令：操作停止口令：师"我说停"，生"我就停"；判断对错的手势；交流前的口令。	3. 等候：验证完举手示意老师，原地安静等候。

（一）操作规则细致入微

观察小组记录了三次课中对于学生指角这一操作规则的落实情况。其中课堂实录1和2有着密切的关联。

第一次课中，教师指角的动作是规范的，但没有过多强调两条直边的方向性。第一位学生的动作是没问题的，但第二位学生的就不规范了，老师当时并没有指出学生的不规范动作。因此在下一环节指出三角尺上的3个角时，有2位学生直接点在顶点处说这是一个角，那时老师还是没有引起重视加以纠正。

课后，课题组就如何指导学生规范指角展开研讨，觉得还是应该从四年级教材中讲到的角的定义出发（角是从一点引出的两条射线所组成的图形），老师应该规范地画角、规范地指角，在课中起到良好的示范作用，及时纠正学生的错误。

第二次课时，老师就放慢了画角的过程，强调由顶点引出了角的两条直边。当学生指直边不规范时，立刻帮助学生纠正过来。同样，在三角尺内找角时，当发现学生指角不规范后，老师就再次示范。

第三次课时，老师对于如何画角指角的示范更加细致，学生能做到认真观察模仿，并且能够边说边指：这是顶点，这是一条直边，这是另一条直边。在三角形内找角，学生能模仿老师的方法边指边说：先找到顶点，再找到两条直边，最后画上弧线。这种用语言来配合动作的形式，使得指角的这个操作规则真正落实到位。

（二）活动规则扎实有效

课堂实录3主要是记录了学生在教室里找直角的活动情况。

第一次课中，老师让学生找一找教室里的直角，只提了一个要求：拿好你的三角尺或者折的直角。所以学生就开始在教室里乱跑。找直角的活动可谓无拘无束，学生完全处于失控状态。

这个活动设计的初衷是非常好的,可以让学生把本节课学到的直角知识迁移到生活中去,建立数学与生活的联系。那么如何让活动开展更有实效?数学组一致认为在这里有必要设计一个活动规则。

第二次课中,老师就先出示活动要求,让一个学生读一读活动规则,再开始活动。但观察小组发现,这个活动规则并不是所有的学生都明白。学生在活动中仍旧不受约束。而老师忙着拍照记录,根本无暇顾及全班学生。

于是,到了第三次课中。老师出示活动规则后,请一位学生大声读出活动要求。随后老师追问:听明白了吗?学生经过大脑思考,进一步理解活动规则。之后老师请学生带着测量工具开始寻找。活动就开始变得有序起来,完成任务的学生也能够安静等待老师拍照,音乐声停止之后学生就自动归位了。

通过研究《角与直角》一课,不难发现:学习能力规则和课堂文化规则构成了一条暗线和一条明线。课堂文化规则作为明线指向学生的行为,而学习能力规则作为暗线指向的是学生的思维。由于学习规则的设计是一个动态的过程,是师生在日常教学的互动中产生的,因此需要在不断的实践中加以调整完善。就是在这样的一次次学习规则修正中,彭老师以及数学组对于教材的理解加深,对于课堂的预设增多,对于学生的指导更为细腻,最终呈现了一堂学生学习主动、思维活跃、交流充分、调控有效的优质课,实现"在学习、真学习"。

第四节　树立规则意识,构建生态课堂

课题组通过对《角与直角》一课的深入研究以及自己在教学中的实践,发现课堂学习规则的制定有利于促进学生主动参与学习活动,确保学习活动的顺利开展,使得课堂充满生机与活力。值得一提的是,2019年学校选送彭老师的录像课《角与直角》参加"一师一优课"评选,先后获得市级优课和部级优课称号。这个好消息更加鼓舞了课题组教师积极投入"以学习规则设计提升课堂生态坏境品质的实践研究"这一课题中去。

课题组梳理了设计学习规则的建议,供其他教师学习参考,帮助师生树立规则意识,构建生态课堂,从而促进学生主动参与课堂、主动投入学习。

一、通用性学习规则的设计要以学习为中心

以学习为中心,指的是教师和学生在课堂教学过程中的一切教学内容、教学行为、教学态度、教学价值观、教学方法和教学艺术等均指向服务于学生的学习。[①] 教师的教学行为是引起和促进学生能动、有效活动的条件或手段,而学生能主动参与学习活动和有效完成学习过程是教师发挥作用所追求的本体或目的。

学习规则最终是指向学生的,目的是让学生在掌握、运用这些规则的过程中形成灵活的心智习惯。[②] 作为学生学习的指导者、支持者、示范者,教师可以而且应该首先具备"学会学习"的规则意识,知道怎样的规则可以更好地促进学生的学习。

首先,教师要打开学生的自我系统,形成学习的内动力和积极的学习心态;其次,教师要打开学生的元认知系统,形成"学会学习"的心智习惯。

学习基础素养的指标中体现"学会学习"心智习惯的指标有:

1. 提出问题的习惯。在课堂内外,学生能够保持自己的好奇心,有不懂的地方就提出来;在遇到困难和问题的时候,敢于提出自己不同的想法;不人云亦云。

2. 建立联系的习惯。在课堂内,学生能够积极地、创造性地联系自己以往学到的知识、生活经验来理解、反思并解释新的知识;学生在遇到相关的问题时能够创造性地将某个知识应用到学习中去,或是解决问题,寻找最优化的策略,而这些联系都可以通过在课堂中建立师生、生生之间的横向互动,让学生充分实践,从而形成沟通、交流、合作的人际联系的心智习惯。

3. 个性化表达的习惯。在课堂学习中,学生能够坚持自己的想法与观点,有意识地用证据表明、论证自己的想法。在遇到别的同学不理解的时候,能够转换说法和方式让别人理解自己。

纵观《角与直角》的研究过程,教师在设计的学习规则中,有效地打开了学生建立

[①] 冉亚辉.以学习为中心:中国基础教育课堂的基本教学逻辑[J].课程·教材·教法,2018(6).
[②] 学习基础素养项目组.素养何以在课堂中生成[M].上海:华东师范大学出版社,2018.

联系和个性表达的元认知系统。但是对于提出问题的规则,还需教师在日常的教学中不断鼓励学生提出问题,保护学生的好奇心,并对学生提出的问题给予积极的回应,进而引导学生分析什么是好的问题……为学生创造一个平等、思考的课堂氛围。

其实,提出问题、建立联系、个性化表达的规则都是通用性学习规则,对于其他学科也是适用的。这些规则能够促进学生良好学习习惯的养成,让他们具备"学会学习"的能力。

二、学科性学习规则的设计要以课标为基准

课程标准是国家课程的基本纲领性文件,是国家对基础教育课程的基本规范和质量要求,是教材编写、教学、评估和考试命题的依据,是国家管理和评价课程的基础。它体现国家对不同阶段的学生在知识与技能,过程与方法,情感、态度与价值观等方面的基本要求,规定各门课程的性质、目标、内容框架,提出教学和评价建议。

《数学课程标准》中明确提出第一学段(1—3 年级)空间与图形模块的具体要求[1]:

在本学段中,学生将认识简单几何体和平面图形,感受平移、旋转、对称现象,学习描述物体相对位置的一些方法,进行简单的测量活动,建立初步的空间观念。

在教学中,应注重所学知识与日常生活的密切联系;应注重使学生在观察、操作等活动中,获得对简单几何体和平面图形的直观经验。

二年级《角与直角》一课正是属于这一范畴中。课中老师设计指角、验证直角的操作规则,以及简单的直角测量活动都是在认真解读课标、反复研读教参后制定的,具有科学性和示范性。

值得注意的是,在日常教学中,一节课 35 分钟的时间非常短暂,教师往往很难同时落实好几种学习规则。因此,只有结合教学目标以及重难点,有选择地设计并落实 1—2 个学习规则即可。学习规则的设计最终还是要服务于课堂教学,从而达成提升教学有效性和学生学习自主性的目标。

在学习规则的建构过程中,教师要始终坚持以学生为中心,在每一次课堂实践中认真观察学生的课堂行为,不断加深对学生认知特点的认识,在课后进行基于观察的

---

[1] 中华人民共和国教育部. 义务教育数学课程标准(2011 年版)[M]. 北京:北京师范大学出版社,2012.

课堂反思。同时围绕各学科的核心素养，基于各学科课程标准和教学基本要求，制定出学科学习规则。在课程的实践中，这些有效学习规则的构建既保障了教学活动、师生互动和生生互动的有序进行，又提高了学生上课时的专注程度，使得课堂学习井然有序、张弛有度。学生在学习的过程中也更具主动性，内在学习动机得到较为显著的提高，这促使他们养成良好的学习习惯。

像这样以课例研究为载体，设计学习规则，将成为我校各教研组今后开展教研活动的一种模式和研究方向。选择与教学内容最为关联的学习规则进行设计研究，并在课堂中予以实践，积累案例，逐渐形成各学科各课时教学内容的学习规则设计集册。

总之，设计学习规则是构建课堂生态品质的有效途径之一，其目的是为了促进学生主动学习，最终达到师生共同发展。在学习规则的建构过程中，充分认识到学习规则建构策略的特点，基于每一节课堂实践中教师对学生的观察、学生行为的反馈和教师课后的反思，以学生为主体，提出符合学生认知特点和学习需求的学习规则。通过对学习规则等课堂改进方式的持续研究实践，"以学习为中心"的课堂教学观念不断得到强化。研究的过程也让学校对基于校本的课堂样态定位逐渐从模糊走向清晰。同时，这也真正成为了一项我校每一位师生共同参与的行动研究。

嘉一附小　课例研究专业支持者观点链接

崔春华（上海市教科院普教所）

嘉定区第一中学附属小学"以学习规则设计涵养学生主动学习品质"的课例研究，以学校区级课题"以学习规则设计提升课堂生态环境品质的实践研究"为背景，以二年级数学《角与直角》先后进行的三次课堂教学实践研究为载体，聚焦通过学习规则的调整与优化提升学生主动学习品质。

项目组基于当前学校课堂生态问题引发学生学习主动性缺失的现状，提出了依托学习规则设计改善课堂生态环境，进而促进学生主动学习的改进策略。通过前期的文献梳理与研究，项目组制定了数学课堂的学习规则，包括学习能力规则和课堂文化规则，并对其进行了细化，作为教师进行课堂观察的依据。在课堂教学过程中，数学组分两个观察小组进行观课记录，分别以表格记录和课堂实录的形式对三次课堂教学进行了呈现与对比分析，在此基础上理清教学脉络，并针对教学目标删减和优化学习规则，力求更加贴合教学实际，营造学生主动学习的氛围，构建起良好的课堂生态环境，从而帮助学生加深对角与直角等数学知识的理解和感悟。

本课例在结合观察结果对学习能力规则和课堂文化规则进行讨论的基础上，提出了通用性学习规则和学科性学习规则设计的主要依据。从课例本身来看，研究与实践过程较为扎实。但本课例反映出的有关学习规则的理解可能还值得进一步探讨或澄清。如学习能力是否是一种学习规则？或者说学习能力是否是因为规则的设计形成一种课堂生态环境进而促进学习的一种成果？换句话说，帮助学生提出问题、建立联系以及个性化表达的课堂环境需要设计什么样的学习规则？

第七章　用惊奇和悬疑激发学生的好奇心和学习兴趣
——以初中物理《凸透镜成像》为例[①]

为有效落实教育综合改革任务、培育学生的核心素养,近几年上海市曹杨二中附属江桥实验中学作为上海市新优质学校,基于学校课程哲学——用富有磁性的课程为学生的成长、成功奠基,开展磁性课程和磁性课堂研究;同时作为嘉定区《聚焦学生学习,提升课堂品质区域行动》项目重点实验学校,确立了子项目《磁性课堂:富有吸引力的课堂创建研究》,探索并构建了"富有吸引力"为特征的新课堂样式。

第一节　磁性课堂:有吸引力的课堂

所谓磁性课堂,简单地说就是有吸引力的课堂,就是要求整个教学空间像一个充满张力的大磁场,师生之间充满有机互动,相互吸引、相互作用、切磋琢磨且绵绵不断,这就要求老师们力求使自己的每一节课都具有新意,充满趣味、富有生机和吸引力,激发学生主动学习和探索的欲望,让学生的知识能力情感产生美妙的磁性变化。磁性课堂是基于尊重学生自然天性、成长规律,激发学生内在动力,让学生在激情快乐、趣味幸福中学习成长。提高学生的学力,推动学生思维的发展,灵性的生长,这是磁性课堂教学的核心;激发学习的活力,培育学习的激情,激活生命成长的动力,这是磁性课堂教学的关键;增强教学魅力,提升教师品味,提高学科兴趣,建立良好的师生关系,实现

[①] 本章为上海市曹杨二中附属江桥实验中学课例研究成果。执笔人:陈叶清、吴连忠。

学科育人,这是磁性课堂教学的目标。磁性课堂是由"知识课堂"走向"生命化课堂",使学生学习成为一种生命成长本身的需要。

在《聚焦学生学习,提升课堂品质区域行动》研究中,江桥实验中学初步形成了关于磁性课堂的结构框架。学校的磁性课堂结构框架是一个用"起承转合"来概括的体系。起承转合关系原是我国旧体诗歌一种句间关系的概括。凡是能使文章整体或部分产生鲜明强烈的印象,达到感染读者的艺术效果的手段或方法,都可视为表现手法。诗歌的表现手法很多,我国最早流行至今仍常使用的传统表现手法有"赋、比、兴",还有一些特殊的表现手法,既在诗歌中起到了出人意外的表达效果,也对后来的文学创作发挥了很好的影响。① 乐句、乐段之间很多都是起承转合关系,其中的"起"是材料核心的初次呈示,"承"是材料核心的重复巩固或者是继续发展,"转"是变化对比,是材料核心辩证否定,"合"是总结,是材料核心回归强调,常体现为再现。②

课堂教学过程就是起承转合的演进,起中有合,合中有起,这是首尾呼应;承与转皆兼顾起合,这是"瞻前顾后"、一脉相承。四者之间互相依存,互为作用,有着严密的逻辑性,体现着很强的辩证关系。磁性课堂系统要素结构表如下,内容包括了初步拟定的"四环节、八要素、十六操作点"。

表7-1 磁性课堂系统要素结构表

起(磁场脉冲)		承(磁感连线)		转(场强成势)		合(磁路闭合)	
惊奇现象 + 悬疑体验	无中生有	危则动 + 圆则行	任务挑战	运石成势 + 任势而为	正思反思	同化顺应 + 推广运用	前呼后应
	出乎意料		适度紧张		互动合作		悬疑获解
	匪夷所思		打磨问题		轻点微拨		更替再现
	故弄玄虚		填补缺口		任而不由		后续问题

"起"是起因是开头;"承"是承接是过渡;"转"是转折是形成;"合"是运用是检测。

四环节中,"起"是课堂的引入,在课堂引入中吸引学生的要素有两个,惊奇现象和悬疑体验。确定这两个要素,也是借鉴了电影情节设计中常用的吸引观众的做法。而

---

① 张一纯,王锟. 从起承转合看诗意的构建[J]. 北极光,2019(08).
② 黄强. 论起承转合[J]. 晋阳学刊,2010(03).

吸引学生的两个要素中,根据学校优秀课堂教学实例,我们提炼出四个观察点:无中生有、匪夷所思、出乎意料、故弄玄虚。

惊奇现象,是指学生出乎已有经验之外,无法用已有知识来推理解释的现象。悬疑体验,是指学生因不知事件真相导致怀疑和不理解的心理体验。

如果是惊奇现象,就一定能在课堂引入时立刻吸引学生注意。如果有悬疑体验,就能在整个课堂中始终吸引学生开展问题的探究和讨论。

无中生有、匪夷所思、出乎意料、故弄玄虚,四个观察点具体如何落实、检测,它们对课堂设计提出了怎样新的要求,这些都需要我们结合课堂教学实践开展相关的研究和思考。

第二节 惊奇和悬疑:课堂教学的出发点

惊奇表示惊讶奇怪,惊奇的发生,主要与我们对人类经验的巨大多样性的惊讶(amazement)联系在一起,尤其是这一类经验:它提出的问题无法仅凭逻辑推理来解答,我们只能通过活生生的经验本身来回答它们最基本的哲学惊奇,是对人生意义的惊奇。

一、从一开始就给予学生惊奇感

哲学的惊奇(wonder)是对未知事物的激情,它驱使我们去寻找隐藏在生活多样性背后的意义,迫使我们不断获得更深的洞识,达到更高的理解。给予学生惊奇感并不是单纯地让他们好奇,但是,好奇心是产生惊奇感的心理基石,也是学生在课堂上产生问题的源泉。强烈的好奇心会增强学生对外界信息的敏感性,对未曾见过的事物、情况和新发生的变化做出及时的反应,从而发现问题,并驱使学生积极思考,追根寻源,引起探究的欲望。在课堂教学中精心设计教学的每一个环节,创设良好的学习情境,则能诱发学生的好奇心。[1]

---

[1] 张晶. 审美惊奇论[J]. 文艺理论研究,2000.

1994年,美国行为经济学家乔治·洛温斯坦(George Loewenstein)提出"只是缺口导致痛苦"的"缺口理论"。他提出,当我们想知道一些事情却无法实现的时候,就会觉得身上像长了很痒的疮,不得不抓,想要消除这种痛苦,就得把知识缺口填满。这一理论的重要要求是"在关闭缺口前必须先把它们打开"。如果说好奇心从知识缺口中产生,那我们可能会想知识越丰富,知识缺口越少,好奇心就越弱,而事实上,在积累信息的过程中,我们的注意力会越来越集中在不知道的东西上。知识的缺口创造出兴趣,但要想证明知识缺口确实存在,可能有必要先强调某些知识,因此,观点的意外效果、深刻含义和创造知识的缺口,会引起人的注意力,并使人的注意力持久。这个理论的前提,就是"抑制过度自信",如果对方过于自信,让对方按自己的认知形成答案,让他牢记答案,然后再提出其忽略的问题,引起反思,从而让他发现自己的缺口。

好奇心是人的本能,也是学生学习的内在动机。在孩子的成长过程中,观察和体验是思维发展的基础。通过观察和体验,新鲜和好奇刺激学生思维系统,从而形成新记忆、认识及判断等。

孩子之间好奇心的差异表现在哪里呢？一是好奇心强弱程度不同,二是好奇心的衰减快慢不同。好奇心越强,探究的愿望越强烈；随着刺激的反复和重现,好奇心逐渐衰减,好奇心衰减越慢,培育和发展出的聪明和智慧也越多。人的好奇心是源于问题和未知,随着认知发展和经验的积累,问题越来越少,"习以为常"越来越多。这样,随着知识增长、经验积累,好奇心衰减是必然的。

课堂教学中,习以为常的现象、情节、故事,是不能引起学生兴趣的,创设有吸引力的课堂,就是要在"习以为常"中呈现"惊奇现象"。学习最大的问题是学生患了没有感觉的症状,思维处在疲沓、懒惰和"无所谓"的状态。视而不见,听而不闻,感而不觉。消除这种症状的良方,就是创生学习的"惊奇感"[①]。按照皮亚杰的发生认识论,在新颖刺激物的反复作用下,儿童的"图式"才会发生调节,认知的开放性才会战胜封闭性。从"惊奇感"开始,激活学生学习的自发主体性,进而提升到"自觉主体性"的层面,这是富有吸引力教学的密码。

富有吸引力的课堂的基础是思维,而思维是从疑问和惊奇开始的。疑是思维的开

---

① 魏星.学习,从惊奇开始[J].江苏教育,2016(15).

端,惊奇则提升思维的活跃度,是创造的基础。勇于质疑、勤于质疑、善于质疑是一种良好的思维习惯。因此,在教学中我们要利用一切可以利用的方式,启发学生思路,创造课堂的"惊奇感"。富有吸引力的课堂,要让学生经历着"引起注意、发现关联、充满自信、获得满意"的心理过程,进而产生疑惑、好奇、刺激等这些唤起激烈情感的元素。

确定无疑的事情固然让我们感到安全,但出乎意料的惊喜才让我们感觉自己真正活着。富有吸引力的磁性课堂要让学生能够更大地"活"起来,产生学习的强劲驱动力,有一种做法就是使任务设计带给学生"出乎意料的惊喜"。可以说,惊奇比好奇、比欢喜更能让任务产生强劲的学习驱动力。这样的课堂不仅要充满神秘,而且要充满神奇,让学生惊奇、惊讶、惊异和惊喜。江苏省教育科学研究院研究员彭刚认为,惊喜应作为一种课堂教学评价的尺度,"说到底,教育教学其实就是给学生以惊喜的过程,就是让学生在惊喜中获得更多发展可能性的过程"。

二、让学生在悬疑体验中充满期待

悬疑是一件充满悬念、且无法看清真相的事物所导致人有一种怀疑和不理解的心态。"悬疑"设计通常是小说、戏曲、影视等作品的一种变现技法。在悬疑体验的驱使下,观众、读者会急切地想知道事情的原委。[①]

体验,一指亲身经历,实地领会;二指通过亲身实践所获得的经验;三指查核、考察。"体验"在刘惊铎著的《道德体验论》中被定义为人类的基本生存方式之一,一种图景思维活动,也是一种震撼心灵、感动生命的魅力化育模式。这种新体验论倡导的思想理论主要有:三重生态观、体验本体观、生命样态观、生态化育观、魅力实践观、和谐价值观、生活世界观、生态智慧观等。《道德体验论》系统阐述了体验理论及其实践价值、实践方式,为体验与体验教育实践提供了理论支持,为中国和国际体验教育研究与发展,提供了一种崭新的理念和模式。经过反复的实践检验,体验已经被当作当代一种有魅力的德育模式和教育新理念。

悬疑体验,强调的是营造心理体验,是学生的内心活动。"学起于思,思源于疑",巧妙的问题设计不仅可以激发学生的认知兴趣和积极情感,同时可以启发和开启学生

---

① 威·路特,宫竺峰.论悬念[J].世界电影,1982(03).

的思维系统,提高学生注意力的持久性;好的课堂不仅要吸引学生的注意力,更加应该注意的是能够将学生从纷乱嘈杂的课间休息中快速吸引到课堂上来,因此精彩的开局至关重要,通过巧妙的问题设计、情境设计让学生身临其境,体验强烈的代入感,引导学生积极思考。当学生的好奇心一步步被点燃,教师可以根据学生的学情巧妙设计陷阱,引导学生一步步踏入其中,不仅可以提高课堂的学习气氛,同时让学生在欢快的气氛中思考、探索、学习。体验式的教学设计充分体现了以学生为主导的教学模式,在教师的引导下,学生逐步参与到课堂中来,避开传统的注入式教学模式,通过设疑布障,让课堂充满神秘感,设置悬疑,调动学生的学习兴趣,激发学生的求知欲,让学生主动探索发现,培养学生从学科的眼光观察和研究周围的世界,让学生感受到学习的魅力,将好奇转化为内驱力,使学生产生情绪高昂和精神振奋的心理状态,从而对学科产生兴趣,对课堂充满期待。①

课堂上悬疑设计就是要在课堂上设计出显而易见却又没有相关线索去解释的疑问,尽可能让课堂教学的过程像一部悬疑剧,让学生在悬疑体验中对课堂充满期待。

第三节　同课异构:《探究凸透镜成像特点》课例分析

为了研究科学学科的《磁性课堂系统要素结构表》中"启"环节中的两大要素——"惊奇现象"和"悬疑体验"。2018年11月14日,教育学院物理教研室与我校物理教研组一起开展了一次课例研究,采用同课异构的方式开设了两节研究课。上课内容都是八年级物理的《探究凸透镜成像特点》。授课教师分别是江桥实验中学陈叶清老师和杨柳初级中学陈跃老师。

---

① 周志雄.心理悬疑[J].兰州学刊,2008(11).

【情景与描述】

(一)教学设计

1. 陈叶清老师的设计

利用教具"儿童早教幻灯手电筒",呈现一个现象。同学们在墙壁上能看到投影出来的各种图案。学生会想:这个"手电筒"为什么能够成像?然后打开手电筒,查看内部结构,发现里面有一块小的凸透镜。在简单回顾凸透镜先前知识后,同学们确信,凸透镜不仅能够会聚光线,还能成像。

学生体验:利用教师提供的器材来体验凸透镜能够成各种不同的像。该活动主要让学生在体验中感受凸透镜确实能成各种不同的像,以及体验如何才能成放大、缩小实像,有了这样的感受才能在教师点拨下提出合理的猜想。猜想是需要合理的依据的,而不是凭空的想象。教师在这个活动中还能展开对于像的性质的描述(放大缩小、倒立正立、实虚)——从自身体验中进行观察发现:凸透镜能成各种不同的像。

教学过程中师生互动情况:

(师)这里有一个小的手电筒,请同学们注意观察,当我把光线照向教室里的墙壁上,你们会看到什么?

(生)在墙壁上看到了卡通图像。

(师)为什么在墙壁上有卡通图像呢?把手电筒拆开来,我们看看里面到底有什么?

2. 陈跃老师的设计

用一个高50多厘米的兔子灯,打开兔子灯,黑板上贴一张较大的白纸,出示一块很大的凸透镜,通过凸透镜在白纸上出现兔子灯清晰的像。通过这个对学生来说"匪夷所思"的现象引出课题,学生一定会有疑问,为什么白纸上有一个清晰的、彩色的,而且是颠倒的兔子灯?带着疑问,引导学生经历提出猜想、设计方案、实验验证和交流归纳等探究过程,得出成像时,物距、像距的大小及其对应的成像情况;分析凸透镜成像时物距、像距的范围,并寻找成倒立、等大的实像时,物距和相距的位置,成虚像时,物距的范围;总结凸透镜成像规律,并解释新课引入时的三种成像情况。

本节课要求学生在教师的引导、启发下,积极体验、主动探索和发现物理规律。通过情景体验、活动实验等教学手段,激发学习兴趣,达到由具体感知物理现象向抽象思维的转变。本节课重视科学探究中的猜想和数据分析,有利于养成规范的探究习惯和严谨的科学态度。

教学过程中师生互动情况:

(师)老师这里有一个漂亮的兔子灯,打开里面的灯,看上去通体发亮。这里还有一块大大的凸透镜,当我把凸透镜放在兔子灯这里,请同学们观察黑板上贴的白纸,你能看到什么?

(生)看到了,看到了。白纸上出现了倒过来的兔子灯。

(师)其实,同学也可以用桌上的凸透镜和一张白纸,在自己的座位找到兔子灯的像。请大家一起来试试看,并注意观察你看到的是什么样的像?

(学生活动):

(师)大家看到的就是凸透镜成像现象。那么如何解释凸透镜成像的原因?为什么有的同学看到的像较大,有的则很小?凸透镜什么情况下成什么样的像呢?

【问题与讨论】

(一)对同课异构两节课的对比分析

我们追求的磁性课堂是富有生机和吸引力的课堂,它能激发学生主动学习和探索的欲望。从这两节课我们可以发现,惊奇现象和悬疑体验确实是吸引学生的极佳方法。两位老师各自用不同的实验演示,清晰地呈现了实验的现象,并且在设计实验时,尽可能以留有悬念的疑问来吸引学生。

从课堂观察情况看,两节课的课堂引入效果以及学生的课堂反应还是有较大的差异。

学生对课堂的关注度、课堂对学生的吸引力不同。第一节课,老师拿出幻灯手电筒,手电筒照向墙壁出现图案时,学生表现非常平静,第二节课,当老师拿出一个发亮的卡通形象的兔子灯时,所有学生都特别关注,同学们都在猜测老师这是要做什么。因此,相比之下,第二节课学生对课堂关注度较高,课堂对学生的吸引力也较强。

学生思维活跃度不同。第一节课上,当现象出现时,虽然学生不知道墙壁上的图案是怎么出现的,但也并不觉得惊奇。虽然同学们不知道墙壁上出现图案的原因,但是在学生看来,这也仅仅是一种"习以为常"的现象,该情景的创设没有很好激发学生学习的兴趣。第二节课,实验器材简单、清晰,就是兔子灯、凸透镜和黑板上贴着的白纸。这时学生思维活跃度就较大,同学们会思考,就这么简单的一块凸透镜,怎么会在白纸上出现图像呢?

学生的惊奇度不同。第一节课呈现的现象,学生虽然不知道真相,但是这个现象依然在学生的经验范围之内。第二节课呈现现象时,学生同样不知道出现像的原因,但是由于实验器材清晰无隐瞒,实验现象让学生更加觉得出乎意料和匪夷所思。

(二)对比两节课后形成的几个观点

1. 就地取材更能创造惊奇、营造悬疑。如果按实验器材分,初中物理实验可以分为实验室器材实验和就地取材实验。实验室器材专为实验而设计和制作。用实验室器材进行实验,能较为明显地呈现物理现象,较好地反映物理现象的本质,在物理教学中实验室器材的实验是不可或缺的。但是与用实验室器材做实验不同,如果就地取材做实验,更能创造惊奇、营造悬疑。

2. 结合生活更能持续激发学生的好奇心。在儿童进入初中学习物理之前,生活中的各种物理现象"自然"地在其心中形成了先验的概念、认识和判断。以日常生活中的材料再现物理现象,更容易唤起并持续儿童的好奇心,激发探究的愿望。在此假设基础上,要让刚开始学习物理的同学喜欢物理、学好物理,要尽可能贴近生活,就地取材进行实验和研究,因为身边的事物和现象更能和他们的先验知识对接,更能增强好奇心。

【诠释与研究】

通过本次课例研究,我们归纳了初步创设惊奇的磁性课堂设计的原则和要点。

1. 就地取材。就地取材,就是在实验设计时,尽可能不用实验室器材。利用日常生活中的一些玩具、生活用品,设计出来的实验更能产生惊奇的效果。如在本次课例中,引入凸透镜成像的现象,有的老师就是直接在光具座上呈现点燃的蜡烛所成的像,虽然这个现象学生之前也没有看到过,但是,因为所用的是实验室器材,学生在潜意识中就认为,这是一个"正式"的实验,出现任何自己没能想到的现象都是可能的。而如果就地取材,采用一块凸透镜,一个生活中的兔子灯,这时候,学生看到白纸上的兔子灯,就会觉得惊奇。

2. 源于生活。从学生学习心理的角度来看,课堂的吸引力源于学生的好奇心。好奇心越强,探究的愿望越强烈。源于生活设计的实验和活动,更能保持学生的好奇心。随着现象的反复和重现，好奇心衰减也比较慢。通过这两节课的比较我们发现，采用实验室器材，学生好奇心最少，采用购买的成品简易幻灯机手电，学生的好奇心较前者略多，而采用贴近学生生活实际的兔子灯、白纸、放大镜来设计实验，学生的好奇心最为强烈。

3. 充满悬念。在课堂引入环节，从惊奇现象而引发的问题而起，一个又一个问题的衔接，既是悬念问题最终答案的不断接近，又是新的悬念和疑问不断产生的过程。在本课例中，第一个悬念是，白纸上倒立的兔子灯是怎么出现的？关掉兔子灯电源，灯不亮之后，就看不到白纸上的像了，说明那个像确实是玩具兔子灯通过凸透镜呈现出来的。在改变各种距离之后，新的悬念出现了，像的大小与什么因素有关呢？随后的问题，都是在老问题解决之后出现的新的悬念。例如从引入过程转入新课研究的最后一个问题：怎样用实验器材探究凸透镜成像规律？

第四节 激发好奇心：课堂启动的四个驱动轮

用惊奇和悬疑驱动的课堂，要避免采用"灌输式"的教学方法。教学过程中巧妙激发学生的好奇心，让学生主动探索，在探索中发现，产生新知，从而产生"柳暗花明又一村"的惊喜。

初中生比较容易对未知事物产生疑问，教师要巧妙"利用"学生的这份求知欲并运用到教学设计中，根据学生的学情特点在教学中设置有趣的悬念，让学生自己去思考，从而充分调动课堂气氛。在惊奇和悬疑状态下的学生，不仅学习情绪高涨，而且注意力特别集中。

惊奇和悬疑驱动的课堂有四个较为可行的操作点，四个操作点就好像汽车的四个驱动轮，通过它们产生强有力的抓地力，推动课堂前行。

一、惊奇和悬疑驱动课堂的第一个驱动轮——无中生有

无中生有就是在没有问题中生出问题，从无关中生出有关。"无"就是对学生来说

是平淡、平常的现象，或者是被学生认为是"理所当然""自然而然"的现象，通常都是因为熟视而"无"睹。例如，手里拿着一样东西，一放手，那东西就会往下掉，这就是"自然而然"的事情。"有"就是有思考和有问题，这些思考和问题通常是学生从来没有想到过的。无中生有，就是课堂的创生和创新，靠着敏锐的洞察力和严谨的推理力，从看似平淡、平常中发现问题。继上述为例，放手后东西为什么往下掉，而不是往上飞？这个问题在学生看来没有人会问，因为这本来就是自然而然的事情。然后我们可以告诉学生，真的有一个人就这么想了，那就是牛顿。他就在想，树上的苹果为什么往下掉，而不是向上飞？

基于上述无中生有的问题，教师就可以引导学生用已经学到的知识来推理并回答上述问题。物体从静止变为向下运动，那一定是受到了一个向下的力，这个力是哪里来的？根据力是物体间相互作用这一判断，那个向下的力的施力物体又是谁？如果这个力的施力物体是地球（也只能是地球），那么地球为什么会给物体一个吸引力？

前面两节同课异构的课堂教学中，根据"无中生有"的惊奇创造法则，教研组老师在后期对课堂教学设计做进一步的调整。

陈叶清老师原先用一个手电筒式样的"简易幻灯机"，照在墙壁上出现了米老鼠的图像。因为所用的器材是一个买来的玩具，对学生来说，课堂上出现的这一现象也是习以为常的事情。为了无中生有创造惊奇，改进后教学过程如下：

平淡现象之后提出平淡的问题：墙上的米老鼠图像是怎么形成的？

学生猜想，表达观点（学生的普遍观点）：那是灯光透过幻灯片照到墙上后形成的。

用实验检验同学们的猜想：用手电筒光直接照射一张幻灯片，然后在墙上寻找像。实验结果是墙上找不到像。

从没有问题，变成了有问题。那个像到底是怎么来的？

老师在幻灯片和墙壁之间放一个"透明物体"，墙上就可以出现清晰的像。

改进后的教学，增加了一个猜想验证的实验环节，猜想被否定之后，学生从没有问题变成了有问题，并且非常惊奇老师手里拿的那个透明物体，竟然那么神奇。从改进后课堂实际效果看，学生有了惊奇感，也很想知道那个透明物体是怎么样的。学生的课堂关注度明显提高。

不同学科、不同的教学内容、不同的课型,无中生有的方法或有不同,但是在实际操作中,都是要引导学生寻根问底地深入思考,多问几个为什么。教师要引导学生思维不受拘束,形成向四方扩散的新思路、新点子、新发现。这里所说的"无中生有"是指课堂教学中,学生在平淡无奇中生成新的问题和思考。无中生有,并不是指"凭空捏造",而是在"习以为常"中寻找原因,在"理所当然"中追问缘由。

无中生有,根本上是问题的从无到有,但是问题的从无到有,其实也离不开"呈现"的从无到有,也就是说必须创设可呈现的情境。图片、视频、实物展示、演示实验、情景剧表演等,都是课堂尽可能呈现情境的方式。

二、 惊奇和悬疑驱动课堂的第二个驱动轮——出乎意料

出乎意料,指事先对情况与结果的估计,超出人们的料想猜测。

创造惊奇的是教师,有出乎意料感觉的是学生。也就是指教师通过设计好的课堂教学活动,让学生对事件的原因,对事件的发展,对事件的结局感到意外。奇和常是相互对应的概念,意料之中的是"常",意料之外的是"奇"。学生每天上课,绝大多数的课堂教学,对他们来说都已经成为平常和自然的活动,难以激发学习的学习的兴趣和动力,那么,如何在课堂创设真正的"惊奇"感呢?

在课堂引入过程中,它们是和谐统一的,课堂引入不在于它的奇奥险怪,迥异于一般,而在于它的意境。真正的奇是合乎情理的,"奇而入理"乃是"奇"之灵魂,而"奇而不入理"即与实际相悖则是胡编乱造,是违背创造规律的。只要符合教育规律,创造惊奇的方法有很多,不同学科、不同教学内容,以及教师不同的教学风格、文化底蕴,都会有各种创造惊奇的好方法。

前面两节同课异构的课堂教学中,根据"出乎意料"的惊奇创造法则,教研组陈叶清老师后期对课堂教学设计做进一步的调整。

(让学生来做做看,发现必须将幻灯片倒放,才能出现正立的图像,这也正是出乎意料)

学生在清楚了凸透镜成像的三个器件(幻灯片、凸透镜、光屏)之后,让学生来进行实验操作,要求在墙壁上出现一个清晰的、头在上脚在下的米老鼠图像。

两个同学上来做实验,尝试根据要求完成实验任务。要求同学明确告诉大家,幻

灯片将怎么放,是头上脚下还是头下脚上。这时候班级同学中就会出现两种不同的意见。但是大多数同学可能想当然地以为幻灯片应该是头上脚下地放置。

"好了,现在我们将幻灯片头上脚下地放置,我们要让幻灯片上的图像出现在墙壁上!"

老师:"大家猜猜看,墙壁上会出现怎样的图像?"

出乎大多数同学的意料,墙壁上出现的是倒立的图像。

问题:为了让墙壁上出现头上脚下的米老鼠,幻灯片该怎么放?(这其实也是为了强化凸透镜成倒立实像的认知!)

而陈跃老师在自己原先课堂设计的基础上后期做了这样的调整。

在最初情境呈现时,将实验器材都隐藏起来,学生就看到了墙壁上有一个兔子灯。

让学生看到其实有一个发光的兔子灯实物。学生这时候主要是产生了疑问,为什么实物兔子灯的图像会出现在墙壁上?

让同学们猜一猜,中间被隐藏的是一个什么样的物件。有同学猜可能是一个复杂结构的仪器。

在故弄玄虚之后,将隐藏的器材展现在同学面前,原来就是一块透镜。这个出乎意料的结果,激发了学生的探究欲望,想知道这到底是为什么!

我们在课堂上不是创造出无厘头的"惊奇"。在我们不知道如何营造"出乎意料"效果的时候,可以在原因、过程和结局三个方面去思考,如何设计出让学生觉得出乎意料的效果。

出乎意料的原因。在上述课例中:原来墙壁上出现的兔子灯,就是因为那块透镜在捣鬼!

出乎意料的过程。在上述课例中:起初看到墙壁上像的时候,先将凸透镜隐藏起来。这里面是什么呢?大家一起猜猜看。

出乎意料的结果。在上述课例中:哦,原来里面的结构这么简单,就是一块透镜而已!

如果学生真觉得"出乎意料",通常是这样一些言语或表情语言:"啊,竟然都是因为'它'啊!""怎么会是这样的?""我怎么就没想到?"

三、惊奇和悬疑驱动课堂的第三个驱动轮——匪夷所思

课堂教学中不仅要吸引学生的注意力,激发学生的学习兴趣,同时更重要的是注重保持学生注意力的持久性。为了提高教学的有效性,增加课堂的精彩性,就应该试着打破常规的教学模式,突破讲授为主的教学模式,注重教师和学生、学生和学生,以及学生和教材之间的交互作用。教师应根据学生的思维状况和动态变化情况进行教学设计,思学生所想,备学生所需,更加有针对性地进行预设埋伏,力求出其不意,为学生创设出"柳暗花明又一村"之感。

匪夷所思,就是让学生在原有认知结构中,无法对新的状况或现象做出解释。课堂上,通过一段文字、几张图片,或通过一个实验、一段视频,呈现出来的却是学生无法解释的现象和事实。这就能让学生的好奇心和学习兴趣更加持久。

在上述两个课例中,学生对于墙壁上为什么出现的图像感到惊奇,但是对出现的现象却无法解释。学生觉得匪夷所思,无非是两个原因,一是还没有用来解释现象的原理,即知识点;二是即使有了原理,不知道如何通过推理来解释现象。因此,为了持续保持学生学习和探究的好奇心和兴趣,要将"匪夷所思"的心理状态贯穿于课堂思维发展过程中。

为此,课例中两节课在后期改进中都更加强调了如下教学环节:

核心首问。教师:如何解释实验中出现的现象呢?我们现在能确认的是,现象的出现一定与凸透镜有关,与光线传播有关。

知识运用。根据之前所学知识,画出某一点发出的光线通过凸透镜之后的传播路径。

推理分析。画图发现,一个点发出的三条特殊光线经过透镜后在另一边又相交于一点。同理可推得,一个点发出的所有光线,经过透镜后都在另一边相交于一点。进一步推理可得:每一个物点,相应地都有一个像点。

关联追问。那么如何解释成倒立的像这一现象呢?每一个物点对应有一个像点,所有像点构成一个完整的图像。根据凸透镜对光线作用的知识点,通过画出各个点的光路图,可以从理论上解释为什么成倒立的像。

通过这一教学环节的强化,学生对凸透镜成像原因和成倒立的像的特点有了更深的记忆和理解。

四、惊奇和悬疑驱动课堂的第四个驱动轮——故弄玄虚

从心理学角度讲,爱好是熟悉事物过程中产生的良好情绪。这种心理状况会促使学习者积极寻求熟悉和了解事物的途径和方法,并表现出一种强烈的责任感和旺盛的探究心,兴趣便成为学生学习知识的首要基础。兴趣不仅能够给学生带来积极的学习导向、心理导向,而且可以提高学生的学习动力,培养学生积极面对和解决学习过程中遇到的各种问题,从而可以保质保量提高学习效率。在教学中,牢牢把握学生的学习兴趣,同时加以修饰,也就是俗话说的"卖关子",能极大地调动学生的好奇心,在充分调动学生兴趣的前提下,激发学生浓厚的学习兴趣,从而展开教学,一定会产生事半功倍的效果。

所谓故弄玄虚,从字面意义上讲,是指故意玩弄花招,使人迷惑,无法捉摸。在这里指的是在创设课堂悬疑过程中的"卖关子",例如,实验过程中一个故意隐藏的失误,导致实验的失败;一个无法解释现象故作惊讶的渲染。

首先,要让课堂充满神秘感。神秘感是指人类对于"未知的、极可能产生巨大正向又可能产生巨大负向"价值的自然力量或社会力量,将会产生某种神秘心理。并且会有区别地服从或逃避它的驱使,同时关切地、紧张地、惶惶不安地注视着它所产生的后果,揪起别人的好奇心或探索欲。

教学中常常根据教材安排,采用平铺直叙的方式直接导入新课,这种方式简单明了,而且保险直接,但是缺乏趣味性,不容易激发学生的学习兴趣。为了营造高效率的课堂,可以适当地给即将要讲的新内容蒙上一层神秘的面纱,给学生们留下空间,让学生逐步去发现。换言之,就是教师不急于求成,依赖对孩子的信任和了解,静候学生们的探索发现。[①] 在教学设计中,教师应该学着放手,注重以学生为中心,把更多的权利留给学生,注重教学设计保留神秘感,巧妙设计诱发学生思考,让学生的思维碰撞出火花,从而生成精彩的结论。在这个过程中,教师也应该学会放弃自我表现的机会,学会缓一缓、等一等、放一放的方式,不断地为孩子创造思考和交流的空间,让学生们充分享受质疑和发现的过程,学生们最终会呈现出很多不可预知,为揭开神秘的面纱不断

---

① 吴建芳. 给数学学习留点神秘感——由《含小括号的数学运算》教学片段引发的思考[J]. 小学教学参考, 2012(5).

探索,为最终揭开了神秘面纱而兴奋,从而对本堂课甚至本学科产生浓厚的学习兴趣。

在课例中,教师采用"故弄玄虚"的方法,对教学做了改进。

学生看到了墙壁上的兔子灯,它从哪里来的呢?显然是与被老师隐藏起来的前面的两个器材有关。我们先来猜猜第一样器材是什么?

隐藏的实物兔子灯,有学生猜里面是一台投影机,也有同学猜可能是一张图片。老师故弄玄虚地去偷窥一下,告诉同学们,好像都不是。那到底是什么呢?老师在卖足关子之后,揭晓答案,竟然是一个真实的兔子灯。

那么中间那个被隐藏的透镜,让学生猜猜里面是什么。同样在充分猜想和讨论之后,揭示答案,原来里面只是一块凸透镜而已!

记住,教师要做足功夫,不要急于揭晓答案,让学生走走弯路、尝试失败。我们且把它称之为"故弄玄虚"。

用惊奇和悬疑激发学生的好奇心和学习兴趣,是我们从学生思维和认知角度,提升课堂品质的做法,本文仅以物理学科开展的同课异构的两节课为例,讲述了部分的思考和做法。其实在不同学科、不同课型、不同教师的教学风格,以及不同的教学内容中都会有不同的激发学生好奇心和学习兴趣的方法。惊奇和悬疑也不是每一节课都必定能创设出来的,但是,如果将"惊奇"和"悬疑"作为法则,我们就会设计出与以往不同的课堂教学,课堂也一定会带给我们以"惊奇"。

用惊奇和悬疑为着力点,激发学生的好奇心和学习兴趣,是我校磁性课堂建设框架中的一个组成部分,但是具体的做法还处于不断改进的过程中。本文两个课例中,课堂观察用的是我校磁性课堂《学生课堂参与度观察量表》,主要是一些定性的描述,从激发学生好奇心和学习兴趣的角度,我们需要更加了解学生课堂的关注度,因此后期我们将改进课堂观察量表,将研究设计我校磁性课堂《学生课堂关注度观察量表》,希望能有一些定量观察指标,使观察量表能更加客观和准确地反映学生课堂上的好奇心和学习兴趣。

江桥实验中学 课例研究专业支持者观点链接

李金钊(上海市教科院普教所)

本课例主题鲜明,聚焦学校提出的磁性课堂的第一环节,采用同课异构的方式进行研究,取得了较好的实践效果。总体看来呈现以下几个特点:

第一,研究者对磁性课堂的理解比较深刻。文章介绍了学校开展磁性课堂研究的缘由,并对磁性课堂的"四环节、八要素、十六检测点"进行了简明扼要的介绍,为读者呈现了一个清晰的研究背景。

第二,研究者对两节课的描述比较具体,尤其是对两节课的教学效果进行了充分讨论。在讨论中,研究者非常关注学生学习效果的差异,这样的课例研究与嘉定区提出的"聚焦学生学习,提升课堂品质"的研究主题非常契合。

第三,通过研究,研究者提出了科学学科磁性课堂的教学原则和方法,丰富了学校提出的磁性课堂的内涵和教学策略,从而达到了深化研究主题的目的。

第八章 以言语活动设计提升低年级学生思维条理性

——以部编版语文一年级《大还是小》为例[1]

2016年《中国学生发展核心素养》的发布,进一步明确了提升学生核心素养的要求。同年,嘉定区教育局推行"励新计划",确立了"聚焦学生学习,提升课堂品质的区域研究"的课题,进一步深化"品质教育"的研究。我校的龙头课题"新时代背景下九年一贯制学校卓越学生培育路径的行动研究",从学的维度,初步构建起"幸福课堂"的评价指标及各学科对"幸福课堂"的诠释,从教的维度上架构学科活动的可操作性流程。基于此,我校小学语文低年级开展了本次课例研究。

第一节 创设幸福课堂,明确学生发展方向

本次课例研究围绕"幸福课堂"的创设,以言语活动设计为切入点,旨在研究小学语文课堂教学中,怎样对言语活动进行设计才能更好地为学生创设幸福的学习状态,提高课堂效率,提升低年级学生思维的条理性。我们的课例研究也在这样的背景下展开:

一、创设幸福课堂的不懈探索

我校一直倡导"幸福课堂"的理念,"幸福课堂"注重在课堂中给予孩子充分的学习经历和学习体验,让孩子在课堂中收获知识,学会学习,提升课堂品质;充分发挥学习

---

[1] 本章为嘉定区苏民学校课例研究成果。执笔人:李丰业。

者的学习主动性和能动性,提升学习品质。

我们发现在低年级的语文课堂上,学生们虽然举手积极,发言较多,但普遍集中于字词以及识记积累的知识,虽然说这是低年级的主要特质,但是对于拓展性的题目有畏难、甚至排斥情绪,却也是困扰孩子成长进步的难关;高年级的课堂总是沉默无语,学生很少主动举手发言,学生的积极性和主动性很难调动。怎样给予孩子充分的学习经历和学习体验,发挥他们学习的主动性和能动性,提升学习品质,改变这一现状呢?《语文课程标准》指出,语文课程"在发展语言能力的同时,要发展思维能力,激发想象力和创造潜能"。《小学语文教学大纲》也明确指出"智力的核心是思维,语言与思维不可分"。在语文教学中,要重视发展学生的思维,促进语言与思维的统一发展。要想提高课堂的品质,就要发展学生的语言思维,因此我们确立了以言语活动设计提升低年级语文课堂中学生思维品质的课例研究。

在以"课例为载体"的教师行动研究中,我们通过"倾听有所得—阅读有发现—表达有依据"的言语活动设计,让一年级的学生们在主动探索与合作交流中不断激活思维,养成良好的语言思维习惯,提升思维的条理性。语言思维的发展是在言语活动中得以实现的,一年级是习惯养成的关键期,培养学生大胆质疑、合理想象、完整有序这些语言思维习惯既符合年段特征,又有助于语文素养的培养,并为以后言语能力的发展打下基础。在此过程中,不仅学生训练了思维能力,习得了言语表达的技能,教师对于语文课堂上培养学生的思维习惯以及发展孩子思维能力也有了新的认识和操作性较强的教学与指导方法。

语文学科有其特殊性,其思维过程和思维习惯处于隐性地位,很难观测,而存在于促进思维发展的言语活动之中,如在倾听的过程中保持专注以及倾听之后能够模仿或者获取一定的信息;朗读过程中的思维习惯体现为学生能够读得准确、流利、有感情;在表达的过程中能够完整、有序、合理。

为了优化教学策略,促进教学方式的多样化,提高课堂效率,寻求更适合培养学生卓越语文思维品质的方法和途径。在统一了教学目的以后,在深入理解课文的基础上,针对班级学生的实际情况,本课首先采用了两人同课异构的研究形式,采用不同的构思,不同的切入点和不同的侧重点,创造性地对教学方法、教学环节进行设计,通过对比来寻求提升学生思维条理性的途径与方式;通过同课异构,我们确立了在"听—

读一说"的言语活动中培养学生思维条理性的方式,但也通过同课异构发现了很多问题,修正了观察、评估方式以及课堂的一些细节。

《大还是小》是部编版一年级上册教材第六单元的一课,这一单元的教学目标是"初步尝试找出课文一些明显信息;联系生活实际,理解课文内容"。一方面,这一课的学习对学生的思维能力有一定的要求,思维习惯培养的训练点较多;另一方面,孩子们在学习这一课时,基于以往的经验,很难实现本课方法目标的学习,希望通过对这一课例的研究,寻找到低年级学生思维习惯培养的切入点和实现路径,在一定程度上提升低年级学生思维条理性的发展。

二、对思维品质和思维条理性的认识

"思维"一词,在《辞海》里的解释是与"感性认识"相对,指理性认识,即思想;或指理性认识的过程,即思考。它是人脑对客观事物间接的和概括的反映,包括逻辑思维和形象思维,通常指逻辑思维。思维是心理学中的重要概念,主要是人脑对于信息进行加工整合,进而建构出自己个性化产品的过程。

(一) 思维品质

思维品质,指思维能力的特点及其表现。人们在思维活动过程中表现于不同方面的特点及其差异,就构成其思维品质。思维的主要品质有:思维的逻辑性、思维的广阔性、思维的深刻性、思维的独立性、思维的灵活性、思维的敏捷性、思维的批判性、思维的确定性、思维的创造性和思维的预见性。对于思维的品质,可以从质和量两个方面加以理解。

思维品质是核心素养中国民素养养成的一大维度,主要是指具有问题意识;能独立思考、独立判断;思维缜密,能多角度、辩证地分析问题,做出选择和决定的思维条理性。[1]

思维发展是个体认知发展的一个方面。个体要经历从直觉行动思维向具体形象思维再向抽象逻辑思维的发展过程。3岁前的儿童处在思维发生的最初时期。条件

---

[1] 周梅香.高师学前教育专业学生核心素养发展探析——基于中国学生发展核心素养视域[J].高教论坛,2017,000(002):90—95.

反射的最初建立是个体思维发生的最原始形态。客体永久性与利用工具解决问题标志着思维的发生。婴儿期个体的直觉行动思维经历从直觉动作概括、直觉表象概括到直觉语言概括三个发展阶段。1—2岁儿童主要是直觉动作概括，3岁儿童偏重于直觉表象概括与直觉言语概括。幼儿期思维的主要特征是具体形象思维。4—5岁幼儿凭借事物的具体形象或表象来思维。6岁幼儿开始出现抽象逻辑思维的萌芽，幼儿对熟悉的事物能进行简单的抽象概括。在小学低年级，具体形象思维占主导地位，到小学高年级经验型抽象逻辑思维开始占优势，初中阶段处于主导地位。在思维发展过程中，5—6岁是具体形象思维发展的转折期，7—13岁是抽象逻辑思维的转折期。[①] 游戏、学习等主导活动与其他社会活动、劳动等是思维发展的重要条件，语言的发展为思维发展提供直接条件。

小学低年级的学生生理年龄在6—7岁之间，是具体的形象思维向抽象逻辑思维发展的关键转折期，是发展思维条理性的起始阶段，小学低年级进行思维逻辑性发展的培养是十分必要，且有科学依据的。

(二) 思维条理性

对于思维条理性的研究，多集中在心理学领域，是心理学研究的重要课题之一。国内外学者对于思维进行了大量的研究。本文在前人研究的基础上，从国内外思维条理性的相关研究以及思维条理性培养的相关策略两个方面进行总结。

苏联心理学家斯米尔诺夫最早对思维品质进行了研究，其在1956年出版的《心理学》一书中指出思维的个性品质，包括思维的广度与深度、独立性和灵活性、顺序性和敏捷性等。波果诺夫斯基等人在七十年代出版的《普通心理学》中指出："在构成人的特殊的、个性的各种个性品质中，智慧品质起着重要的作用，它们表现于人的智力活动特点及其智视，其中以数学学科最为显著。对思维品质的培养策略，不同的学者提出了不同的看法及建议。于丽佳在其硕士论文中指出数学教学中运用开放型习题、一题多变、举一反三培养思维的灵活性；鼓励学生放开思维，寻找多种解决问题的方法，训练思维的发散性；运用逆向思维的方法来启迪学生的思维，培养思

---

① 何跃，张达. 人类个体思维演进的自组织分析——思维自组织、他组织思维与自组织思维研究[J]. 系统科学学报，2013(3)：11—14.

维的敏捷性;通过数形结合和运用不定型开放题训练思维的深刻性;通过一题多解以及发散思维训练思维的独创性。王丹在《作文教学思维品质的培养》中指出通过逆向思维训练,培养思维的独立性,通过多向思维训练,培养思维的广阔性;通过纵向思维训练,培养思维的深刻性;通过逻辑思维训练,培养思维的逻辑性。黄明在《学生的思维品质培养初探》一文中指出在教学中通过置疑探究、开拓思路、辨析求真、联想变通、把握问题实质、引导求新等方式对学生的思维品质进行培养。徐兆红认为教学中要注意扩充延伸,拓展思维的广阔性;引导深究,培养学生思维的深刻性;注重概括,培养学生思维的敏捷性;一题多解,培养学生思维的灵活性;鼓励质疑,培养学生思维的批判性;加强思维训练,培养学生思维的逻辑性。何金萍、贾敏在《谈语文教学中思维品质的培养》一文中指出,语文教学要在发展学生语言能力的同时发展学生的思维能力,要求教师注重学生思维品质的培养,打破模式化,使用多种教法,开启思维之门;培养情感,孕育思维生长;广泛阅读,展开学生思维的翅膀。从众多学者关于思维品质培养的策略研究中可以看出,在教学过程中结合具体学科进行思维品质的培养需要教师深刻理解思维品质表现在哪几个方面,在进行教学设计时融会贯通,设计不同的教学环节,从不同方面进行思维的培养。本研究所采用的言语活动设计是让学生在言语活动训练的过程中进行课堂学习,在教师的引导下进行自学与思考,可以借鉴众位学者在不同学科中对思维品质培养策略的研究,推广使用,从而不断有效地培养小学生的思维品质。

西方美国心理学家吉尔福特从思维入手研究创造思维和智力结构,提出了智力三维结构模型,着重研究了灵活性、发散性思维和创造力,对培养思维品质有着很重要的意义。在吉尔福特思想研究的基础上,欧美心理学家对青少年儿童的思维品质的研究不断深入,主要表现在两个方面:一是强调了思维品质的重要性;二是进一步深入实验研究。[1] 斯滕伯格在1966年提出了思维三元理论,认为思维可以划分为三个基本层面:分析性思维、创造性思维和实用性思维。目前我国学者对思维品质的研究主要集中在思维的敏捷性、灵活性、深刻性、创造性(独创性)和批判性五个方面。钱学森先生最早在上世纪80年代首先倡导思维科学研究,之后研究者们对思维的各种问题逐

---

[1] 段培京.吉尔福特论创造力[J].心理发展与教育,1986(02):44—47.

渐重视。北京师范大学的朱智贤教授和林崇德教授在其共同所著的《思维发展心理学》中指出思维品质是个体的思维活动中智力特征的表现,思维发生和发展中所表现出来的个性差异就是思维品质,也就是思维的智力品质,发展和培养思维品质是发展培养思维能力或智力的主要途径。邵志芳在《思维心理学》中指出思维品质描述的是个体的思维特点和差异,包括敏捷性、灵活性、深刻性、创造性和批判性等方面,这五个方面是密切联系的。

由此可以看出,国外心理学家比较注重思维的研究和培养,并运用到实践当中,与学科相结合,研究思维培养的方法,对本研究思维的培养提供借鉴。但在理论分析方面缺乏系统性,对思维的实质探讨不够。我国学者对思维的研究主要表现在对思维的敏捷性、灵活性、深刻性、独创性和批判性五个方面,深入探讨了思维五个方面的内涵及其关系,思维的培养具体到各个方面,为本研究思维的培养提供指导,从思维表现的不同方面入手,融合到具体的学科教学当中,从而更加有效地培养学生的思维发展,促进学生的全面发展。

三、对言语活动设计的认识

"言语"不等同于"语言",言语的基本含义就是对语言的运用,一是指人说和写的过程,即言语活动,或言语行为;二是指人说出来的话或写出来的东西,即言语作品。语言存在于言语之中,言语是语言的一种表现形式。小学语文教材里的课文都是言语。

人们相互之间的交谈、演讲、指示和写作等,都是各种形式不同的言语活动。语文课堂中的"言语活动"首先是一种语文实践活动。本文研究的主要是语文课堂中听、说、读、写等主体实践活动。

言语活动设计就是指设计"与语文实践能力具有同一形态的听说读写"活动,使之与课程内容相重合。①

言语活动是"现代语言之父"索绪尔语言学的出发点。言语活动理论曾经是被忽视的一个命题,但是近二十年来,日益得到重视,在北师大岑运强、陈晶晶写的《言语活

---

① 施萍一.儿童生长课堂的言语活动的研究与设计[D].上海:上海师范大学,2013.

动论——一个更加被重视的命题》一文中，详细介绍我国对言语活动理论的研究。这些言语活动的研究主要是从语言学的角度进行的理论学术研究。

李海林先生的《言语教学论》，从1994年开始写作，历时五年。韩军在序言中讲到此书跟一般的理论书最大区别在于批判性，也就是对以往传统的一些理论的颠覆，这是需要巨大的勇气的。此书从言语教学的角度系统论述了语文教学。书中对于言语实践、言语生成等理论的研究成果，对本研究具有指导性。本研究的"言语活动"则是语文课堂中的"言语活动"。在王晓春著作中，专门设置一节谈"学会设计'专门的语文活动'"。他认为，"我国中小学语文教学方法中，最薄弱的地方要数'专门的语文活动'了。老师们很少有善于策划这种活动的，而这又是语文教学方法的关键所在……"

可见，在语文课堂中，我们太需要对言语活动进行专门的设计。而在王晓春的《从"知识传播者"到"学习情境的策划者"》则指出教师要从"知识传播者"转型为"学习情境的策划者"，后者也就是要进行专门的语文活动的设计，就一堂课来说，就是设计"与语文实践能力具有同一形态的听说读写"活动，使之与课程内容相重合。语文课堂中的"言语活动"首先是一种语文实践活动。

语言是思维本身的要素，思想是生命表现的要素；语言是思想的直接现实。[1] 语言和言语活动是人的认知思维的载体，因此可以通过语言的窗口来观察其内含的认知思维。语言是思维的工具，言语活动作为语文思维习惯发展的载体。人们运用语言进行交际的过程叫言语。语言是社会现象，言语则是心理现象。言语活动基本可以划分为听、说、读、写。[2]

因此，我们的研究主题是以言语活动为载体，培养小学低年级学生良好的思维习惯，发展小学语文课堂中学生的思维条理性，提升学生的思维品质。

---

[1] 龚志成.语言是思想的直接现实[J].北方论丛，1982(6)：58—64.
[2] 彭聃龄.普通心理学(第四版)[M].北京：北京师范大学出版社，2012.5.

第二节 进行同课异构，明晰学生思维条理

一、同课异构的研究过程

结合我校的《新时代背景下九年一贯制学校卓越学生培育路径的行动研究》，我们对此次课题研究做了如下安排。（见表8-1）

表8-1 课题研究活动过程安排表

日期	具体任务安排	参与人员	备注
10.25—11.11	查找课题研究资料，制定课例研究计划	陈丽雅 王 皓 李丰业	收集、整理资料
11.12—11.27	1. 查阅文献后，修改课例研究计划 2. 确定开课模式 3. 确定研究方案	陈丽雅 王 皓 语文教研组	
11.28—12.4	1. 围绕主题查找资料，进行综述 2. 制定课堂教学方案 3. 执教教师完成教学设计 4. 编制课堂观察量表	陈丽雅 王 皓 语文教研组	资料查找、整理
12.5—12.19	1. 两位教师上课执教并进行课后反思 2. 小组内进行课堂观察、后测、整理数据分析	李丰业 曹莹莹 语文教研组	一四班 一五班
12.20—12.30	形成观察记录微报告	李丰业	
12.31	讨论、论证报告	陈丽雅 王 皓 李丰业	
12.31—1.5	完成课例研究报告	李丰业	

二、主要的研究方法

为了通过学生们的课堂习得情况来确定何种教学策略更利于培养学生的思维条

理性,我们采取同课异构的教学形式,有 A、B 两位教师在水平相似的班级教授同一课时,采用不同的教学策略来达到同样的教学目的。A 教师的课堂主要采取情境创设的方法,组织言语活动来引导学生进行质疑、反思、表达,培养思维习惯;B 教师主要采取"问题链"导学法来助力学生思维发展,将整个文本通过问题串成一条明显的线,让学生在言语活动中不断发现,从而自主地质疑、反思、表达,发展思维能力。

本次研究中,我们主要采用了比较法、观察法和访谈法。

(一) 比较法

我们的开课模式是同课异构。两位教师基于同一单元同一课时的内容,基于同样的教学目标和思维培养目标,采取不同的教学手段和思维培养手段,对教材进行不同的解读。通过使用不同的教学手段和思维培养方式,创设了不同的情境,在两个水平相似的班级进行教学,这一模式本身就具有比较性。围绕思维品质培养这一目标,将两位教师的教学设计思路进行比较分析,试图比较出两种教学方式中,学生学习状态的差异,以及思维品质培养的差异。

同课异构之后,专家和教研组迅速进行了研讨,针对以上问题,普教所项目组崔春华老师提出了进一步细化评估量表,降低观测教师的难度,提升观测数据的信度;增加课堂观察表,对学生进行个性化追踪,这样才能去发现追寻思维培养效度的源头,及时地调整教学方式方法,探寻出低年级学生课堂思维习惯培养的正确路径。

(二) 观察法

于是,我们制定观察表(表 8-2),修正了评估表(表 8-3),同时,根据专家和教研组提出的意见,进一步修改了 B 式教学设计,明确了培养思维习惯的目的,增加了倾听的言语活动。如在整体感知环节,在分自然段朗读课文之前,增加了"倾听课文录音,听清停顿和字音",在表达的言语活动中由"说一说你什么时候,觉得自己很大(很小)"改为"1.结合课后作业,说一说你什么时候觉得自己很大(很小)。2.结合老师给出的图片说一说,你什么时候觉得自己很大(很小)。3.联系自己平时的学习和生活,说一说你什么时候觉得自己很大(很小)"。并在这个环节用填空的形式为学生提供句式,让每个孩子都可以说,并且说得有理有据。

以上就是对 B 式教学设计的一些探究和完善,通过课堂实践、观测和追踪,希望可以助力学生思维品质的发展。

表 8-2 观察表

课堂环节	关键事件（行为、互动言语）			倾听	朗读（阅读）			表达		
	教师	学生		仔细听	读正确	读通顺	有感情	完整性	条理性	合理性
		公开	私下	ABC	ABC	ABC	ABC	ABC	ABC	ABC
导入										
新授										
总结										

表 8-3 评估表

一级指标	二级指标		水平描述	范例
倾听习惯	仔细听	A	不插嘴、不打断、用眼看、用手指、带着问题听,听后有所得	
		B	不插嘴、不打断、用眼看、用手指	
		C	不插嘴、不打断	
朗读习惯	读正确	A	不加字、不漏字、不改字、不错字	
		B	存在加字、漏字和改字的错误	
		C	读错字、改字或者漏字	
	读通顺	A	词语连贯,停顿正确,不中断	
		B	停顿失当	
		C	停顿失当,有错误	
	有感情	A	能够正确断句,结合语境读出句子的轻重缓急的节奏和合适的情感	
		B	能够读出句子的轻重缓急	
		C	没有节奏、没有感情	

续 表

一级指标	二级指标	水平描述		范例
表达习惯	完整性	A	说话时句子里面有主语、谓语和宾语。如谁干什么、什么是什么、谁怎么样,这些元素不可缺少	
		B	说话时缺少成分	
		C	直接给出答案,不能表达完整	
	条理性	A	能够按照一定的顺序表达,能用上"先……再……然后……接着……"这些表示顺序的词语或者包含这样的顺序	
		B	能够说出句子,但是顺序有缺失或者失当	
		C	顺序混乱	
	合理性	A	表达新颖而合理,依据课本或者实际经验	
		B	表达合理,但完全与课本一致	
		C	表达随意无依据	

(三) 访谈法

在两节课上完以后,我们针对学生的感受、学习效果进行了访谈,期望更直接地了解学生的感受和学习状态,以此了解该教学方法对学生学习品质的影响。

访谈提纲如下:

1. 刚才的语文课,你觉得自己举手多吗?为什么呢?
2. 你喜欢刚才的语文课吗?为什么?
3. 刚才的语文课,你有什么感受?为什么?
4. 你喜欢老师总是问问题吗?面对老师的问题,你有什么感受?
5. 这节课你觉得自己动脑筋了吗?喜欢自己说出的答案吗?
6. 你喜欢什么样的语文课?这节课你有什么收获?

第三节　对比式反思教学，发展学生思维条理

一、对教学设计的比较

（一）内容选择

两次教学均选择了《大还是小》这一课。《大还是小》是部编版教材一年级上册第六单元的一篇课文，这一单元的教学目标是"初步尝试找出课文一些明显信息；联系生活实际，理解课文内容"。这一课对学生的思维能力有一定的要求，思维习惯培养的训练点较多。

（二）教法选择

A教师的课堂主要采取情境创设的方法，组织言语活动来引导学生进行质疑、反思、表达，培养思维习惯；B教师主要采取"问题链"导学法来助力学生思维发展，将整个文本通过问题串成一条明显的线，让学生在言语活动中不断发现，从而自主地质疑、反思、表达，发展思维能力。[①]

（三）教法对比

AB式教学均对孩子的思维习惯培养起到了一定的作用，但相对来说A式思维课堂，学生的参与率更高，B式课堂参与面广但参与率并不高，尤其在质疑环节，学生还是需要大量的引导和辅助；教师的观测难度较大，学生们的情绪也比较受影响，学生主观因素的影响需要降低；评估量表的针对性不强，不够细致，对进一步的改进只有数据支撑，没有寻根溯源。

---

① 王文海.语文教学中的"问题链"设计[J].教育研究与评论（中学教育教学），2019(12)：29—31.

表 8-4　言语活动设计对照表

设计维度	教学设计	A 式	B 式
教学目标		1. 在语境中认识"时、候、觉、得、自、己、很、穿、衣、服"10 个生字；认识"双人旁"。 2. 借助汉语拼音正确朗读课文。理解"我"什么时候觉得自己很大，为什么觉得自己很大，什么时候觉得自己很小。 3. 能结合生活体验，结合课文句式说说什么时候觉得自己很大，什么时候觉得自己很小。	1. 能在语言环境中正确认读 11 个生字，重点学习"快、穿、很"；正确书写"自、己、衣"3 个生字，积累"时候、觉得、自己"等词语。 2. 能借助拼音，正确朗读课文，做到不加字不漏字不改字；边读边思考，圈圈划划，理解"什么是大，什么是小"；能结合生活体验，仿照课文句式，说一说"我什么时候大"。 3. 结合课文，体会"我"自相矛盾的内心世界，激发孩子们成长的动力。
思维任务		1. 能够边听边思考，培养学生仔细倾听，在倾听中大胆质疑思考的习惯。 2. 学会通过阅读课文找到问题的答案；发现不同寻常之处，并以此为依据，提出合理的质疑，基于文本，联系生活实际展开合理的想象。	1. 能够边听边思考，培养学生仔细倾听，在倾听中大胆质疑思考的习惯。 2. 学会通过阅读课文找到问题的答案；发现不同寻常之处，并以此为依据，提出合理的质疑，基于文本，联系生活实际展开合理的想象。
教材板块		部编版教材一年级上第六单元	部编版教材一年级上第六单元
教学内容	导入主题	情境激趣，揭示课题	激趣导入，启发质疑
	整体感知	听课文录音，边听边思考：我到底是大还是小？	轮读课文，边读边思考：我什么时候觉得自己大？
	细读文本	理解我什么时候觉得自己"很大"，什么时候觉得自己"很小"？	交流讨论总结"我什么时候觉得自己很大"？ 自学"我什么时候，觉得自己很小"。
	总结回顾	今天课后作业是将自己感觉大的时候，用完整的句子说给爸爸妈妈听一听。	今天我们走进了课文中"我"的内心，体会到了他矛盾的内心，还学会了合作学习，老师觉得你们很大。课后，请和同学继续交流你们今天学到的知识，练习说话：我 _____ 时候，觉得自己很大（很小）。

二、对教学过程的比较分析

表8-5 对比课堂效果（学生表现）表

教学设计	学习内容	A式 学习活动	A式 学生表现	B式 学习活动	B式 学生表现	对比分析
教学内容	导入主题	情境激趣，揭示课题。	学生大部分在聆听，有的学生在张望，有的学生在做小动作。	激趣导入，启发质疑。	大部分在聆听，有的跃跃欲试，有的思索。	A式教学由教师带入情境，但没有思维任务，所以一部分学生游离。B式一个简单的问题，激发学生表现的欲望，并给予了思考的空间。
	整体感知	听课文录音，边听边思考：我到底是大还是小？	有的同学在聆听，点字倾听；有的在做小动作；大部分举手回答。	轮读课文，边读边思考：我什么时候觉得自己大？还有其他疑问吗？	想要参与，认真倾听，随时准备评价朗读；积极举手回应。	A式听录音感知课文主要内容，B式让每个学生都带着双重任务，强化了主人公意识，激发他们投入思考之中。
	细读文本	理解我什么时候觉得自己"很大"，什么时候觉得自己"很小"？	学生的积极性较高，但发言存在不完整、不深入的情况。	交流讨论总结"我什么时候觉得自己很大"？自学"我什么时候，觉得自己很小"。	学生参与面广，基本上班级人人参与。言语表达时较完整，并能够进一步思考，体会"大"与"小"之间的矛盾。	A、B式均进行了句式训练，其中A式教师牵引较多，B式由扶到放给了学生一个完整的思维范式，让所有的同学在小组中带着任务去思考，在思考中深入理解。
	总结回顾	今天课后作业是将自己感觉大的时候，用完整的句子说给爸爸妈妈听一听。	多数学生能够借助板书复述课文主要内容。	今天我们走进了课文中"我"的内心，体会到了他矛盾的内心，还学会了合作学习，老师觉得你们很大。课后，请和同学继续交流你们今天学到的知识，练习说话：我_____时候，觉得自己很大（很小）。	全班借助板书，与老师一起总结回顾，然后能够理解"我"矛盾的心理。	在A式的教师总结中，没有扶手，部分学生反应不过来，B式教师借助了句式，将思维的言语呈现降低，却加深了思维的深度。

通过比较，我们发现教师们都很注重言语活动的设计，言语活动牵引了整个学习过程，但是言语活动的形式、言语活动的内容、发挥的功能等方面都存在差异。

在言语活动的设计上，这两节课的言语活动都包括学生的听、说、读、写，结合课文的内容与各种媒介促进着学生思维活动的发生与思维品质的提升。差别在于B式教学过程更强调学生的主动性和参与度，给予每个学生投入学习的机会，通过倾听模仿、生生互评、句式范例等活动让每个学生"倾听有所得，朗读有所思，表达有顺序"，建构自己的思维体系。A式教学是对学生现有思维能力的适应，B式教学着眼于学生现有的思维能力，但又是对学生思维能力的适切提升，更能激发学生的挑战欲，并在言语活动中体会到成就感，他们表现出"兴奋、惊奇"的情绪，积极地融入学习情境之中。相信在低年级时，学生就在充满挑战性的学习思维环境之中，适应这种"跳一跳，摘果子"的思维发展，这会使语文课堂中孩子逐渐失去耐心、沉默寡言的情况逐渐消失。

三、对学生思维条理性发展的比较

（一）关于低年级学生语文思维条理性的培养

思维是通过语言来表达的，言语活动又促进思维更加灵活。在小学语文教学中，言语活动是锻炼学生表达能力，促进思维发展的重要途径。思维是隐性的，难以观测，但是思维可以通过言语活动来具象化，低年级学生的思维习惯在一个个具象的言语活动中得以培养。一年级言语活动主要以"听、说、读"为主，于是课例研究便尝试在"听—说—读"的活动中推进并训练发展学生思维的条理性，并通过问卷调查来确定这些课堂上侧重于培养思维习惯的课堂活动是否对孩子们整体的思维水平有所裨益，通过个案追踪来不断完善"听—说—读"活动的设计，经过反复的课堂教学实践不断地改进。如在最初进行"听课文录音"的活动设计中，会直接进入孩子们自读环节，这样孩子们的"听"是否有效呢？还是直接"读"就可以了呢？经过多次尝试，在"听课文录音"与"自读课文"之间增加了"分小节朗读"环节，既可以让孩子们在听的时候有所期待，并且加上了"说"的言语活动，为后面"读通顺、流利"打下基础。在自读课文时，学生觉得自己课前已经预习过了，虽然读得正确，但是小动作很多，应付了事。在改为"轮读课文"后，情况有所好转（见表8-6和表8-7）。

表 8-6　课堂观察表（记录情况 1）

课堂环节（时间）	关键事件（行为、互动言语）			倾听	朗读（阅读）			表达		
	教师	学生		仔细听	读正确	读通顺	有感情	完整性	条理性	合理性
		公开	私下	ABC	ABC	ABC	ABC	ABC	ABC	ABC
导入	听录音，自读课文	听录音时静悄悄，自读课文时很响亮	摆弄橡皮，心不在焉	B	A	A	B	无此活动		

表 8-7　课堂观察表（记录情况 2）

课堂环节（时间）	关键事件（行为、互动言语）			倾听	朗读（阅读）			表达		
	教师	学生		仔细听	读正确	读通顺	有感情	完整性	条理性	合理性
		公开	私下	ABC	ABC	ABC	ABC	ABC	ABC	ABC
导入	听录音，轮读课文	听录音时静悄悄，自读课文时很响亮	没有小动作，手指点字，比较认真	A	A	A	A	A（需要老师的提醒）	A	A（点评时，可以先说优点再说缺点）

习惯的培养需要坚持，低年级课堂语文思维习惯的培养也是在"听—说—读"的活动中不断地内化形成的思维条理性。学会从"听"的活动中获取"读"的指导，学会从"读"的活动中获取"说"的信息和方式，学会在"说"的活动中把"听"和"读"的内容内化为自己的知识架构，并在长期反复地训练中获得普适性，进而表达得更有条理。通过同课异构的课堂教学发现，当课堂教学中设置有序的言语活动时，孩子们的思维习惯更容易养成，通过"听"和"读"的积累，学生在表达时更完整、更清晰；设置的"听、读、

说"活动要适量切实,对比两次课堂教学,B式教案训练活动的第二个环节坡度较大,孩子们的适应有限,还需斟酌,放缓坡度,添加支架;A式教案坡度较缓,教师引导较多,孩子们的思维能力也得到了很好的训练;教学过程要更关注孩子们的自主性,如B式教学设计关注到文本的特点,设置了一个小组合作的表达活动,既让学生们思维训练的"面"得到了推广,又给学生们提供更开阔的思维空间。但是小组合作的任务还需要更加完备,让小组合作真正有效有序实施。

(二) 关于思维条理性培养的言语活动设计改进

这两节课的教学内容和教学目标是一致的,教学内容为部编版一年级上册课文《大还是小》第一课时,并试图依托文本来实现思维习惯培养的教学目标。

为了实现思维习惯培养的目的,两节课在教学策略上采取了不同的方式,第一次进行课堂教学是采取同课异构。有A、B两位教师在水平相似的班级教授同一课时,采用不同的教学策略来达到同样的教学目的,以此来观测学生,通过学生们的课堂习得情况来确定何种教学策略更利于培养学生的思维习惯;A教师的课堂主要采取情境创设的方法组织言语活动来引导学生进行质疑、反思、表达,培养思维习惯;B教师主要采取"问题链"导学法来助力学生思维发展,将整个文本通过问题串成一条明显的线,让学生在言语活动中不断发现,从而自主地质疑、反思、表达,发展思维能力。[①]

同课异构之后,专家和教研组迅速进行了研讨,针对以上问题,普教所项目组崔春华老师提出了进一步细化评估量表,降低观测教师的难度,提升观测数据的信度;增加课堂观察表,对学生进行个性化追踪,这样才能去发现追寻思维培养效度的源头,及时地调整教学方式方法,探寻初低年级学生课堂思维习惯培养的正确路径。

于是,我们制定观察表,修正了评估表,同时,根据专家和教研组提出的意见,进一步修改了B式教学设计,明确了培养思维习惯的目的,增加了倾听的言语活动,如"在整体感知环节,在分自然段朗读课文之前,增加了'倾听课文录音,听清停顿和字音';在表达的言语活动中由'说一说你什么时候,觉得自己很大(很小)。'改为'1. 结合课后作业,说一说你什么觉得自己很大(很小)。2. 结合老师给出的图片说一说,你什么时候觉得自己很大(很小)。3. 联系自己平时的学习和生活,说一说你什么时候觉得自己

---

① 唐恒钧,张维忠,陈碧芬. 基于深度理解的问题链教学[J]. 教育发展研究,2020,40(04):53—57.

很大(很小)。'"并在这个环节用填空的形式为学生提供句式依据,降低坡度,放缓难度,让每个孩子都可以"说",并且"说"得有理有据。

改进之后,由 B 教师再次进行尝试,这一次教师的观察难度明显降低了,教师们在评估以及观察过程中的质疑少了;同时,学生的训练面也广了,参与度也明显提升,看起来之前提出的问题得到了解决,但是又有一些的新的问题困扰着大家,如何从课例研究走向真实有效反馈,如何从有效反馈进一步精准地改进课堂?随着研究的一步步推进,问题只能一步步地解决,希望在不断的"实践—观察—反馈—改进"中提升学生的思维条理性,提高课堂的思维品质。

第四节 言语活动设计,成就学生思维发展

通过本次课例研究,我们发现借助恰当的言语活动设计,有助于低年级学生良好思维条理的培养,发展学生的思维品质。

一、明确了言语活动设计能够促进思维条理性的培养

(一)合理听、说、读言语活动设计,让思维更具条理

通过边听边指读课文,做到在朗读时能够不加字不漏字不改字;能够边听边思考,培养学生仔细倾听,在倾听中大胆质疑思考的习惯。学会通过阅读课文找到问题的答案;发现不同寻常之处,并以此为依据,提出合理的质疑,基于文本,联系生活实际展开合理的想象,培养学生合理想象的能力。通过倾听和朗读理清文本关系,能有序、合理、完整地表达自己的想法,培养学生有序合理的思维品质。

(二)不断改进言语活动设计,让发展更具持久

学生思维的发展并非一蹴而就的,也并非一成不变,思维的独特魅力之处就在于瞬息之间不断地变换,更在于持续的发展。在此研究中,要善于捕捉学生思维条理性发展和进步的火花,不断为学生发展搭建扶手,创设平台。更要时刻根据学生的思维发展不断地改进言语活动设计,让学生的思维在合理的言语设计中不断地发展、深化。

二、用言语活动设计促进学生思维条理性

（一）关注言语活动设计内容，提升学生理解的条理性

言语活动设计既要为主体所需，又要找准语文课程内容的关键点，必然要从书本世界走向儿童的经验世界，贴近儿童生活经验的言语内容，用儿童能理解的言语方式。① 研读文本，获取的是教材内容；对教材内容进行利用，科学加工，合理组织，获取的是教学内容；研讨课标，让我们明晰课程内容；改变言语活动之间的平行无递进，反复无攀升的局面，唯有直面低年级学生已有的生活经验与学科经验，以此为新经验的关键内容，将这些内容有机联结，慢慢就形成了低年级学生理解力发展的有序内容。

（二）聚焦言语活动设计目标，提升学生表达的条理性

还记得刚入学时，学生在课堂的言语状态是混沌的，言语活动中，教师没有明确的站位与目标感，学生没有清晰的思路与方向感，比如围绕教师的课堂问题，学生无法聚焦核心与要点处，想怎么说就怎么说，不知道怎么说就乱说，说了也不知道是怎么回事。真正开始本研究，笔者逐渐开始有意识地关注言语活动，从理解与表达的思路来看，所带班级围绕问题情境，能快速找准重点句，捕捉其中关键词，通过与生活实际相联系、想象、移情等方法畅谈自己的感受。学生面对同样的问题情境，在情境之外徘徊、观望，到逐渐能在经验的帮助下，找到表达的方向，学生的参与率、参与面从局限在几个优秀学生身上到班级参与度变高，变积极；从表达的内容与问题的匹配度来看，逐渐能较准确地领会文本的核心信息，围绕核心进行发散；从表达的丰富与创见来对比，所带班级学生对跟自己意见一致的，会以"也"等表达同意认可，对与自己意见不尽相同，或者不致的，会进行补充或反驳。可见，由于对言语活动的设计进行了研究，切实带来了课堂、教师、学生较为明显的变化，课堂中学生的思维是活跃的、有条理的、有逻辑的。

（三）把握言语活动设计节奏，尊重学生思维条理性发展的差异性

不同年龄阶段学生思维的发展表现出一定的年龄特征。小学阶段学生的思维多以形象思维为主，处于从具体的形象思维向抽象逻辑思维过渡阶段。在实施言语活动

---

① 舒春雨. 丰富言语实践活动，提升语文核心能力[J]. 小学教学参考，2017(01)：31—32.

设计语文教学过程中，要结合学生的个体差异，针对不同的学生设计不同的教学预设，转变模式化。小学低年级学生比较好动，还没有形成良好的思维习惯，容易出现注意力不集中的现象。每个学生所处的家庭、生活环境都会有所不同，每个学生都是一个独立发展的个体，有属于自己的思维发展特征。教师要对每一位学生的思维发展有清晰的认识和了解，把班级学生进行分类，为每一位学生制定出符合自身思维品质发展的方案，指导学生在浩如烟海的信息中获得有用的知识和方法策略。言语活动设计教学的目的就是要使每一位学生的思维品质都有所发展，教师要作为一个学习的设计者、指导者和帮助者，注重学生的个体差异，因材施教，不让一个学生掉队，引领所有孩子思维发展提高。

三、未来开展相关研究的思考

（一）提高教师理论基础

小学教师常年在教学一线，教学经验丰富，课堂形式多样，但在理论知识方面还是有所欠缺。教师对思维品质等概念的理解仅仅停留在表面上，其背后深刻的内涵教师们往往浅尝辄止，对思维品质的培养完全建立在直观的教学体会和经验上面，对于怎样恰当地运用达到较好效果的认识并不深入。思维品质是一个心理学的概念知识，比较抽象，理解起来并不容易。教师关于思维品质的理解多来自于相关文献资料的学习，单靠自己的理解并不全面，缺乏这样的理论支撑，教师难以很好地掌握运用言语活动设计的方法，在培养学生思维品质发展的过程中往往心有余而力不足，课堂效果不明显，部分学生思维品质发展并不明显。

（二）强化言语活动设计的针对性

开展思维培养教学活动的效果需要教师的监控，在实施教学时，除了精心设计言语教学活动之外，还要关注学生在课堂活动时的表现，并能够根据学生的表现调整言语活动内容，以适应学生学习发展的需要。首先，教师要对本班学生的学习情况进行了解，按照"优秀、良好、一般"做好分类；其次，对不同思维风格类型的学生在课堂上的表现做好记录；最后，根据记录对学生的表现情况进行分析，以便不断完善教学课堂，师生共同学习，取得进步。除了授课教师自身加强对教学活动的监控外，其他教师可根据时间安排，与授课教师一起协同加强对学生教学活动的监控。制定学生课堂思维活动观察量表，对课堂上的每一次言语活动进行记录，课后作出反馈，针对存在的不足提出改进意见，表现较好的地方相互学习，共同推进思维教学方法的开展，促进学生思维品质的培养。

虽然我们在对学生思维条理性培养方面取得了一定的成效，但思维品质的培养需要一个长时间坚持的过程。因此，在后续的研究中需要将教学方法继续实施下去，对学生思维进行持续有效的训练，运用到不同的学科当中，从而使学生的思维品质不断得到提高，研究更加深入。

苏民学校　课例研究专业支持者观点链接

崔春华（上海市教科院普教所）

苏民学校李丰业老师以学校"幸福课堂"创设为背景，以"部编版语文一年级《大还是小》"的课堂教学研究为主题，聚焦低年级小学语文课堂教学中如何通过言语活动设计提升学生思维的条理性这一问题。

在本次以"课例为载体"的教师行动研究中，李丰业老师采用同课异构的方式，用不同的构思、不同的切入点和不同的侧重点，对教学方法、教学环节进行创造性地设计，同时综合运用了比较法、观察法和访谈法，并精心设计了相关的课堂观察表和评估表。本课例较为清晰地呈现了两堂课的整个教学过程，同时对AB两种教学设计的教学过程与效果进行了比较，发现借助恰当的言语活动设计，有助于低年级学生良好思维条理的培养，有助于发展学生的思维品质。

研究在运用基于量表获得的课堂教学数据的基础上，提出了用言语活动设计促进学生思维条理性的基本策略，即通过关注言语活动设计内容，聚焦言语活动设计目标以及把握言语活动设计节奏。但从此课例我们仍然可以发现研究还存在一些问题需要加以改进，特别是两个量表的科学性和合理性问题，如学生在语言表达的哪些方面与学生思维条理性具有相关性。此外，思维条理性与思维品质之间是什么关系也有待更进一步的阐释。当然"以言语活动设计提升低年级学生思维条理性"只是以李丰业老师为代表的学校教师在课例研究方面初次尝试的成果，好在苏民学校以"课例为载体"的教师行动研究正在逐步深入，期待学校未来能呈现更多的成果。

第九章 在学习任务驱动下让学生体验数学"逻辑美"
——以五年级《平行四边形的认识》为例[①]

数学具有无穷的魅力,此乃数学精神的升华。数学的简洁美、统一美、逻辑美、奇异美,蕴含在小学数学教材中,贯穿在数学知识中,引导学生运用数学美[②]的思想去解决数学问题,陶冶学生的审美情操,提升学生的审美素养。数学逻辑美作为数学素养之一,引导学生运用逻辑思维去解决数学问题,一方面可以激起学生学习数学的兴趣,提升学生学习的效率,优化学习过程,另一方面可以增强学生对数学逻辑美的审美情趣。

第一节 "逻辑美"课例研究的缘由

本文基于小学五年级数学(上)《平行四边形的认识》一课,围绕"逻辑美"课例研究的缘由、方案、实践和成效四方面展开提升课堂品质的探讨,继而总结课例研究中提升学生学习品质的示范策略。

一、让学生体验到逻辑的魅力

新课程实施以来,越来越多的学校把学生作为教学的真正主体,变革学习方式,探索"以学为中心"的课堂教学的策略。建构主义的教学观[③]和国际学生评估项目PISA

[①] 本章为嘉定区同济黄渡小学课例研究成果。执笔人:陈亚芳、张亚萍、赵凡娟。
[②] 张奠宙,木振武. 数学美与课堂教学[J]. 数学教育学报,2001(04):1—3.
[③] 陶健,曹辉. 基于建构主义教学理论的小学数学教学设计[J]. 数学学习与研究,2020(09):100.

的评估报告①中都涉及了数学逻辑推理能力:让学生经历观察、实验、猜想、证明等数学活动过程,学生学会并可以运用数学的思维,能有条理地清晰地阐述自己的观点,达到对知识的深层次理解。本文通过对国内外数学逻辑思维能力培养的历史与现状,了解到数学课程与逻辑思维培养②的关系,明白只有充分发挥逻辑性的作用,才能保证提高小学数学课堂教学的效率,让学生在学习知识的同时,能够举一反三,真正掌握学习方法,为今后的学习和生活打下良好的基础。

《全日制义务教育数学课程标准》③和九年义务全日制教学的小学数学教学大纲中明确规定:在数学教学中培养小学生具有初步的逻辑思维能力是小学数学教学的要求和任务之一。④ 小学生由于生性活泼、年龄段较小、对新鲜事物充满好奇,无法有效集中精力。因此,在实际的数学教学中,老师要结合学生的特点,设置针对性的教学内容,增强学生的思维品质。

布鲁姆"认知领域"教学目标分类法和安德森(Anderson, L. W.)与索斯尼克(Krathwohl, D. R.)的《面向学习、教学和测评的分类理论——布鲁姆教育目标分类学修订版》一书,将布鲁姆原来的一个维度分类发展成了以"知识"和"认知过程"两个维度框架为基础的新的分类学⑤,为我们课堂研究的"学习任务"提供了坚实的理论支撑。我们基于教师和学生层面解读,梳理了"学习任务"的重要性,设计依据和技巧,探索教师怎样教,学生如何学的课例研究:教师从整体教学目标到一个个"学习任务"的设置,将"学习任务"转化为相应问题的探究,让学生的学习具有方向;学生则在"学习任务"循序渐进的驱动情境中进行真实的实践性探究和展示。它不但有利于学生学习成绩的提高,而且也有利于学生思维能力、自尊心、自信心、内在动机、外在动机、心理健康、社交能力等方面的培养,体现了以人为本的思想。

---

① 李青. 核心素养视域下初中生数学逻辑推理能力培养的教学实践研究[D]. 合肥:合肥师范学院,2018.
② 马立意. 小学数学教学中学生逻辑思维能力培养[J]. 课程教育研究,2020(01):143.
③ 黄灿. 教材体现《全日制义务教育数学课程标准(2011版)》的编写理念比较——以人教版和华师版初中数学教材为例[J]. 林区教学,2017(01):77—78.
④ 曹艺冰. 对《九年义务教育全日制小学数学教学大纲(试用修订版)》的几点认识[J]. 小学教学参考,2000(09):29—31.
⑤ 杨筠,苗建萍. 基于修订的布鲁姆目标分类翻转课堂教学设计[J]. 甘肃广播电视大学学报,2017(02).

在区重点课题"聚焦学生学习,提升课堂品质的区域行动"的引领下,我们立足学校"尚美教育"的文化背景,确立了"基于学习任务驱动的'美丽课堂'建构研究"项目,通过研究学科素养的关键特征,提出数学"逻辑美"的课例研究,将"以人为本"的理念贯穿于课堂教学之中,开发设计以学习为中心的任务和观察工具,让任务成为学生学习的支架,教师成为学生学习的指导者,同伴成为学生学习的合作者,以学习任务驱动的方式让学生从知识、技能学习走向综合素质培养之路,从而促进学生逻辑思维能力的不断提升,把严谨求实的理性精神和脚踏实地的个性心理品质的培养蕴含其中,形成校本实施经验。

二、对研究中核心概念的认识

(一) 学习任务

以往的学习任务是指教师针对学习内容,提供给学生"一探究竟"或"一展身手"的一份材料、一个问题或一项活动。本文中的"学习任务"是在学习目标导向下,立足学情、基于教学内容、聚焦课堂教学重难点,设计的一系列支持学习的支架。

(二) 学习任务驱动

它是将所要学习的新知识隐含在一个或几个任务之中,在老师的指导下,以任务为主线,以学生为主体,实现学习目标达成的一种探究式教学方式。

(三) 逻辑美

数学中的每一个问题都有逻辑联系,数与数之间的组合、运算、转换、变化都是因逻辑关系而产生的。[1] 本文立足小学数学课堂实践活动中教师设计具有层次性、逻辑关系的学习任务,创造合理科学的教学情境,使抽象的数学问题形象化、具体化;引导学生通过有趣有智、有次第的学习,经历有序的逻辑思维思考的过程,运用逻辑思维去解决数学问题,一方面可以激起学生学习数学的兴趣,提升学生学习的效率,优化学习过程,另一方面可以增强学生对数学逻辑美的审美情趣。

---

[1] 于福云. 小学数学课堂教学要讲究逻辑性[J]. 考试周刊, 2013(14).

第二节 "逻辑美"课例研究的方案

小学数学课堂教学中培养学生逻辑思维十分重要,逻辑思维能力是数学素养的重要表现,能为后期数学学习打下基础①。任务驱动下的小学数学课堂,教师围绕教学目标,把课堂要解决的教学问题"嵌入"几种学习任务情境中,驱动学生学到隐藏在任务背后的相关知识、技能等,让学生利用已知信息,运用逻辑思维,引导学生在合作中自主建构知识脉络,找到解决问题的对策,并运用于解决实际问题中。学生在"教师生动、学生主动、师生(生生)互动"的课堂中,体验课程学习的愉悦,体会学科课程之美,落实"美丽课堂"知识、能力和情感态度价值观的目标。

一、聚焦学科特质,整体布局

在聚焦学生学习、提升课堂品质项目的整体布局下,我校项目组与数学教研组基于数学学科核心素养,对本学科中体现逻辑美的内容进行了探讨,并形成三大共识:首先,将小学阶段的数学教学内容划分为"数与运算""方程与代数""图形与几何""数据整理与概率统计"四大类。其次,聚焦"逻辑美"落实到数学课堂"综合任务"教学这一载体,并选定五年级第一学期数学《平行四边形》为示范课例,采用一课一人三上的方式,确定"启动—实施—总结"三个实践研究阶段,落实安排进度表(见表9-1),积极开展课堂实践研究。最后,根据三轮示范课例的实践研讨,探索小学数学"图形与几何"的过程性实施的范式路径。

二、设置学习任务,梳通路径

一般来说,一节课教材的内容大致可分为三类:难以理解的内容(学生探究,教师

---

① 彭海军. 数学教学中学生逻辑思维能力的培养[J]. 江西教育,2020(15):67.

表 9-1 课例研究活动过程安排表

日期	具体任务安排		参与人员	阶段
2018.09—2018.11	1. 确定研究主题、执教者和教学内容 2. 确定研究方案 3. 设计任务属性表,初步设计课堂观察表		学校项目组	启动阶段
2018.12.04	五3	《平行四边形的认识》	赵凡娟	数学组项目组
2018.12.06	五4			
2018.12.11	五6			
	1. 分析学情、教材 2. 设计改进课堂观察表 3. 实施前测、后测			实施阶段
2018.12—2019.01	1. 上课教师反思"磨课"历程 2. 教师从观察角度、前后测数据写感受 3. 教研组长总结整个过程的教研历程		数学组	
2019.02—2019.04	1. 初步完成课例研究报告 2. 修改完成课例研究总报告		项目主要负责人	总结阶段

讲解);原有知识拓展加深的重点内容(学生探究,教师点拨);非重点内容(学生自学为主)。掌握了这些情况,教师们深入钻研把握教材,立足于全局观、目标感和结构意识,以大思路统整课堂教学目标,从学段的横向、纵向间的联系到整册教材和单元教学的目标,打破传统教学方式,灵活处理五年级数学第一学期第五单元《平行四边形的认识》教学内容,落实平行四边形的定义,初步认识平行四边形特征,掌握平行四边形与其他四边形之间的关系,进行学习任务的设计。启动阶段,数学组根据课例研究活动过程安排表,初步设计了数学"逻辑美"任务属性表(见表 9-2),为后续平行四边形面积的学习,中学学习平行四边形的判定、性质定理奠定基础,发挥承上启下的重要作用。

　　五年级的学生已经初步认识了四边形,基本了解平面几何图形探索的部分方法,但缺乏空间想象力。执教教师在《平行四边形的认识》课例示范研究中,旨在通过课堂学习任务的设计,让学生从几何图形实物操作、验证、推理、概括中,积极探索出图形特征的"一般与特殊"的关系,建立各个几何图形之间的逻辑联系,潜移默化引导学生形成有条理、有逻辑的处理问题能力。在实施阶段,课题组采用了调查法、比较法和观察法,进行课堂观察(见表 9-3、表 9-4),同时实施课堂前后测(见附件 1)。最后,从教师和学生角度进行课例行动研究,形成促进学生发生真实学习的校本化课例示范报告。

表9-2 "逻辑美"任务单属性表

学科：		年级班级：		执教者：	

任务概述	任务1	
	任务2	
	任务3	
	……	

任务目标	任务1	
	任务2	
	任务3	
	……	

分任务步骤		任务难度						组织形式		学习支架				预估时间
		知道	理解	运用	综合	易	中等	难	个别	小组全体	概念	程序	策略	无认知	
	1														
	2														
	3														
	……														
	任务1														
	任务2														
	任务3														
	……														

任务评价		评价对象		评价形式			评价侧重点				评价方式			评价形式	
		个体	小组	书面交流	口头表达	其他行为表现	态度	能力	方式	成果	教师评价	同伴评价	学生自评	活动中	活动后
	1														
	2														
	3														
	……														

第九章 在学习任务驱动下让学生体验数学"逻辑美"

表 9-3 "逻辑美"课堂观察记录表

课题：	年级班级：	执教者：	观察者：
观察对象	观察主题	观察描述：观察学生学习的具体表现，例如对于任务学习的投入度（动作、语言等）、对于任务的掌握程度（举手发言人数、发言的有效次数）等	
学生学习	任务 1 内容：		
	任务 2 内容：		
	任务 3 内容：		
	任务 4 内容：		
	……		

表 9-4 "逻辑美"课堂观察分析表

课题：	年级班级：	执教者：	观察者：
观察维度	观察维度	观察综述	
学科教材	目标适切度		
	任务达成度		
教师教学	任务设计合理性		
	任务呈现层次性		
学生学习	知识的学习建构		
	学习的迁移应用		

三、运用研究方法，实证跟踪

本次课例研究主要采用以下几种研究方法进行行动研究的实施。

（一）文献分析法

利用媒体、书籍等载体查阅资料，收集在小学课程、课例研究、数学"逻辑美"等方面的相关资料。了解国内外现状，提出自己研究的问题，从而为研究小学五年级"平行四边形的认识"课堂教学提供有用的信息和有效的方法。

（二）行动研究法

本次课例研究的课堂实践，基于同一教学内容，聚焦任务设计的改变和调整，由一位老师在三个水平相持的班级进行实践研究，运用课堂观察工具、前后测的数据反思课堂教学成效，提高课堂教学品质。

（三）调查法

项目组围绕"认识平行四边形"对学生进行前测问卷调查（见附件 1），了解学生已有的认知水平,掌握学生的困惑和知识盲区,在此基础上,调整课堂学习任务的设计和教学方式。在实施第二轮行动研究后,对学生发放后测调查问卷,收集数据进行分析统计,以了解学生对"平行四边形的认识"教学中"逻辑美"的感受和反应。同时,对课题组教师进行访谈,把握教师对学习任务设计和学生表现的情况,对任务内容的设计和任务驱动的方式作再次调整。

(四)案例法

项目组通过课堂观察记录表,从学生的动作、神态、语言、投入度、达成度等方面全方位记录,观察一类学生的学习状态,验证有效任务对于学生逻辑思维的影响;运用课堂观察分析表,提高教师反思水平,进而提高课堂教学效果。

第三节 "逻辑美"课例研究的实践改进

课例研究是教师集体进行的研究活动。我校项目组同数学组以五年级《平行四边形的认识》一课的课例为载体,基于学情、教材,把握学科关键特征,关注"以课为例说道理"的实践过程,采用一课一人三上的方式,开发设计以学习为中心的、指向核心素养的课堂学习任务和观察工具,把课堂要解决的教学问题"嵌入"具体的学习任务情境中,驱动学生学到隐藏在任务背后的相关知识、技能等。项目组和数学组经历了"囿于课堂任务设计——明晰逻辑思维内涵——完善逻辑思维建构"三次升级式的课堂教学改进历程,清楚地认识到小学数学中的图形认识,学生一般要经历了解图形含义,认识图形特征,深化图形概念这三个阶段。我们实践的"归纳式——演绎式——推理式的任务驱动"教学方式,适用于小学数学几何图形的概念课;同时也得出一节课到一类课的研究可以带动一个课例到多个课例的实践范式。

一、 囿于任务设计的第一轮实践课

第一轮课堂实践研究,教师独立备课,梳理出了《平行四边形的认识》这节课要进行的教学内容:平行四边形的概念、特征,以及与四边形、正方形、长方形三种图形的

关系等,以此设计了的 8 个任务单(见表 9-5),并进行授课。项目组教师参与观课,进行全程录像,课后跟进组内教研。

表 9-5 "逻辑美"任务单属性表 1(具体见附件 2)

学科:数学		年级班级:五(3)	执教者:赵凡娟
任务概述	任务 1	填空:复习长方形、正方形的特征,符合的在对应的方框里打√。	
	任务 2	交叠:用两条两边互相平行的透明色带可以交叠出许多四边形。	
	任务 3	猜想:平行四边形和菱形的特征。	
	任务 4	验证:平行四边形和菱形的特征。	
	任务 5	观察:根据图表中的数据,总结长方形、正方形和平行四边形的关系。	
	任务 6	判断:四道题目针对本节课知识点的跟进练习。	
	任务 7	填空:关于平行四边形的辨析和选择的提升练习。	
	任务 8	猜图形:给出部分特征,猜猜是什么图形的综合练习。	
……	……	……	

(一)"任务"概念模糊,教重于学

课堂实践后方知理论指导意义的重要性。第一次在五 3 班执教后,项目组成员进行了第一次集体研讨课,在说课、评课和反思中,再次学习归纳了教材和学科素养中关于逻辑思维方面的理念,[①]并总结梳理了五 3 班这节课存在的问题。

教师自认为学生被 8 个任务所牵引就突显了学生为中心的地位,却把任务和课堂练习混为一谈,过多的任务占据了学生思考合作的空间,课后的后测数据呈现的教学效果也不佳。学生疲于完成任务单而无暇思考,与预期的逻辑思维渗透相悖甚远,学生思维力度的提升在本课更是没有体现。尤其,针对教学重难点设计的两道后测题目显示(见附件 1),C、D 等级占比较高,说明学生对于平行四边形特点的掌握不透彻。

(二)课堂"工具"开发,因学设教

数学组教师在第一轮实践的反思中认识到:课例研究只有以研讨"学生的学"为中心,才能将"教"的研究转向"学"的研究。鉴于此,项目组和数学组进行了第一次集体备课,再次解读教材的重难点,从学生在课堂中的习得和思维发展入手,重新整合学

---

① 陈海锋. 基于核心素养教育下数学逻辑思维能力的培养[J]. 数学大世界,2018(03).

习任务,理解任务的概念,明确了任务不是习题而是问题。执教教师再次完善了课堂教学设计,项目组着手开发设计"逻辑美"课堂观察工具(见表9-3、表9-4)和前后测问卷,准备进入第二轮实践课。

二、明晰任务层次的第二轮实践课

遵循课例研究在"研究主题""教学设计""课堂观察""课后研讨"等环节做到以学改教的原则。项目组和数学组在第二轮五4班实践课的学习任务设计中,以大思路统整学习任务的目标,将八个任务精减为三个(见表9-6)。其中合并"猜想、验证"这两个任务为"你知道平行四边形的特征吗?"一个大任务;还将"判断、填空、猜测图形"这三个任务合并为"根据露出的部分图形,你能猜一猜它原来是什么图形吗?"一个任务。为体现出"特殊到一般"的归纳逻辑和"一般到特殊"的演绎逻辑任务层次性,其中,重点对任务3"猜图形"(见图9-1)进行了调整,使它更具逻辑思维的挑战。

表9-6 "逻辑美"学习任务单属性表2(具体见附件2)

学科:数学	年级班级:五4	执教者:赵凡娟
任务综述	基于特殊到一般的归纳逻辑和一般到特殊的演绎逻辑,设计三大任务。 任务1:你认识平行四边形及它的特征吗? 任务2:你能发现这些图形的关系吗?你能把它表述出来吗? 任务3:根据露出的部分图形,你能猜一猜它原来是什么图形吗? 这三个任务是层层递进、相互支撑的逻辑关系,任务1是任务2的基础,同时任务3的完成需要任务1和任务2的支撑。	
……	……	

图9-1 猜图形

与此同时,项目组立足教材、教师的"教"和学生的"学"三个维度,通过判断、观察、思考,初步开发课堂观察、记录量表,对课堂的活动动态进行跟踪记录、分析研究。观课教师基于不同的观察点有准备、有目标、有思考地进行有理有据的评课,突破了传统听评课的不足,推动以学为中心的课堂转型。五4班的后测(见附件1后测数据呈现)和课堂观察量表让我们看到:

通过五4班与五3班后测数据比较,发现学生在大任务的学习中是有效的。教学重点后测A、B比例增加4.92%,C、D减少了4.9%;教学难点后测A、B比例增加18.58%,C、D减少了14.11%。学生经历了量、看、折、移等操作活动较好地掌握了平行四边形的特征。在自主探究过程中,学生体会到部分与整体的关系,初步感悟了归纳、演绎推理的逻辑思维。

不过,第二次课例也暴露出学习任务的表述不够精准的问题。学生容易用"yes"或者"no"回答任务。对于学习任务中"要干什么"的表述不清晰,影响学生的理解和操作。基于这次问题,数学组进行了第二轮集体备课,还对第三轮要执教的五6班增加了一次前测。(见附件1前测数据呈现)

三、体现任务思维的第三轮实践课

五6班前测发现,80%多的学生都能了解平行四边形的"四边形"概念,有53%左右的学生对于"两组对边分别平行"理解不到位,了解平行四边形和其他图形之间关系的学生只有25%。这些数据,让我们的学习任务设计定位更加准确。同时,对照五3班和五4班的后测情况,教师更能掌控教学时间,让学生更充分地完成"猜图形"的思维挑战任务。

第三次的学习任务设计(见表9-7),完善了学习任务的表述(见图9-2),理清了学习任务之间的关联。例如学习任务1:你认识平行四边形以及它的特征吗?改为两个小任务:什么是平行四边形、平行四边形有什么特征?任务2:你能发现这些图形有什么关系吗?改为:你发现这些图形有什么关系?请试着把它表述出来。这样,任务表述清楚了,而且任务与任务之间体现了递进的层次性和开放性。

表 9-7 "逻辑美"学习任务单属性表 3（具体见附件 2）

学科：数学	年级班级：五 6	执教者：赵凡娟
任务综述	基于特殊到一般的归纳逻辑、一般到特殊的演绎逻辑以及综合应用的推理逻辑,设计四大任务。 任务 1：什么是平行四边形？ 任务 2：平行四边形有什么特征？ 任务 3：你发现这些图形有什么关系？请你把它表述出来。 任务 4：根据露出的部分图形,猜一猜它原来是什么图形？ 4 个任务是层层递进、相互支撑的逻辑关系,任务 1 是任务 2 的基础,同时任务 3 的完成需要任务 1 和任务 2 的支撑。任务 4 则是本节课综合应用的练习。	
……	……	

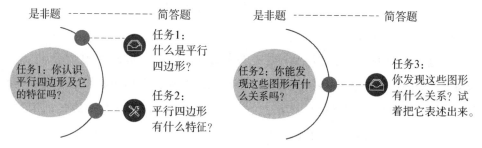

图 9-2 学习任务表述

第三次课例实践后,我们再次进行后测（见附件 1 后测数据呈现）。对比五 3、五 4、五 6 三个班级的后测,我们发现教学重点"平行四边形的特征",五 6 班有 52%的学生得 A,优秀率明显好于前两个班级。对于本节课"特殊"与"一般"这一逻辑关系的理解比较理想。（见如下的课堂实录片段）

师：AD=BC。对边平行,对边相等,对角也相等。在这里角 A=角 C,角 B=角 D。通过刚才我们剪、折、量、看探究了平行四边形的特征。其实,这些是我们学几何图形经常用到的方法,以后的数学课我们也会碰到的。那么接下来再看,你发现这些图形有什么关系？请你把它表述出来。如果谁用一句话表述出来,就很厉害了。同学们,动脑比动手更重要,如果你有想法了,可以举手啊。

生：正方形是特殊的长方形。

师：你再解释一下,为什么正方形是特殊的长方形？观察表格,你来具体地说一说。

生：它四边相等。

生：长方形是两边相等。正方形是方形的，其他两边也相等。

师：我们叫做对边。正方形多了一个四条边都相等。所以结论是？

生：正方形四边相等。

师：好，请坐！我帮你们稍微概括一下：长方形的特点正方形都有，并且正方形有一个自己独有的特点——

生：四边都相等。

师：所以我们的结论是——

生：正方形是特殊的长方形。

师：说得很好啊。所以动脑很重要。那么，平行四边形和菱形是不是可以用刚才的方法呢？

生：平行四边形的特点菱形都有，而且多了一个四边相等。所以，得出的结论是菱形是特殊的平行四边形。

师：分析很到位，观察很仔细，结论很正确。掌声送给他。关于菱形、正方形、长方形、平行四边形的关系，我们到中学再探究。再仔细看，长方形、正方形、平行四边形它们之间有什么特点？运用刚才的方法迁移一下，同学之间进行交流。你来说。

生：正方形是特殊的长方形，长方形是特殊的平行四边形。

师：没错。那把它们三个图形结合起来怎么说？

生：长方形的特点正方形全都具备。

生：长方形和平行四边形的特点正方形都有。所以，长方形和正方形是特殊的平行四边形。

师：同学们听明白了吗？他说得非常正确。我们再来一起看看，平行四边形的特点，长方形、正方形是不是都符合？

生：是。

师：符合吗？

生：符合。

师：那长方形作为特殊的平行四边形，还有没有自己的特征？

生：有。它四角相等。

师：正方形作为特殊的平行四边形，有没有自己的特征？

生：它四边相等，四角也相等。

师：所以平行四边形的特点，长方形正方形是不是都符合啊？

生：是。

师：所以我们可以说——

生：长方形、正方形是特殊的平行四边形。

师：你们都学得很好！我们用几何图形可以这样表述：长方形、正方形是特殊的平行四边形。

因此，我们有理由相信：基于"学习任务驱动"的《平行四边形的认识》课例实践研究让学生有序、有条理地在一个个学习任务驱动中自主探究、合作学习，逻辑思维的开阔性和深刻性不断得到增强。

第四节 "逻辑美"课例研究的成效

我校一人同课三轮的课例实践经历了课例主题与教材选择、课例方案设计与完善、课例实施与数据采集、课例反思与报告撰写的过程。[①] 这让我们发现：教师基于课时关键知识和学生认知水平，精心设计学习任务的过程，就是教师合作互助教研，深入数学本质，领悟数学思想和方法的过程，更是教师以学习任务主线引领课堂教学，让学生在学习任务驱动的学习活动中，习得数学知识，提升数学思维，促进学生自主建构能力发展的过程。

一、聚焦任务设计，彰显学科特征

小学数学课堂是学生体验数学之美、感悟数学本质的殿堂。[②] 数学本身具有变化

[①] 杨玉东.课例研究的关键是聚焦课堂[J].人民教育，2013(7)：44,44—45.
[②] 沈培.简化数学课堂，回归数学本质[C].//江苏省教育学会.2017年江苏省教育学会年会文集.南京：江苏省教育学会，2017：171—175.

多端、纷繁复杂的特征,只有把握住数学本质,才能看清数学的本来面貌。把握数学本质就是要明确课堂教学的目标,突破课堂教学的重难点,掌握数学知识本质,拓展数学思维。

(一) 把握"任务",落实教学目标

教材作为知识的载体和教学的资源,不仅能为学生的数学学习活动提供基本的资源和线索,而且也是实现课程目标、落实教学理念的重要载体。我校项目组在理解《平行四边形的认识》教材的编写意图中,努力读懂教材、读透教材,把握教材编排的内在逻辑和深层考量,体会其蕴含的教学理念和数学基本思想,精心设计课堂学习任务。实践后,我们意识到只有当语言习得者接触到可理解的语言输入,才能促成习得。在学习任务的表述上不仅要体现学生的语言特点,更要简洁明了;体会到学习任务不是简单的习题,而是挑战学生认知的问题;感悟到学习任务数量不宜过多,重在体现它的层次性和开放性。在大思路统整下设计 3 个由基本性到开放性的任务,[①]构成一条主线,层层深入,达成教学目标,实现了数学的学科本质及其教育功能。

(二) 驱动"任务",建构逻辑思维

从思维发展的规律来看,小学生仍处在由直观思维向抽象思维过渡的阶段,他们往往需要借助观察、操作、实践等直观手段,把握现象背后的本质,发现知识内在的关联,进行合乎逻辑的思考。数学概念是理解数学的逻辑起点,也是学生进行数学思维的基础。小学数学几何图形概念是小学概念教学中的重要内容之一,也是学生学习的难点。对于图形的认识,学生一般要经历了解图形的含义,到认识图形的特征,再到深化图形的概念三个过程。在课例实践中,首先,我们基于学习任务以特殊问题为起点,从直观观察到分析,形成表象的步骤渗透由特殊到一般的归纳方法,为学生习得几何图像概念,感受不同知识间的关联,体会知识发生发展的逻辑线索提供机会;其次,教师基于课堂前后测和学生对几何图形定义掌握的情况,设置"摸、剪、拼、折"等亲身经历的探究活动,引导学生分析推导这一类图形的特征,感受从"一般"到"特殊"思维的学习路径;最后,教师创设情境,以开放的综合性学习任务驱动学生的数学猜想,培养

---

① 黄俊昌. 任务驱动·合作学习——新课程标准课堂教学模式初探[J]. 名师在线,2020(15):29—31.

学生融归纳和演绎为一体的双向性的逻辑推理能力。

在小学数学教学中培养学生的逻辑思维能力是非常重要的。我们历经三轮优化的"学习任务"不仅具有层次性、逻辑性,也潜移默化地引导学生形成有条理、有逻辑的处理问题方式。师生如此沐浴在逻辑思维的课堂中获得双赢的效果。

二、着眼学科素养,升级课堂品质

课堂教学不仅是在传授知识,更是在引导学生主动学习,课堂教学的成效不仅体现在教师教了多少知识,更体现在课堂呈现出怎样的品质,由量到质,这样的课堂教学才更有内涵,更有价值。

(一)课例研究,突出学生主体

课例研究是教师开展课堂教学的一种方便实用的教育科研方法,能够将教学研究与实践紧密结合,是教育研究回归课堂的重要载体。我校"逻辑美"数学课例示范研究立足"以学生学习为中心"的角度,以观察课堂里"学生的行为表现"为目的设计观察工具。① 不仅关注学生回答次数、回答的范围等客观方面,还从学生具体表现,如学习情绪、学习态度、参与活动积极度、应答度等主观方面进行观察记录。观课教师分组运用观察记录,查看学习任务设计的适切度和学生习得的效果。在学生认知冲突、认知错误处不断优化学习任务设计,有助于学生自觉地把新旧的知识技能进行联结,建构新的知识体系,体现学生的主体性。

(二)课例研究,变革学习方式

指向核心素养的课堂教学要求教师必须深度思考如何改进教学方式,并通过实践课例探索可为路径,从"教师中心"转向"学生中心",实现"教"服务于"学"。② 我们的三节研修课例,教师基于学生知识储备,把准学习存疑与兴趣,践行"用教材教"的理念,突出"思维核心"的价值,整合学习情境、学习内容、学习方法和学习资源,课前精心设计有针对性和操作性的学习任务,课中适时点拨、评价,课后诊断评估,改变以往只

---

① 安桂清、沈晓敏.课堂观察工具的开发[J].人民教育,2010(23):46—48.
② 上官树红.顺应学习方式变革,教师的应为与可为——梳理与探究"语文学习活动课例探索[J].上海课程教学研究,2019(06):20—25.

注重课堂教学,忽视课前课后的教学组织形式来重构课堂教学,做真做实课例。① 我们发现:变革学习方式的课例研修可以起到一节课辐射一类课,从一个课例研究延伸多个课例研究的示范作用。

三、夯实校本教研,稳固课堂品质

课堂是校本教研的主阵地,也是教研有效性的逻辑出发点。课例研究是教师教研团队的共同行为,"基于课例研究的校本教研模式"为教师群体专业成长搭建了平台,体现了"伙伴共生"的思想。基于我校"逻辑美"数学课例研究项目,教师以"课堂观察"为出发点,以"学习任务驱动"为抓手,开展"一人同课三上"式的校本研讨,借助课例实践融个体反思、教学叙事、学科团队促进教师实践智慧生长,同学科或者跨学科教师建立新的共同体,将校本教研的研究成果再次转化为课堂教学实践。

两年来的教研启示我们:以课例为载体的校本教研模式具有专家引领与同伴互助相结合、自主学习与集体研讨相结合、个性需求与分层组合相结合、多维解读与课堂实践相结合的特点,教研一体化的黄小"和美"教研团队正在共情相长。

四、反思研究不足,展望发展方向

本课例的研究聚焦"美丽课堂",主要运用案例和行动研究法变革课堂学习方式,将学习任务置于数学课堂教学实践中让学生体验数学的"逻辑美"。本次研究立足学科本质,关注课程整体脉络和学情,不仅适用于数学"逻辑美"这一类课例的教学策略研究,还成为带动多个课例的实践范式。目前,我校数学"逻辑美"课例示范策略已经辐射到语文"语言美"、英语"融合美"的课例实践研究中,美术组也成功立项了"基于任务驱动的小学美术课堂'创意美'的课例研究"区青年课题,为我校"美丽课堂"内涵与品质的后续研究带来了新的机遇。与此同时,我们也发现研究中还存在以下不足之处:

课堂实践研究中,我们意识到,聚焦学生学习历程观察与分析对教师的专业要求比较高,需要教师对学生保持高度的敏感性和投入度,还要具备透过学生的外在表现

---

① 林崇德.21世纪学生发展核心素养研究[M].北京:北京师范大学出版社,2016:29.

分析学生内在心理和认知过程的能力。这需要专家的及时跟进指导和教师观察经验的不断累积来保持对观察案例的积极反思。

在课后研讨时,教师们意识到开发课堂观察量表的适用性和科学性对学生学习品质的提升尤为重要,它对课后评价、反思起着关键作用。目前我校所开发的课堂观察量表还有待进行更加深入而详实的设计,来收集反映学生学习状况的证据,以使随后进行的教学反思和重新规划有据可依。

以上两个方面的问题同样也是该课题将进一步研究的方向。

附件1

后测数据呈现

——什么是平行四边形?主要考察学生是否掌握了平行四边形的定义,学生可以用文字表达,也可以画图并用字母的形式表示(两组对边、分别平行、四边形,三大要素答对得A,答错一个相应降一个等第)。

五(3)班参加课后测试总共36人,得A的有25人,占69.44%,得B的有8人,占22.22%,得C的有3人,占8.33%,没有人得D。

五(4)班参加课后测试总共39人,得A的有26人,占66.67%,得B的有9人,占23.08%,得C的有1人,占2.56%,得D的有3人,占7.69%。

五(6)班参加课后测试总共40人,得A的有10人,占25%,得B的有19人,占47.5%,得C的有6人,占15%,得D的有5人,占12.5%。

第一题	A	B	C	D
五3	69.44%	22.22%	8.33%	0
五4	66.67%	23.08%	2.56%	7.69%
五6	25%	47.5%	15%	12.5%

——平行四边形有什么特点?主要考察学生是否掌握了平行四边形的特点。(平行四边形的特点本节课主要教授了三个:对边平行且相等,对角相等。需要三个都写出来方可得A。答错一个相应降一个等第。

第九章 在学习任务驱动下让学生体验数学"逻辑美"

五(3)班36人,得A的有7人,占19.44%,得B的有18人,占50%,得C的有8人,占22.22%,得D得有3人,占8.33%。

五(4)班39人,得A的有8人,占20.51%,得B的有21人,占53.85%,得C的有8人,占20.51%,得D的有2人,占5.13%。

五(6)班参加课后测试总共40人,得A的有21人,占52.5%,得B的有12人,占30%,得C的有6人,占15%,得D的有1人,占2.5%。

第二题	A	B	C	D
五3	19.44%	50%	22.22%	8.33%
五4	20.51%	53.85%	20.51%	5.13%
五6	52.5%	30%	15%	2.5%

——请你选用"长方形""正方形""平行四边形""菱形""一般""特殊"中的几个词来造句。(这道题主要是对这节课的难点知识进行考察,看学生对以上图形之间的关系是否清楚。造出三句,得A。少造一个句子相应降一个等第)

五(3)班36人,得A的有21人,占53.85%,得B的有9人,占25%,得C的有6人,占16.67%,得D有0人。

五(4)班39人,得A的有28人,占71.79%,得B的有10人,占25.64%,得C有0人,得D的有1人,占2.56%。

五(6)班参加课后测试总共40人,得A的有29人,占72.5%,得B的有10人,占25%,得C的有0人,得D的有1人,占2.5%。

第三题	A	B	C	D
五3	53.85%	25%	16.67%	0
五4	71.79%	25.64%	0	2.56%
五6	72.5%	25%	0	2.5%

前测数据呈现

1. 下列图形中,哪些是平行四边形?是的打√。

图形	⬠	⏢	◻	▱	▱	◆	▬	▭
正确人数	40	32	34	32	32	31	33	32
百分比	100%	80%	85%	80%	80%	77.5%	82.5%	80%
五6前测分析								

五6前测分析	根据旧知,全班学生都知道平行四边形是四边形,并且大部分学生初步知道平行四边形有平行的边,这对于本节课定义的新授来说有良好的基础。但是对于特殊的平行四边形(尤其是菱形)部分学生概念还比较模糊,说明平行四边形的本质特征(两组对边分别平行)还需要重点强调。

2. 你对平行四边形有什么了解?

关键字	四边形	平行
正确人数	34	19
百分比	85%	47.5%
五6前测分析	虽然大部分学生能够写出"平行四边形是四边形"这一要素,但是对于"对边平行"这个重要特征了解不深,只有少于一半的学生能写出"平行"这个关键字,平行四边形的其他特征更有待考究,因此平行四边形的特征是孩子们的盲区,也是本节课的重点知识。	

3. 你觉得平行四边形和长方形、正方形三种图形之间有什么关系?

关键词	"一般""特殊"
正确人数	10
百分比	25%
五6前测分析	长方形、正方形、平行四边形这三种图形之间"一般"与"特殊"的关系是本节课的难点。 　　通过前测发现能够写出"特殊"两字的学生只有10人,这10人中大部分写的是:正方形是特殊的长方形,这是学生二年级已经学过的。全班四分之三的学生并不知道这三种图形之间的关系。 　　因此本节需要攻破这一难点,我采取的方式是:以旧引新。让学生通过观察发现:长方形的特征正方形都符合,并且正方形还有四边相等这一特殊的特征,可得到正方形是特殊的长方形。然后方法迁移,观察平行四边形和菱形关系,以及长方形、正方形和平行四边形的关系。

附件 2

"逻辑美"任务单属性表1

学科：数学		年级班级：五(3)				执教者：赵凡娟				
任务概述	任务1	填空：复习长方形、正方形的特征，符合的在对应的方框里打√。									
	任务2	交叠：用两条两边互相平行的透明色带可以交叠出许多四边形。									
	任务3	猜想：平行四边形和菱形的特征。									
	任务4	验证：平行四边形和菱形的特征。									
	任务5	观察：根据图表中的数据，总结长方形、正方形和平行四边形的关系。									
	任务6	判断：四道题目针对本节课知识点的跟进练习。									
	任务7	填空：关于平行四边形的辨析和选择的提升练习。									
	任务8	猜图形：给出部分特征，猜猜是什么图形的综合练习。									
任务目标	任务1	复习旧知。									
	任务2	通过动手操作初步感知平行四边形的基本特征：对边平行。									
	任务3	根据已有经验进行合理猜测。									
	任务4	用实际操作或者合理的证据验证平行四边形和菱形的特征。									
	任务5	根据表格数据提炼图形之间的关系，获得思维能力的发展。									
	任务6	根据所学知识作出正确判断。									
	任务7	根据所学知识正确完成填空。									
	任务8	综合应用所学知识进行合理推测。									

分任务步骤		任务难度						组织形式		学习支架			预估时间
		知道	理解	运用	综合	易	中等	难	个别	小组全体	概念	程序	策略	无认知	
	1			√	√	√			√					√	1 min
	2	√					√			√	√		√		2 min
	3			√			√			√					1 min
	4				√			√		√	√		√		5 min

续 表

		任务难度						组织形式		学习支架				预估时间
	知道	理解	运用	综合	易	中等	难	个别	小组全体	概念	程序	策略	无认知	
5				√			√	√				√		3 min
6	√					√		√		√				1 min
7		√				√			√			√		1 min
8				√			√		√					2 min

任务1 回忆旧知,判断图形特征。

任务2 选择任意两根色带交叠,看看能得到什么图形?

任务3 请你猜猜平行四边形和菱形是否具有这些特征?

任务4 请你用自己的方法来验证。

任务5 根据表格数据,请你想想这几种图形之间有什么关系?

任务6 作出正确判断。

任务7 完成填空。

任务8 作出合理猜测,并说出理由。

		评价对象		评价形式			评价侧重点			评价方式			评价形式	
		个体	小组	书面交流	口头表达	其他行为表现	态度	能力	方式	成果	教师评价	同伴评价	学生自评	活动中	活动后
任务评价	1	√			√					√	√			√	
	2		√		√			√			√	√			√
	3	√		√		√						√		√	
	4	√		√				√				√			√
	5	√						√		√			√		
	6	√		√				√			√		√		
	7	√		√			√						√		
	8		√		√		√		√						√

第九章 在学习任务驱动下让学生体验数学"逻辑美"

"逻辑美"学习任务单属性表2

学科：数学	年级班级：五4	执教者：赵凡娟

任务综述	1. 写清总任务方向 2. 围绕总任务，设计了哪些任务 3. 各分任务间的关系	本节课的逻辑美主要体现在：归纳（特殊到一般）——演绎（一般到特殊）。基于逻辑美的建构，我设计了三个大任务：1.你认识平行四边形及它的特征吗？2.你能发现这些图形有什么关系？你能把它表述出来吗？3.根据露出的部分图形，你能猜一猜它原来是什么图形？ 　　这三个任务是层层递进、相互支撑的逻辑关系，任务1是任务2的基础，同时任务3的完成需要任务1和任务2的支撑。 　　任务1主要体现的逻辑关系是：归纳（从特殊到一般）。学生从一开始的9个平行四边形入手，通过观察这些四边形边的特点逐步概括总结出平行四边形的定义。任务2主要体现了演绎（一般到特殊）这一逻辑关系。学生根据总结出来的平行四边形的特点再次进行分析，得出这几种平行四边形之间的相互关系。任务3则是本节课的综合应用部分，两种逻辑美的建构都有体现。学生根据老师提供的信息猜测图形原来的样子，既有归纳逻辑思维，也有演绎逻辑思维。
任务目标	任务1	知道平行四边形的定义，知道平行四边形对边平行且相等，对角相等。
	任务2	理解正方形、长方形都是特殊的平行四边形。
	任务3	根据部分图形的特点，通过合理推测原来是什么图形。

任务内容		学习水平				任务难度			组织形式		学习支架				预估时间
		知道	理解	运用	综合	易	中等	难	个别	小组全体	概念	程序	策略	无认知	
	1			√	√	√			√					√	7min
	2						√	√	√	√	√		√		7min
	3			√			√		√	√						6min

分任务步骤	任务1	1. 用透明色带交叠出不同的四边形。 2. 观察这些四边形，并总结平行四边形的定义。 3. 自学课本，知道平行四边形的表示方法。 4. 通过猜测、验证得出平行四边形的特点。
	任务2	1. 正方形和长方形有什么关系？ 2. 平行四边形和菱形有什么关系？ 3. 理解正方形、长方形都是特殊的平行四边形。
	任务3	1. 根据给出的一个直角进行合理猜测，并说出理由。 2. 根据给出的一组对边平行进行合理猜测，并说出理由。

续 表

任务评价		评价对象		评价形式			评价侧重点				评价方式			评价形式	
		个体	小组	书面交流	口头表达	其他行为表现	态度	能力	方式	成果	教师评价	同伴评价	学生自评	活动中	活动后
	1	✓		✓					✓		✓			✓	
	2		✓		✓			✓			✓	✓			✓
	3	✓			✓		✓					✓	✓		

"逻辑美"学习任务单属性表3

学科：数学	年级班级：五6	执教者：赵凡娟
任务综述	1. 写清总任务方向 2. 围绕总任务,设计了哪些任务 3. 各分任务间的关系	本节课的逻辑美主要体现在：归纳(特殊到一般)——演绎(一般到特殊)。基于逻辑美的建构,我设计了四个大任务：1. 什么是平行四边形? 2. 平行四边形有什么特征? 3. 你发现这些图形有什么关系?请你把它表述出来。4. 根据露出的部分图形,猜一猜它原来是什么图形? 这4个任务是层层递进、相互支撑的逻辑关系,任务1是任务2的基础,同时任务3的完成需要任务1和任务2的支撑。任务4则是本节课的综合应用的练习。 任务1主要体现的逻辑关系是：归纳(从特殊到一般)。学生从一开始的9个平行四边形入手,通过观察这些四边形边的特点逐步概括总结出平行四边形的定义。任务3主要体现了演绎(一般到特殊)这一逻辑关系。学生根据总结出来的平行四边形的特点再次进行分析,得出这几种平行四边形之间的相互关系。任务4则是本节课的综合应用部分,两种逻辑美的建构都有体现。学生根据老师提供的信息猜测图形原来的样子,既有归纳逻辑思维,也有演绎逻辑思维。
任务目标	任务1	知道平行四边形的定义。
	任务2	知道平行四边形对边平行且相等,对角相等。
	任务3	理解正方形、长方形都是特殊的平行四边形。
	任务4	根据部分图形的特点,通过合理推测原来是什么图形。

续 表

任务内容		学习水平				任务难度			组织形式		学习支架				预估时间
		知道	理解	运用	综合	易	中等	难	个别	小组全体	概念	程序	策略	无认知	
	1			✓	✓	✓				✓				✓	7 min
	2						✓	✓	✓	✓	✓		✓		7 min
	3				✓		✓		✓				✓		5 min
	4			✓			✓		✓						6 min

分任务步骤		
	任务1	1. 用透明色带交叠出不同的四边形。 2. 观察这些四边形，并总结平行四边形的定义。
	任务2	1. 知道平行四边形的表示方法。 2. 通过猜测、验证得出平行四边形的特点。
	任务3	3. 正方形和长方形有什么关系？ 4. 平行四边形和菱形有什么关系？ 5. 理解正方形、长方形都是特殊的平行四边形。
	任务4	1. 根据给出的一个直角进行合理猜测，并说出理由。 2. 根据给出的一组对边平行进行合理猜测，并说出理由。

任务评价		评价对象		评价形式			评价侧重点				评价方式			评价形式	
		个体	小组	书面交流	口头表达	其他行为表现	态度	能力	方式	成果	教师评价	同伴评价	学生自评	活动中	活动后
	1	✓			✓					✓	✓			✓	
	2	✓			✓						✓		✓		
	3		✓			✓		✓			✓	✓			✓
	4	✓			✓		✓					✓	✓		

同济黄渡小学　课例研究专业支持者观点链接

严加平(上海市教科院普教所)

同济黄渡小学以课例研究为抓手提升学校课堂品质有两个重要特点：

第一，基于学科特点，实现各学科组的整体课堂变革。在学校的"基于学习任务驱动的'美丽课堂'"项目中，无论是数学、语文、英语还是其他学科，大家主题一致，但在实现"美丽课堂"目标上略有差异。数学要实现的是课堂的"逻辑美"，语文要实现的是"语言美"，英语要实现的是"融合美"，综合课实现的是"创意美"。这样的顶层设计，有利于凸显学科的个性特点，也有利于调动不同学科组老师的积极性，大家并驾齐驱地来行动。

第二，强调"工具"在课例研究中的价值和运用。课例研究的一个突出特点是让老师能"有方法"地来开展磨课活动。以本案例为例，数学组的老师设计的工具就包括：任务单属性表、课堂观察记录表、课堂观察分析表、学生前后测等，它们在课例研究中发挥不同的作用。任务单属性表的设计是为了对研究主题中"学习任务"进行细致剖析；课堂观察记录表和分析表则为了辅助观课者有目的、有重点地开展课堂观察；学生前后测则是为了对学习效果进行评价。这是有别于我们凭借经验地观课、评课的重要特点。

如果说本课例研究中，"学习任务设计"是手段的话，那要实现的"逻辑美"就是目标。需要进一步思考的地方在于：数学课中的"逻辑美"仅仅是"教"的逻辑吗？在一开始的核心概念界定中提到了："逻辑美"指的是教师设计具有层次性、逻辑关系的学习任务；引导学生通过有趣有智、有次第的学习，经历有序的逻辑思维思考的过程等。尤其"任务单属性表"的设计充分体现了对"教的逻辑"或者说学习任务设计的逻辑的关注。但与此同时，学生学得如何，特别是在思维方式上多大程度表现出"逻辑性"，这可能很难通过一堂课来考量，但可以通过一个学期的实践来考察，这可以算是本课例研究真正的目标。

第十章 以思维链设计提升学生的思考深度
——以语文记叙文行文思路梳理策略课例为例①

我校在嘉定区"聚焦学生学习,提升课堂品质的区域研究"研究课题的基础上,拟定课题"聚焦思维品质发展的课堂实践与研究",通过聚焦"思维链",研究在课堂教学中如何促进学生思维品质的发展。在语文学科中,我们开展了"以思维链设计提升学生的思考深度——以语文记叙文行文思路梳理策略课例为例"的课例研究。

第一节 语文阅读教学中的思维链设计

一、对以"思维链"为抓手的思考

著名美国数学家哈尔莫斯(Paul. R. Halmos)说过:"问题是教学的心脏。有了问题,思维才有方向;有了问题,思维才有动力;有了问题,思维才有创新。"学生的学习过程,实质是一个对问题循序渐进的认知过程;学生掌握知识的过程,实质是一种探究、选择、创造的过程。有效的课堂提问是连接书本知识"逻辑链"和发展学生"思维链"的桥梁。

对于很多一线教师来说,"问题链"教学相对熟悉。所谓"问题链"教学就是根据每一堂课的教学目标、教学内容和教学重难点,拟定有内在关联、逻辑性强的"一系列"课堂提问,并将为何设置这样的疑问,如何寻求解决问题的方法等贯穿课堂教学的始终。但"问题链"教学中可能存在的问题是:(1)"问题链"中的问题主要是教师根据书本知识的内在逻辑设置的问题,对学生思维的起点以及学生发展的最近区关注较少;(2)虽

---

① 本章内容为嘉定区震川中学课例研究成果。执笔人:郭盛岚、王红艳、朱华盛。

然"问题链"让整堂课思维过程清晰,但很容易让学生进入教师的思维"陷阱"中,学生学习处于被动状态,事实上提出问题往往比解决问题更重要;(3)"问题链"教学,回答问题的往往是班级成绩较好的同学,对于成绩中下的学生的思维促进较少。为了让更多学生经历主动参与、积极合作、深度反思的有意义的学习全过程,我们在"问题链"的基础上,在本研究中提出了"思维链"教学。以下从概念、过程以及注意事项三个方面谈一谈"思维链"教学。

"思维链"教学是指教师设计合适的问题、活动、作业等,鼓励学生在学习过程中基于已有认知经验针对认识新事物、解决新问题形成完整的、连续的、指向性强的思维活动,其间伴随着学生主动进行的联想、类比、推理、归纳等思维过程,从而促进学习者的认识从模糊到清晰并不断走向深入。[①] 构建思维链教学的根本目的在于:以学生思维的链条为基础开展教学;促进学生进行连续的思维;激发学生自主形成思维链,提高可持续的学习力。

"思维链"教学的基本过程是:创设符合学生认知水平和思维方式且能深入探究的问题情境,鼓励学生从中发现问题并提出问题;给学生充分思考的时间,提出解决问题的各种假设;鼓励学生通过小组合作学习进行探究,在探究的过程中适当为学生提供学习支架,从而修正假设,得到结论;鼓励学生连续思考,不断反思思考的过程和结论,产生新的联想和问题;通过观念具化、知识概化和能力活化使思维外显化。[②]

二、行文思路梳理体现语文阅读教学中的思维链

《义务教育语文课程标准》(2011版)提出"语文课程应激发和培育学生热爱祖国语言的思想感情,引导学生丰富语言积累,培养语感,发展思维"。思维的发展也是语文学习重要的目标。然而,依据我校2014、2015年上海市中小学学生学业质量绿色指标的反馈报告,我们发现:我校学生高层次思维能力指数整体不高,其中文科更是略低于市平均值。多年来,我校理科课堂依托问题研讨法、助学提纲及思维发展型课堂等课题项目引领,在学生高层次思维能力的培养上积累了一定的方法。但文科相较于

[①] 赵震. 构建"思维链教学"的实践研究[J]. 小学教学参考数学,2015(11):10—14.
[②] 拾景玉. 让学习在思维"链条"中真实发生[J]. 上海教育科研,2018(06):75—78.

理科，更多的是强调积累和感性认知，对于学生高层次思维能力的培养尚在探索阶段，学生思维发展的理念未有效落地。因此，提升学生文科的高层次思维能力成为学校发展学生思维品质的第一要务，而作为文科之首的语文，学生在此学科上的高层次思维能力的提升，成为了迫在眉睫的任务。

但是，思维的培养不可能一蹴而就，也无法通过简单的训练就能达成。学生思维的发展渗透在语文学习的方方面面，其中，阅读教学作为语文课程中的重头戏，阅读教学中的思维训练更是重中之重。

我们也发现，近些年中考语文试卷对学生的思维能力要求越来越高，机械化识记的内容在考试中占据的比例呈现逐年下降的趋势。语文对于思维能力的考查，主要体现在现代文阅读和作文两个版块上，这也是学生在学习过程中最难攻克的两个部分。评价的这种转向，也让教师重新反思和改进自己的教学。对于现代文阅读来说，首先必须让学生掌握文章的行文思路，从整体上把握文章内容。这是一个极其复杂的思维过程，需要学生运用形象思维中的联想，以及抽象思维中的比较和分类、判断、分析、综合等一系列思维方法。而思维的深刻性本身就是指思维的抽象程度和逻辑水平。

如果学生掌握了现代文行文思路的梳理策略，不仅能提高学生抽象思维中判断、分析和综合等能力，提升学生的思考深度，而且也符合《普通高中语文课程标准》中关于"思维"的要求——对材料有自己的思考和评判，辨析观点与材料之间的联系，并且契合了思维链鼓励学生在学习过程中针对认识新事物、解决新问题形成完整的、连续的、指向性强的思维活动，其间伴随着学生主动进行联想、类比、推理、归纳等思维过程的特点。

三、行文思路梳理的教学一直被忽视

在以往的教学中，语文教师往往更多地将教学重点放在引导学生弄清文章中"写了什么"的显性信息上，而这些信息学生通过自己阅读，不需要教师指导也能够从文章中获得。近几年，在市教研室的引领下，语文教师开始关注文章的行文思路这类"隐性内容"上。但是，现在对于文章行文思路的梳理，大部分是停留在"学一篇会一篇"，没有关注文章行文思路的梳理策略，未能达到"学一篇会一类"的层面。

如果我们引导学生掌握了梳理文章行文思路的策略，不仅能让学生在阅读文章时举一反三，也能帮助学生反思自己作文的框架结构，还契合了语文学科关于"思维"这

一版块的要求。

记叙文、议论文和说明文是初中生语文学习中的主要文体类型，我校语文课例研究小组就将主题聚焦在了"掌握记叙文行文思路的梳理策略"上，以部编版六年级语文上学期的《月光曲》的第一课时和下册的《十六年前的回忆》为例，开展课例研究，试图引导学生掌握梳理记叙文行文思路的一种策略，提高学生抽象思维中判断、分析和综合等能力，进而加深学生思维的深刻性。

四、行文思路梳理的基本方法

根据《上海市初中语文学科教学基本要求》，文章思路是指作者在构思过程中，经过反复思考之后形成并表现在文章中的指向主旨的思维轨迹。梳理行文思路，就是透过文章的外显语言形式，理清文章各部分之间的逻辑关系，思考各部分是如何组成一个有机的整体以有效表达主旨的。而梳理的过程也是有一定规律可循的，这个规律就是梳理行文思路的策略。

根据《上海市初中语文学科教学基本要求》，梳理行文思路的方法主要有三种：①分析文章内容的组合方式；②分析材料详略的安排；③分析材料之间的内在联系及材料与中心之间的关系。其中"分析文章内容的组合方式"又细化为分析文章的结构（即小学阶段语文课上常用的段落层次的划分办法），分析文章的顺序（对于记叙文而言，即分析倒叙、插叙的作用）以及分析文章的线索（即寻找贯穿一篇文章的词语、句子等，并以此来解读文章含义，了解文章主旨）。

这次课例研究是在我校六年级语文组展开。对于六年级的学生而言，他们才刚刚接触行文思路梳理这个概念，至于行文思路梳理策略，那更是从来没有听说过的新鲜事物；再加上他们抽象思维的能力还不够强，因此，《上海市初中语文学科教学基本要求》中所提到的行文思路分析的第三种方法——分析材料之间的内在联系及材料与中心之间的关系，这种需要大量使用分析和综合的思维方法，课例小组认为不适合于初学者。而分析文章的结构，也就是通过划分段落、概括段落大意来梳理行文思路的方法，在小学阶段，学生已经学习并且较为熟练，因此，此次语文课例研究也不再考虑。

最终，课例研究小组决定这次记叙文的行文思路梳理策略研究从分析文章的顺序、分析文章的线索以及分析文章的详略安排入手展开。在实践过程中，由于对课例研究本身以及对记叙文行文思路策略的理解越来越深入，课例研究小组经历了同课异构与连环改进相结合的过程。

第二节　从"用方法"到"理解方法"的课堂改进研究

在确立了研究主题后，我们便开始开展课例研究。课例研究讲求"方法"，即采用怎样的手段才能解决或回应研究问题或主题。在这一过程中，我们对课例研究"方法"有如下两层理解：

一是开展课例研究整体的行动方式。课例研究小组首先考虑的是课例研究在整体上采取怎样的"形式"。在开展课例研究时，我们可以灵活采用多种方式，如一人同课连环改进，多人同课异构，围绕一个主题多人不同课等等。就本课例研究而言，我们究竟应该采用怎样的方式才能达到最佳效果？

二是课例研究的具体环节中所使用的"方法"。课例研究的具体环节，例如课堂观察、结果分析等核心环节，我们需要借助怎样的工具？尤其是课例研究中的课堂观察，它不同于我们一般的听评课，听课者只需要简单地带着一本听课笔记进入课堂现场听评课即可，而是要根据研究主题先确立好观察点，然后围绕观察点设计观察工具，再运用观察工具对教师或学生进行观察，最后根据观察到的事实来开展课后研讨。

一、同课异构与连环改进相结合

（一）同课异构："异构不成"，却暴露了共同的问题

最开始我们在进行记叙文行文思路梳理策略课例研究时，采用的是同课异构的方式，试图通过对两位教学风格有较大差异的老师的教学进行观察，来比较和探索她们是如何引导学生掌握记叙文行文思路的梳理策略的。

研究小组所选的课文是部编版教材六年级下学期的《月光曲》。之所以选中这篇课文，是因为这是一篇典型的记叙文，中心明确，且有明显的时间和空间的转换，有利于实践《上海市初中语文学科教学基本要求》中所提到的行文思路分析的第一种方法

之"分析文章的顺序"和"分析文章的线索"。

表 10-1 第一轮上课分工安排

分组	组员	组长	专业支持
教学设计组	严玥、郭盛岚、倪清、李晨、王婷婷	郭盛岚	许建平(学科专家)
前测后测组	李雨千、李晨、陆磊	李晨	严加平(科研人员)
教师教学组	李晨、李雨千	郭盛岚	倪清(教研组长)
课堂观察组	郭盛岚、严玥	严玥	严加平(科研人员)
媒体资源组	钱程、李雨千	钱程	钱程(技术人员)

表 10-2 第一轮上课时间安排

时间	活动内容	预期目标	活动方式
10月—11月	课例研究内容和计划前期准备、理论学习	确定研究主题和内容	教研活动 电邮联系
12月5日	第一轮授课 1. 使用观察技术并研讨 2. 整理实录以及观察数据	1. 对第一轮课形成问题诊断共识 2. 形成第二轮课教学设计思路	专家指导 集中培训 小组讨论

第一轮上课时,两位授课老师都决定从文中关键句入手,对文章的主要事件进行梳理。然而,这两堂课只关注了行文思路本身的梳理,而没有关注"行文思路梳理策略"的落实。也就是说,在第一轮同课异构中,两位授课老师都只是带领学生将行文思路梳理了一遍,但是并没有把梳理行文思路的方法明确地提炼出来,并让学生理解和掌握。

此外,在这一轮课例研究中,小组事先设计了关于教师提问水平的观察点。观课教师发现:课堂上,教师把过多的精力放在了某些段落语言的赏析上,且教师提问过多,超过三分之二的问题都停留在机械和认记的层次上;学生超过四分之三的课堂应答都处于机械和认记层次上。

这一轮"同课异构",并没有"异构"出什么不同,反而反映出执教教师一个共同的问题:没有引领学生对梳理行文思路的策略进行思考。因此我们决定由课例研究小组的组长郭老师基于前一轮课两位老师的问题,来进行第二轮的执教。

(二)换教师改进:"改进不大",出现了新的问题

第二轮上课时,考虑到延续性,课例研究小组依旧采用《月光曲》这篇例文,但授课

老师换成了语文学科课例研究小组负责人,并重新设计观察点(新增学生回答水平这个观察点),调整课堂观察量表。

针对第一轮课的设计中偏离研究主题的问题,此次教学设计去掉语言赏析部分,增加对空间转换的分析,以及总结梳理策略的环节。为了帮助学生总结梳理策略,教师设计了课堂任务单作为脚手架,引导学生记录课堂提问,以便总结策略。

表10-3 第二轮上课分工安排

分组	组员	组长	专业支持
教学设计组	严玥、郭盛岚、倪清、王婷婷	郭盛岚	关景双(学科专家) 许建平(学科专家)
前测后测组	李雨千、李晨、陆磊	李 晨	严加平(科研人员)
教师教学组	郭盛岚、严玥	郭盛岚	许建平(学科专家)
课堂观察组	李惠惠、李雨千、李晨	李惠惠	严加平(科研人员)
媒体资源组	钱程	钱 程	严加平(科研人员)

表10-4 第二轮上课时间安排

12.27	第二轮授课 1. 使用观察技术并研讨 2. 整理实录以及观察数据	1. 对第三轮课形成问题诊断共识 2. 形成三轮课改进梳理思路	专家指导 集中培训 小组讨论

然而,在第二次教学中,我们又发现了新的问题。教学设计虽然对文章的写作顺序——空间转换的顺序进行了分析,但是没有落实在具体的语句中,对于文章的顺序——时间转换的分析,则完全没有涉及到。此外,在教师引导学生一起提炼策略的时候,没有充分发挥学生的主动性,让学生根据自己的具体分析去归纳总结,而是由授课教师直接把提炼好的策略灌输给学生。

课例研究小组经过讨论分析,认为:虽然第二轮教学设计和授课过程中汲取了第一轮的"教训",牢记不仅仅是带领学生梳理行文思路,更重要的是要引导学生把梳理行文思路的策略明确提炼出来,并进而掌握。但是,由于《月光曲》这篇例文在写作顺序上既有时间转换又有空间的转换,在进行行文思路梳理的时候,授课教师需要两条线同时进行。在此之前六年级学生基本上没有接触过行文思路梳理策略的学习,突然一下子让他们同时去梳理两条线,对于他们而言,无疑是十分困难的。

因此,在学生初次接触记叙文行文思路梳理策略时,课例研究小组就选择既有时间转换又有空间转移的例文,不符合学生的最近发展区。针对这一情况,课例小组决定重新选择一篇只有时间转换或者只有空间转换的记叙文例文,进行第三轮课。

(三) 连环改进:"质的飞跃",基本解决问题

第三轮上课时,课例研究小组选择了部编版六年级下册第三单元第一篇课文《十六年前的回忆》。从单元目标来看,这篇文章属于第三单元,该单元目标之一就是把握文章的写作顺序,梳理行文思路,提高整体理解文章内容的能力,体会叙事者的情感变化过程。其中,把握文章的写作顺序,体会叙事者的情感变化过程属于行文思路梳理中较为浅层次的分析,刚好适合六年级刚刚接触此项内容的学生。此外,《十六年前的回忆》文章长度合适,采用了倒叙的写法,首尾呼应,时间转换清晰,课文中有很多表示时间的语句,情感线索也较为清晰,而且教参上也指出本课教学重点之一是"把握文章的写作顺序,梳理'我'对父亲情感认识的变化过程,体会前后呼应的表达效果"。

因此,第三次课我们选择了《十六年前的回忆》这篇文章,主要从文章的写作顺序(时间转换)、详略的安排、叙述者情感的变化入手,来教会学生如何进行记叙文行文思路的分析。同时,课例研究小组重新设计观察点、前测问题、后测问题,调整课堂观察量表。针对行文思路的梳理,第三次设计从写作顺序和情感变化入手,兼顾详略的分析,对整篇文章的行文思路进行了分析,在总结行文思路策略时,采用了填空归纳的方式,相较于第一轮课和第二轮课,更加清晰明了。

表 10-5 第三轮上课分工安排

分组	组员	组长	专业支持
教学设计组	严玥、郭盛岚、王婷婷	郭盛岚	关景双(学科专家) 许建平(学科专家)
前测后测组	李雨千、李晨、陆磊	李 晨	严加平(科研人员)
教师教学组	郭盛岚	郭盛岚	许建平(学科专家)
学生学习组	李惠惠、李晨、李雨千	李惠惠	严加平(科研人员)
媒体资源组	钱程、李雨千	钱 程	严加平(科研人员)

表 10-6　第三轮上课时间安排

时间	活动内容	预期目标	活动方式
3.13	第三轮授课 1. 使用观察技术并研讨 2. 整理实录以及观察数据	1. 对最终展示课形成问题诊断共识 2. 形成小组的最终结论	专家指导 集中培训 小组讨论
3.18—4.4	撰写课例研究报告	对经验成果进行总结，形成一种可以应用于今后实践的教学做法	教研活动 电邮联系

二、课堂观察及评价方法的纠偏与完善

语文学科课例研究小组在三轮实践中，对于课堂观察和评价的方法，也经历了一个逐渐清晰细化的过程。

（一）只有"形似"的课堂观察和评价

课例研究讲究方法的重要一点是，通常都会根据观察点设计课堂观察工具，以及通过设计学生的前后测来考察教师这堂课的效果。因此，为了"用方法"，我们在第一轮课时，设置了针对学生的前后测问题，以及一份《教师提问水平量表》。其中，前测和后测问题内容是围绕《月光曲》这篇例文展开的；课堂观察表则是对教师的提问水平进行观察。

表 10-7　第一轮课的教师提问水平观察量表

观课学校		年级、班级		时间		月	日
课题		执教者		课型		记录人	
教学环节	教师提问（以原话为准，课后通过录像补充）		机械	认记		推理	创造

通过这样的形式，改变之前只是带一本听课笔记进入课堂的现象，更多地关注这节课自己要观察什么，怎么观察；如何寻找证据来考察教师这堂课是"有效果"的。

然而，我们也很快发现了问题。在第一轮课结束后，课例小组在研讨过程中发现，第一轮课课堂观察量表和前测后测问题的设计存在较大问题。

首先，为什么要观察教师的提问水平？我们选择这一观察点的理由是什么？这与本课例研究主题"通过行文思路梳理来提升学生思维的深刻度"有什么关系？我们对这些前提性的问题都还没有思考清楚。而《教师提问水平量表》也仅仅是把教师提问类型划分为机械、认记、推理和创造，不能与抽象思维工具如"比较、分类、判断、分析与综合"一一对应。并且，课堂观察只关注了老师教的过程，而没有关注学生学习的过程。

其次，经过课堂学习，学生会加深对《月光曲》这篇例文的理解，因此用《月光曲》这篇例文本身的内容来检测学生是否掌握了记叙文行文思路的梳理策略，思维的深刻度是否得到提升，肯定是不妥当的。

于是，在后面的两轮课中，我们分别对课堂观察点和观察量表，以及前后测做了重新的调整。

(二) 对"为什么"设计观察点和评价的审视

1. 对观察点设计的思考

以初中生的思维发展特点为基点，抽象思维工具可分为比较和分类、判断、分析和综合、批判性思维四种思维工具。通过"比较"可以找出事物的相似性或差异性，形成对事物的某种认识，这是其他抽象思维的基础，也是绝大多数初中学生能掌握的抽象思维工具。"判断"是断定客观事物是否具有某种属性、关系的思维方式。"分析"是把事实或性质选拔出来，使它有显明的意义；"综合"是把选拔出来的个体安放在一个有意义的关系上，将同类事物的个体加以分析，或者能够将同类事物统一起来。而"批判性思维"是要全面、适当、准确地分析事物各方面的因素，通过论证的方式来理解事物，是抽象思维中的最高层次。[①]

本课例研究是探索如何提升学生思考深度，而思维的深刻性本身就是指思维的抽象程度和逻辑水平。因此，再次设计教师提问水平观察量表时，我们就把原有的"认记、推理、创造"，调整为我们的学生所能实现的"比较和分类、判断、分析与综合"，尽量

---

① 王雪莹. 初中语文阅读教学中的思维训练研究[D]. 桂林：广西师范大学，2018.

与抽象思维工具对应。

表 10-8 调整后的教师提问水平观察量表

观课学校		年级、班级		时间		月	日
课题		执教者		课型		记录人	
教学环节	教师提问(以原话为准,课后通过录像补充)			机械	比较和分类	判断	分析与综合

2. 对前后测设计的思考

第一轮课时,前后测题目都涉及了例文本身的内容。前测如:贝多芬之所以能够谱成月光曲,根本原因是什么?课文中哪句话可以解释贝多芬能够谱《月光曲》的原因?这句话和文章中的哪句话可以形成呼应关系?后测题目如:《月光曲》中哪一句话可以统摄全文?《月光曲》中贝多芬一共有三次地点的转移,是哪三次?为什么他会发生这三次地点转移?这反映了贝多芬是一个具有怎样品德的音乐家?这部分内容和文章的中心有何联系?

经过课堂学习,学生对《月光曲》这篇例文的理解程度肯定会有所提高,一些问题如"贝多芬之所以能够谱成月光曲,根本原因是什么?""《月光曲》中哪一句原句可以统摄全文?"在课堂学习中已经得到解决。因此用《月光曲》这篇例文本身的内容来检测学生是否掌握了记叙文行文思路的梳理策略不太妥当。

第二轮课开始后,课例小组不再采用例文中的内容作为前后测题目的来源,而是选择了例文之外的两篇记叙文。

前测我们选择了记叙文《生命的轻重》,来源于学生没做过的课外练习。这篇记叙文主要讲的是在沿滇藏线进藏的路途中,"我"的一个隐瞒了再生障碍性贫血的队友病情发作,"我"和向导放弃自己的行程,送她返回香格里拉就医(具体参见附件1)。之所以选择这篇文章,是因为这篇记叙文和《月光曲》一样,既有时间转移也有空间转换,情感线索较为清晰,有利于学生进行行文思路的梳理,并且反思在此过程中使用的策略。为此,我们在前测中设计了如下七个问题。

表 10-9 第二轮课前测问题列表

	前测题内容	设计意图
1	"我"从知道女孩腿肿到送女孩去医院这一过程,经历了怎样的感受变化?请根据你的理解填写下表。(填写)	考察文章的情感变化
2	第 17 节画线句"我只记得她隔着车窗的眼神,很复杂"。为什么女孩"眼神复杂"?请谈谈你的理解。(填写)	考察材料之间的内在联系
3	你认为本文的线索是什么?(填写)	考察文章的线索
4	根据你的理解,你认为文章核心想要表达的是(　　)(单选) A. 表达了对文中女孩宁愿付出生命也要实现进藏梦想的由衷敬意。 B. 表达了对文中两位同行医生冷漠对待危重病人的极端不满和指责。 C. 告诉我们对自己生命负责也是对团队的负责及对他人生命的尊重。 D. 表现了对旅行团队在危急关头缺乏集体合作意识的深入思考和反思。	考察文章的主旨
5	有人认为,文章第 2 段和后文情节的展开关系不大,可以删去,你的想法是:_____	考察材料之间的内在联系
6	通常你在阅读记叙文时,对于文章中心思想的把握,你都:(　　) A 非常清楚　B 比较清楚　C 不太清楚　D 完全不清楚 通常你在阅读记叙文时,对于文章段落之间的关系,你都:(　　) A 非常清楚　B 比较清楚　C 不太清楚　D 完全不清楚	考察学生对记叙文行文思路把握的自省意识
7	对于如何把握记叙文的中心思想,以及段落、材料之间的关系,我: A 有自己的方法,方法是:_____ B 好像有方法,但说不清楚 C 没什么方法 D 我有补充:_____	考察学生对使用策略的自省意识

后测我们选择了记叙文《一碗面的时间》,来源于学生没做过的课外练习。这篇记叙文主要讲的是李佳到日本餐馆吃面时遇见初中同学红梅,误会她在家庭困难同学捐款的情况下,还到日本餐馆奢侈消费,后来误会解开,李佳也因此受到启发,和丈夫及时沟通,消除了丈夫出轨的误会(具体参见附件2)。之所以选择这篇文章,是因为这篇记叙文同样既有时间转移也有空间转换,情感线索较为清晰。我们在前测中设计了如下五个问题。

表 10–10　第二轮课后测问题列表

	后测题内容			设计意图
1	根据文章内容,完成下表。			考察文章的主要情节
	李佳看到的情形	李佳产生的误解	事实的真相	
		老公程雷和别的女子有非正常关系。		
	初中同学红梅带着女儿到很贵的日本餐馆就餐。		红梅用免费餐卡到工作过的餐馆为女儿过生日。	
2	本文的线索是_____			考察文章的线索
3	第6段"在这种地方看到她,李佳有点儿诧异"的原因是:			考察文章材料之间内在的联系
4	你认为本文的启示是(　　)(可多选) A. 眼见也不一定为实　　B. 只有宽容才能和睦 C. 人与人要相互信任　　D. 沟通才能消除误解			考察文章的主旨
5	简要分析第19段的作用。			考察材料之间的内在联系

第二轮课结束后,课例研究小组经讨论分析,认为第二轮课没有充分发挥学生的主动性,没有让学生根据自己的具体分析去发现归纳,除了例文选择不够恰当,教学设计过于超前以外,更重要的还是过于关注教师的教,而不是学生的学。

(三)"持续改进"的前后测和课堂观察

1. 新增设对学生的课堂观察

"思维链"教学鼓励学生连续思考,不断反思思考的过程和结论,产生新的联想和问题;通过观念具体化、知识概化和能力活化使思维外显化。因此,在课堂观察时,只观察教师肯定是不够的,对于学生学习过程的观察不可或缺。

在第三轮课时,课例研究小组除了保留第二轮课的《教师提问水平量表》,还增加了《学生应答水平量表》,更多地观察学生的学习过程。

表 10-11 学生应答水平量表

观课学校		年级、班级		时间		月	日
课题		执教者		课型		记录人	
教学环节	教师提问(以原话为准,课后通过录像补充)	学生回答(以原话为准)	学生回答层次				
			无应答	机械	比较分类	判断	分析与综合

2. 改进前测后测题目

第二轮课时,虽然采用了课外题目作为前测后测题目,比起第一轮课直接用例文有了很大提升,但由于第三轮课时,我们重新选择了只有时间转换的例文《十六年前的回忆》,因此也重新设计了前后测题目。

前测我们选择了记叙文《放学》,这篇记叙文主要讲的是小学生安安的母亲因为孩子放学晚归前去跟踪调查,终于查明了孩子晚归的原因(具体参见附件3)。之所以选择这篇文章,是因为这篇记叙文时间转换清晰,课文中有很多表示时间的语句,有利于学生进行行文思路的梳理,并且反思在此过程中使用的策略。我们在前测题目中设计了如下五个问题。

表 10-12 第三轮课前测问题列表

	前测题内容	设计意图
1	本文的线索是什么?	考察对文章线索的把握
2	第1—5段中,"十五分钟、拐三个弯"反复出现。下列各项中,对其作用理解错误的一项是_____ A. 交代安安放学回家应花时间很短。 B. 为引发母子间的矛盾冲突做铺垫。 C. 引发了下文母亲想要探寻真相的行为。 D. 表现了安安珍惜同学之间深厚的友情。	考察对文章主旨的把握
3	第6—11段中,有关时间的画线部分内容可否删去?请简述理由。	考察对文章段落之间关系的把握
4	通常你在阅读记叙文时,对于文章中心思想的把握,你都:( ) A 非常清楚　　B 比较清楚　　C 不太清楚　　D 完全不清楚 通常你在阅读记叙文时,对于文章段落之间的关系,你都:( ) A 非常清楚　　B 比较清楚　　C 不太清楚　　D 完全不清楚	考察学生对使用策略的自省意识
5	对于如何把握记叙文的中心思想,以及段落、中心之间的关系,我: A 有自己的方法,方法是:_____ B 好像有方法,但说不清楚 C 没什么方法 D 我有补充:_____	考察学生对使用策略的自省意识

后测我们选择了记叙文《转场的哈萨克》,这篇记叙文主要讲的是乌尔达拉克在大学毕业后,在父亲的强制要求下,不得不辞掉城市的工作回到家乡,和父亲采用哈萨克人最传统的方式转场,并在此过程中,理解了父亲对民族文化的依恋(具体参见附件4)。之所以选择这篇文章,是因为这篇记叙文时间转换清晰,课文中有很多表示时间的语句,有利于学生进行行文思路的梳理,并且反思在此过程中使用的策略。我们在后测中设计了如下五个问题。

表 10-13 第三轮课后测问题列表

	前测题内容	设计意图
1	本文的线索是什么？	考察对文章线索的把握
2	文中采用了怎样的顺序？为什么这么安排？	考察对插叙作用的把握
3	以下对文章理解正确的一项是（　　）（单选） A. 文章结尾预示着哈萨克人即将过上安居乐业的美好生活。 B. 乌尔达拉克回城的举动表现了他对于父辈生活状态的不满。 C. 乌尔达拉克看到"定居点"时产生了对"马背生活"结束的遗憾。 D. 文章通过对哈萨克民族转场的叙写引发读者思考是否应坚守传统。	考察对文章主旨的把握
4	问题4：作者详写的是哪一个时间段？作者为什么这样安排？	考察对文章详略作用的把握
5	对于如何把握记叙文的中心思想，以及段落、中心之间的关系，我： A 有自己的方法，方法是：＿＿＿＿＿＿ B 好像有方法，但说不清楚 C 没什么方法 D 我有补充：＿＿＿＿＿＿	考察学生对使用策略的自省意识

第三节　呈螺旋式上升的三轮课

在语文学科课例研究中，我们秉承学校重心，关注策略，坚持以"思维链"为抓手，提倡在课堂教学中运用问题导学，用问题内化思维链，通过引导学生根据记叙文的不同类型，不断使用比较和分类、判断、分析与综合等思维工具，自己构建起思维链以梳理行文思路，从而提高学生语文学习的思考深度。

一、第一轮课：梳理了文本，但未提炼文本梳理的策略

在实践中，第一轮课课前，课例研究小组期望课堂教学思维目标从"回忆与再现"提升到"思维迁移与创造"，明确重点是行文思路的梳理策略。课例小组在进行例文《月光曲》的教学时，两堂课都从文中关键句入手，对文章的主要事件进行了梳理。如：

教师提问:

文中第一段提到"其中有一首著名的钢琴曲叫《月光曲》,传说是这样谱成的",这一句在这里起了什么作用?

课文从哪儿到哪儿写了这个传说?

贝多芬为穷兄妹前后弹了几首曲子?第几首是弹的《月光曲》,写弹《月光曲》从哪儿到哪儿?

……

这样的问题只是带领学生梳理了例文的行文思路,即作者的叙事轨迹,但是教师的课堂问题之间并未形成外显的逻辑联系,也没有将"梳理"记叙文行文思路的策略明确提炼出来,以至于学生并不能明白此课的学习目的是掌握记叙文行文思路梳理的一种策略。

此外,由于以往语文教学设计的惯性,第一轮教学设计中还有相当多的内容是对描写性语句的赏析品味,如教师设计了这样一个环节:

教师提问:是怎样的情景使贝多芬创作出这样一首世界闻名的乐曲呢?

学生齐读课文"一阵风把蜡烛吹灭了……按起琴键来"。

教师提问:课文中有一幅插图,这个情景多美啊。蜡烛灭了,屋子里的一切好像披上了银纱,那么白,那么亮,那么美。为了描写这个环境,课文中用了什么词?

学生明确:清幽。

教师小结:这个清是亮、清朗的意思;幽给人宁静的美感。前面也讲到贝多芬在幽静的小路上散步。清幽、幽静,都有幽雅、美和静的含义。但清幽有光亮的意思。月光是那么亮、那么美,也给人宁静的感觉。

第一轮课后,学生只是了解了例文的主要事件,而对例文的行文思路并不了解,更不要说掌握记叙文行文思路的梳理策略。加上前测和后测问题设计的不合理性,让我们无法得知样本学生授课前后思维深刻度的变化,学生并没有构建起记叙文行文思路梳理的思维链,思维深刻度的提高自然是无从谈起。

因此在第一次反思活动中,课例研究小组辨析了"记叙文行文思路梳理策略研究"和"记叙文行文思路研究"两个概念的区别。课例研究小组认为,记叙文行文思路研究指的是研究记叙文行文思路本身是什么,而记叙文行文思路梳理策略研究则是研究如何引导学生掌握梳理记叙文行文思路的方法。

二、第二轮课：借助课堂任务单将梳理策略外显化

在第二轮课时，课例设计小组依旧选取了《月光曲》作为例文，并且在教学时，吸取第一轮教学设计的教训，特别强调对策略的提炼。

为了降低学生总结记叙文行文思路梳理策略的难度，教师新增了课堂任务单，引导学生记录课堂提问，以便总结策略。

表 10-14　课堂任务单

课堂任务单
请依次记录下老师上课的提问。 1. 课文中有哪些人物？谁是最主要人物？他们的身份如何？ 2. _____ 3. _____ 4. _____ 5. _____

此外，此次教学去掉第一轮教学设计时关于描写性语言赏析的环节，增加了对空间转换的分析，以及总结梳理策略的环节，如授课教师明确让学生根据贝多芬所处环境的变换，将课文划分为 4 个小片段。同时，在课堂最后一个环节"总结行文思路梳理策略"时，授课教师让学生根据《课堂任务单》记录的教师提问，回忆整个课堂为分析行文思路生成的一系列问题，如：

1. 人物有哪些？

2. 最主要人物是谁？身份如何？

3. 最主要人物和其他人物之间发生了一件什么样的事情？

4. 这件事情按照时间、地点等因素进行划分，可以划分为几个小片段？每个人物在各个片段中都有着怎样的言行？他们言行背后蕴藏着怎样的情感？

5. 文章的线索是什么？

6. 最主要的人物具有哪些品质特点？

7. 本文的中心是什么？

此外，这堂课明确告知学生这就是梳理记叙文行文思路的常见策略，依照这个顺序提出问题链，依次去文章中寻找答案，往往能理清文章的行文思路。

第二轮课，根据前测数据，在考查学生对文章主旨理解时，样本学生的正确率达到

80%,考查对段落之间关系的认识时,正确率为45.71%,而考查对文章线索的认识,正确率为0。后测数据则显示,考查学生对文章主旨的理解时,样本学生正确率达到80%,考查对段落关系的认识时,正确率为68.57%,而考查对文章线索的认识,正确率为0。

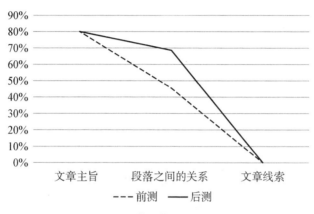

图10-1 第二轮课前后测对比

通过对比前后测数据,我们发现:关于段落之间关系的正确率提高了22.86%,而关于文章主旨和线索题目,样本学生的正确率几乎没有变化。

掌握文章行文思路的梳理策略,是一个极其复杂的思维过程,需要学生运用形象思维中的联想,以及抽象思维中的比较和分类、判断、分析和综合等一系列思维工具。如果学生掌握了梳理现代文的行文思路策略,就能有效提高抽象思维中判断、分析和综合等能力,提升学生思维深刻度。但是,第二轮课下来,我们发现,最需要使用比较和分类、判断、分析和综合等一系列思维方法的题目(考查文章主旨、线索和段落之间关系的题目),学生的正确率提高有限。虽然相较于第一轮课,教师在此轮课的课堂问题上形成了外显的逻辑联系,学生也非常清楚自己学习的目的就是要掌握记叙文行文思路的梳理策略,但由于过于强调对策略的提炼,第二轮教学设计在引导学生提炼行文思路梳理策略时没有落实到具体的语句中,有空谈策略之嫌。因此,学生虽然构建起了记叙文行文思路梳理的思维链,但只是一种纯粹地背诵理论,学生并不会灵活运用,达不到学一篇会一类,提高学生思维深刻度的目的。这说明如果不结合具体文章内容,空洞地把记叙文行文思路的梳理策略传授给学生,并不能达到思维链教学的目的,也无法真正提高学生思维的深刻度。

三、第三轮课：借助填空归纳构建起思维链

在第三轮课时，课例研究小组对例文进行了调整，选择了部编版六年级下册第三单元第一篇课文《十六年前的回忆》。教学设计主要从文章的写作顺序（时间的转换）和作者的情感变化入手，兼顾详略的分析，对整篇文章的行文思路进行了分析，在总结行文思路策略时，则采用了填空归纳的方式，如：

通过这篇课文，我们得知，在分析一篇以时间转换为主的记叙文行文思路时，首先要关注表示（　　）的词语，然后要特别关注（　　）的部分，去分析这部分中蕴含的（　　）和（　　），最后去探索其背后作者的（　　），如果有某个（　　）颠倒次序在文中出现，或反复出现，这也是我们需要去关注的。

由于需要分析的内容减少，再加上在提炼记叙文行文梳理策略时，遵循了从例文的具体语句中来，再回到具体语句中去的原则，因此学生能够构建起一条完整的记叙文行文思路梳理思维链，如：

通过这篇课文，我们得知，在分析一篇以时间转换为主的记叙文的行文思路时（判断），首先要关注表示时间的词语（比较和分类），然后要特别关注详写的部分（比较和分类），去分析这部分中蕴含的人物形象和作者的情感变化（分析和综合），最后去探索其背后作者的写作意图（分析和综合），如果有某个时间词颠倒次序在文中出现（比较和分类），或反复出现，这也是我们需要去关注的（分析和综合）。

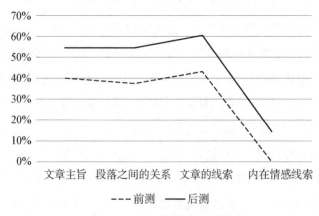

图 10-2　第三轮课前后测对比

这样,学生就能举一反三,从而真正达到了提升学生思维深刻度的目的。

第三轮课,前测数据显示,在考查文章主旨与段落之间的关系时,样本学生的正确率达到40%,考查段落之间的关系时,正确率为37.14%,而考查文章线索,42.86%的学生能意识到写作顺序,而内在的线索却无人能发现。后测数据表明:在考查段落和主旨的关系时,样本学生正确率为54.28%,考察段落之间关系时,正确率为54.28%,而考查文章线索,有60%的学生意识到插叙的写作顺序,而14.29%的学生能发现主人公情感变化这条线索。

经过此轮课,样本学生关于文章主旨段落和主旨的关系,正确率提高14.28%,关于段落之间的关系时,正确率提高17.14%,而在考察文章线索时,最主要的提升则体现在发现感情变化这条暗线上。相较于第二轮课,最需要用到比较和分类、判断、分析和综合等一系列思维工具的题目(考查文章主旨、线索和段落之间关系的题目),学生的正确率提高较为明显,学生思维的深刻度得到了有效提高。但是由于在课堂教学过程中,教师在总结策略的时候,没有明确提出情感变化是记叙文常使用的线索之一,导致学生在后测问题时,只有14.29%的学生能够意识到情感线索的存在,这也是第三轮实践活动中令人遗憾的一点。

第四节 对构建思维链的理性思考

虽然还是有遗憾存在,但是这次课例研究我们也收获了很多。最大的收获就是,我们对如何进行课例研究,在文科中帮助初中生构建起思维链,提高思维的深刻度,提升学生的思考深度有了更清晰的认识,并总结出了一些经验和做法。

一、课例研究是一个在实践中动态改进的过程

课例研究就是一个教师行动研究的过程,需要理论与实践相结合,在合作探讨、自我反省、多方总结中来解决问题。

首先,观察点应紧紧围绕研究主题来确立。在第一轮课设计观察点时,由于课例

研究小组对研究的主题"以思维链设计提升学生的思考深度"中何为"思考深度"理解不够透彻，因此，第一轮课设计只是根据以往的经验，把观察点划分为机械、认记、推理和创造，不能与抽象思维工具如"比较和分类、判断、分析与综合"思维一一对应，导致第一轮课的课堂观察数据对研究意义不大。第二轮课时，课例研究小组虽然意识到应根据研究主题，将抽象思维工具和观察点一一对应，但还是秉承着以往一般听课观察教师为主的习惯，忽略了学生在课堂上提升思考深度的过程。直到第三轮课，课例小组对研究主题理解透彻，明白需要对学生使用抽象思维工具、提升思维深度的过程进行观察，从而增加了对学生的观察点。

其次，观察量表的设计应基于所确立的观察点来设计。第一轮课观察量表《教师提问水平量表》所收集的数据之所以用处不大，就在于课例小组没有确定好观察点就开始设计量表。而第二轮课之所以没有设计出《学生应答水平量表》，也在于课例小组事先没有确定关于学生学习过程的观察点。

再次，前后测的内容，应以能真正检测学生学习效果为目的。此次课例研究前后测应以检测学生是否掌握了记叙文行文思路策略，提升了思考深度为目的。然而，第一轮课的前后测，虽然设计了关于行文思路梳理的问题，但是由于选择了例文本身作为检测内容，导致数据说服力不够。而第二轮课的前后测，虽然在第一轮课前后测的基础上作了改进，但是有一些考察文章情节的问题和本次研究的主题无关的问题，因此在第三轮课时，课例研究小组再次进行了改进。

本次课例研究虽然曾经在预设和实践中出现偏差，但是教师在研究的过程中不断进行反思，并且根据实际情况作出了一系列的调整改进，因此最终还是达到了研究的目的。

二、 思维链的构建应首先用比较和分类的思维工具

根据全国青少年心理研究协作组在《国内二十三省市在校青少年思维发展的研究》所述，我国在校青少年思维发展的年龄特点是：形式逻辑思维在初一阶段开始占优势，到高二阶段已趋基本成熟；辩证逻辑思维在初一阶段已初步具备，到高二阶段开始占优势。而现在我们研究小组所面临的是六年级的学生，离初一还有一年的时间，形象思维和抽象思维都在迅猛发展，一般性形象思维处于优势地位，初级的抽象思维才逐渐培养起来了。① 而在运用"思维链"时,学生需要基于已有知识经验,才能针对认识新事物、解决新问题进行完整的、连续的、指向性强的思维活动。而比较和分类作为抽象思维的工具之一,是其他抽象思维的基础,也是认识事物的一种重要方法。通过比较可以找出事物的相似性或差异性,达到归纳和鉴别的目的,最终形成对事物的某种认识。因此,在引导他们掌握梳理记叙文行文思路策略,发展他们的抽象思维时,应该从抽象思维的基础,也就是比较和分类开始进行。

在三轮课中,我们第一轮和第二轮之所以有较多瑕疵,其中很重要的一点就是,我们在进行记叙文行文思路梳理时,采取的是分析材料之间,以及材料与中心之间关系的方法,即直接进入到判断、分析和综合等抽象思维比较高阶的阶段,导致学生无法行之有效地构建起思维链。而在第三轮课,我们从学生已经有一定基础的写作顺序(时间转换)以及详略问题入手,不断引导学生使用比较和分类的思维工具,进而延伸到写作顺序、详略安排、情感线索和中心之间的关系分析,让学生进一步使用判断、分析和综合的思维工具,从而使之掌握了梳理记叙文一种比较有效的策略,提高了他们的思考深度。

这让我们更为清晰地认识到,在使用思维链提升学生的思考深度时,不要急于求成地使用判断、分析与综合等思维工具,而应该从引导学生使用比较和分类的思维工具入手。

三、思维链的构建应考虑学习内容的选择

虽然我们三轮课都是以"记叙文的行文思路策略"研究为主题,但是由于学习内容选择的问题,因此,在第一轮课和第二轮课时,我们选择的例文《月光曲》虽然情感线索较为明显,有利于进行行文思路的梳理和策略的提炼,有利于思维链的构建,但是由于这篇课文时空转换同时进行,因此在分析行文思路和策略提炼的时候,需要多线进行,思维工具的使用也几乎直接跳过了比较和分类这种抽象思维最基本的思维工具,而直接进入判断、分析和综合思维工具的使用。这对于六年级的学生难度太大,在引导学生掌握分析和综合的抽象思维方法,进而掌握记叙文行文思路策略的时候效果不尽如

---

① 全国青少年心理研究协作组. 国内二十三省市在校青少年思惟发展的研究[J]. 心理学报,1985(03).

人意，最终导致第一轮课和第二轮课思维链构建的失败。而在第三轮授课的时候，我们注意到了这个问题，采用了《十六年前的回忆》这样一篇只有时间转换，详略和情感线索都非常明显的文章。学生能在大量采用比较和分类思维工具的基础上，逐渐过渡到判断、分析与综合等思维工具的使用，最终构建起思维链，从而有效提升了学生的思考深度。

因此，要发展学生的思考深度，应该根据学习内容的类型和难易程度，以及抽象思维的四种常见工具两个要素进行综合考虑，采用螺旋式上升的训练办法，从而让学生透彻理解某一思维工具后，再训练下一个思维工具，从而有效提高学生的思考深度。

四、思维链的构建需要提供适当的学习支架

思维链教学要求在探究的过程中适当为学生提供学习支架，从而修正假设，得到结论，并且通过观念具化、知识概化和能力活化使思维外显化。

在三轮课中，第一轮课学生只是了解了例文的主要事件，而未能掌握例文的行文思路和行文思路的梳理策略，除了授课教师对"记叙文行文思路梳理策略研究"和"记叙文行文思路研究"两个概念的区别不够明晰外，课堂上没有给学生提供学习支架也是重要原因。

第二轮课教师给学生准备了学习支架——《课堂任务单》，学生根据《课堂任务单》记录教师提问，回忆了整个课堂为分析行文思路生成的一系列问题，同时教师明确告知学生这就是梳理记叙文行文思路的常见策略，学生依照这个顺序提出问题链，依次去文章中寻找答案，就能理清文章的行文思路。这种方式虽然存在空谈理论、难度过大的缺陷，但是首次将梳理策略外显化，克服了第一轮课时学生只是了解了例文的主要事件的缺陷，最终达到了思维链教学使思维外显化的要求。第三轮课更是在第二轮课的基础上做了调整，将学习支架《课堂任务单》改进为在总结行文思路策略时采用填空归纳的模式，使学生能够连续思考，不断反思思考的过程和结论，使思维外显化，从而有效构建起记叙文行文思路梳理策略的思维链。

路漫漫其修远兮，吾将上下而求索。虽然此次语文学科课例研究已经告一段落，但是我们对文科思维品质的研究，提升学生学生思想深度的步伐尚未停止，我们将继续努力，以促进学生和教师的共同发展。

存目 1

生命的轻重*

① 2005 年，我和一些素不相识的人在丽江组成一支临时团队，计划沿滇藏线进藏。途经梅里雪山，我们在飞来寺停下去转山①。

② 飞来寺海拔 3400 米，<u>它可以说是朝圣路上最受垂爱的驿站</u>，因为此处直面梅里十三峰，也是观看日照金山的最佳地点。然而，这里的气候变幻无常，雪雨阴晴全在瞬息之间，如果要徒步游览，那是需要一定体力的，健康的人都未必能够坚持下来。

③ 而就在此时，同行一个北京女大学生不经意间嘀咕了一下："哦！我的腿肿了！"声音不大，并没有引起大家的注意，近旁的我出于职业习惯，马上意识到这并非小事，于是问："怎么会？累了？还是……"女孩并不十分在意，只是淡淡地答道："没事吧，老毛病了。我有再生障碍性贫血，在京时几乎每个月都要去输血。"

④ 我一下就抬高了声音道："那你为什么还要到高原来？"要知道，再生障碍性贫血患者的血液携氧功能本来就很差，更何况是在高原。女生不敢抬头，嗫嚅道："到西藏是我的人生梦想，这一路走来，非常开心，就算死在这里也是值得的。"女孩的解释让我不知如何回应，我有些生气。我清楚地知道女孩这样进藏是不行的，于是我当即提出要返回。

⑤ 我们一行共有六人，两个资深的徒步旅行者直截了当地表达了意见："我们这样的团队本来就是临时组合的，每个人都清楚自己在做什么。她已经成年，应该对自己的行为负责，她应该自己回去而不影响别人。"两个广州游客相视片刻后耸了耸肩，表示无所谓。藏族向导扎西面色凝重地同意返回迪庆，说那里有医院。大家争论了很久也没有达成一致，而那个女生一直沉默着，只是呼吸越发的沉重困难，似乎又感冒了。我迟疑了片刻，决定和向导扎西一起带女生离开。女生还有些抗拒，可吃力的呼吸已经让她没有了争辩的力气。

⑥ 我们轮流背着女生下山，赶回德钦已是黄昏。终于，我们找到一家医院，当时女生已经站不起来了，情况看起来很严重。我扯着嗓子喊了好一会儿，才出来一个中

---

* 选自《情感读本》2014 年第 15 期，作者：吴优。

年人,他挽着裤腿,手里拿着螺丝刀,似乎刚才正在修理什么。

⑦"医生呢?"我问。

⑧他说:"我就是。"

⑨我很着急:"这个女生患有贫血,现在可能需要吸氧。"

⑩他答道:"我们这里没有吸氧机。"

⑪我抱起女生扭头就走,看来必须要回香格里拉了,女孩几乎毫无知觉,无力地伏在我的背上。我们连夜踏上归途,顾不得疲累,也忘记了特殊环境下自己的种种不适,一路紧赶慢赶地到了当地最大的迪庆自治州医院。值班的是位年纪和我相仿的男医生。

⑫"大夫,我也是医生,这个女生患有'再障',她可能需要吸氧。"

⑬男医生不语,掏出处方纸,刷刷写了几笔,我接过来一看,是吸氧需要的费用——显然,要先付钱才能吸氧。

⑭"同志,那能不能给她查一个血常规?"我又问道。

⑮他不慌不忙地说:"血常规明天早上可以查,下午5点左右可以出报告。"

⑯我一下醒悟过来:这是在藏区!如果是北京,医院一般10分钟就可以出报告,可此刻我们唯一能做的就是等待。

⑰那是一个漫漫长夜。所幸,女孩当夜病情平稳,第二天我们把她送上回丽江的班车,我只记得她隔着车窗的眼神,很复杂。从此我们再无联系。

⑱之后多年,我一直对那几个医生同行的态度耿耿于怀。

⑲后来,我很多次参加了这样的徒步旅行,走过无人区,登过雪山;我还选修了户外运动课,结识了专业运动员,直到那时我才体会到,对自己生命的尊重,也就是对整个团队的负责以及对他人生命的尊重。在通往珠峰的道路旁,散落着许多逝者的遗骸,后来者经过时莫不心存敬畏。但多年已过,却无人能将这些遗骸带回故里,因为,那必将冒着极大的风险,甚至会付出生命的代价。

⑳在极端环境下挽救生命是如此不易,但如果是一个连自己的生命都不珍惜的人,别人又何苦冒险去保护她呢?我不知道那个女生后来怎样,我也不知道那次经历对于她的影响,我只希望,她一切安好。

存目 2

一碗面的时间*

① 李佳的初恋情人来她所在的城市出差,李佳请他吃饭,饭后初恋情人请她去酒店叙旧,她拒绝了。

② 回家的路上,路过一个花园小区时,李佳看到令她无法相信的一幕:老公程雷和一个年轻女子从车上下来,谈笑风生地进了小区大门。她马上拨打老公的手机,竟然关机!李佳的心顿时凉到彻骨。

③ 路过一家日本餐馆时,李佳走了进去。平时她很少来这种地方,总认为太贵,不实惠。

④ 她点了一碗面。这时,初恋情人发来一条短信:明天我就要走了,你要让我带着遗憾离开吗?

⑤ 李佳眼前浮现出老公跟那个女子走进小区的背影,想也没想就回了3个字:你等我!她决定吃完这碗面就去酒店赴约。

⑥ 这时,一对母女走了进来。李佳多看了两眼,竟是初中同学红梅!<u>在这种地方看到她,李佳有点儿诧异,要知道,红梅的丈夫前不久生了重病,同学们刚给她捐了款。</u>

⑦ 红梅似乎对这里很熟,只见她接过菜单,开始熟练地点菜:"这个味噌汤比较清淡,来一份。再来一份鳗鱼寿司卷。冰激凌嘛,这款味道最好。"

⑧ 李佳没有上前跟红梅打招呼,只是加快了吃面的速度。这时见面难免尴尬,她决定尽快离开。

⑨ 没想到,红梅却发现了李佳,她带着女儿过来热情地打招呼。李佳感觉有点儿别扭,敷衍了几句。这时,一位经理模样的人走了过来:"红梅,来啦。最近好吗?"看来,真是常客了,连经理都认识她。

⑩ 红梅面露微笑说:"还好,我现在在一家酒店做保洁,那儿离家近一些。"

⑪ "说实话,我们真舍不得你离开这儿。"经理感慨道。

⑫ "是啊,我也喜欢在这儿工作,大家都那么照顾我。"

---

* 选自《上海故事》2011 年第 4 期,作者:王慧.

⑬"这张免费餐卡你现在才用呀!"

⑭"今天是女儿生日,餐卡一直留到今天呢!"

⑮经理走后,红梅继续跟李佳聊:"我老公的病情现在已经稳定了。老同学,放心,我会挺过去的!"

⑯李佳鼻子一酸,现在她才明白,眼见也不一定为实,如果刚才走了,会不会一直误解红梅呢?她突然又想到老公和那个女子,也许事情不是自己想的那样。她决定等老公回家后,把事情当面问清楚。

⑰想到这儿,她给初恋情人发了条短信:"刚才的短信发得不完整,后面还有几个字没发出去:明天去机场送你。"

⑱就在这时,电话响了,是老公的:"佳佳,我手机没电了,这是用别人手机打的。嘿嘿,我今天瞒着你跟中介小姐去看房了,那套房子真不错。你在哪儿?我接你去看一下,如果满意我们明天就付款买下来。"

⑲泪水瞬间涌上李佳的双眼,她稍稍平复一下心情,嘴角上扬,对老公说:"我在吃面,世上最好吃的面……"

附件3

放　　学*

① 安安上小学了。半年之后,妈妈觉得他可以自己走回家,不必再接了,毕竟只是十五分钟、拐三个弯的路程。

② 十五分钟过去了,又过了一个十五分钟。妈妈开始不安。

③ 一个小时零十分之后,妈妈拎起汽车钥匙,准备出门找安安。门铃响了,安安进门,看见妈妈生气的面孔,惊讶地问:"怎么啦?"妈妈生气地说:"怎么啦?还问怎么啦!你过来给我坐下!"安安卸下背上的书包,嘟着嘴在妈妈指定的沙发角坐下。他的球鞋一层泥,裤膝上一团灰,指甲里全是黑的。"你到哪里去了?"审问开始。"没有呀。"安安睁大眼睛。"只要十五分钟、拐三个弯的路,你走了一小时零十分,你做什么了?""真的没有呀!"安安渐渐生气起来,声音开始急促,"我跟米夏儿、克利斯、史提方

---

* 选自《万象》2018年第25期,作者:龙应台.

一起走,就这样一路走回家,哪里都没去,什么都没做呀!"他气愤地站了起来。看样子孩子没说谎。"安安,妈妈只是担心,怕你被车子撞了,被坏人拐了,懂吗?"安安点点头:"我知道,可是我真的哪里都没有去。"

④ 以后的日子里,妈妈又紧张过好几次,用电话追踪来追踪去,然后安安又一脸无辜地出现在门口。

⑤ 妈妈决定亲眼看看孩子怎么走那十五分钟、拐三个弯的路程。

⑥ 11点半,放学了。孩子们像满天麻雀似的冲出来,叽叽喳喳吵得像一锅滚水。孩子往千百个不同的方向奔跑跳跃,坐在长凳上的妈妈好不容易才盯住了安安,还有安安的"死党"。四个小男生在前头走,妈妈在后头跟着,隔着一段距离。

⑦ 经过一截短墙,小男生一个接一个爬上去,惊险地走几步,跳下来;再爬上去,惊险地走几步,跳下来……11点45分。

⑧ 经过一个大铁门,里头传出威武的狼狗叫声。米夏儿已经转弯,现在只有三个男生了。三个男生蹑手蹑脚地走向大铁门,一接近铁门,狼狗扑过来,小男生尖叫着撤退,尖叫声中混着刺激的狂喜。狼狗安静下来,小男生又开始蹑手蹑脚地摸向大铁门……狂喜尖叫着撤退。妈妈看看手腕,12点整。

⑨ 克利斯转弯,这已到了板栗街。安安和史提方突然四肢着地,肩并肩,头颅依着头趣在研究地面上的什么东西。他们跪趴在地上,背上突出着正方形的书包,像乌龟背着硬壳。地面上有一只黑色的蚂蚁,蚂蚁正用它的细手细脚,试图将一只死掉的金头绿眼苍蝇拖走。死苍蝇的体积比蚂蚁起码大上20倍,蚂蚁工作得非常辛苦。妈妈很辛苦地等着。12点15分。

⑩ 史提方转弯。安安踽踽独行,背着他花花绿绿的书包,两只手插在裤袋里,嘴里吹着不成调子的口哨。差不多了吧!妈妈想,再转弯就是咱们的麦河街。安安停下来。他看见了一片美好的远景:一块工地。他奔跑了去。妈妈心一沉。工地上乱七八糟,木板、油漆桶、铁钉、扫把、刷子……安安用脚踢来翻去,聚精会神地搜索宝藏。他终于看中了什么——一根约两米长的木条。他握住木条中段,继续往前走。12点25分。

⑪ 在离家还有三个门的地方,安安停在一株大松树下,仰头往上张望。这一回,妈妈知道等什么。松树上住着两只红毛松鼠,它们经常在树干上来来去去地追逐。有

时候,它们一动也不动的,就贴在那树干上,瞪着晶亮的圆眼看来来往往的路人。现在,两只松鼠就这么定在树干上,安安仰首立在树下,他们彼此用晶亮滚圆的眼睛瞅着对方,安静得好像可以听到彼此的心跳。

⑫ 在距离放学时间一个小时零五分之后,七岁半的安安抵达了家门口。他把一根两米来长的木条搁在地上,腾出手来按了门铃。

附件 4

转场的哈萨克*

① 十月,乌尔达拉克决定辞职了。

② 父亲三天前的电话,告诉他要转场到冬季牧场去。上百只牲畜,是他们家的全部财产,需要一起完成迁徙,这是一项非常浩大的"工程"。父亲已经年迈,需要人去帮他。乌尔达拉克是长子,下面只有一个还在读高中的妹妹,他必须回去。哈萨克族是一个永远在路上的马背民族。他们为了牲畜的生长,要在春夏秋冬辗转于四个牧场。这些年牧场退化,他们转场的次数越来越少了,只能夏季一个牧场,冬天迁到一个暖和一点的过冬处。

③ 乌尔达拉克今年七月从乌鲁木齐的大学毕业,好不容易在一家经营医疗器材的公司找到了工作。这已经让很多不得已而回到家乡的同学艳羡了。大学时每到转场,乌尔达拉克都请假回家,帮家里打理异常辛苦的转场。可现在刚刚找到工作,马上请那么长时间的假,领导很难理解,更难同意。

④ 乌尔达拉克和父亲在电话中发生了争吵,他觉得现在转场可以租用汽车,不用像以前那样骑马赶着羊群和骆驼。他说很多同学的家里已经用汽车运输物资和牲畜转场了。可是当父亲听到这些时变得异常生气。老人觉得,一个哈萨克人必须尊重传统,乌尔达拉克作为长子必须继承这些。

⑤ 回到家已经是三天以后的夜晚,乌尔达拉克只跟母亲和妹妹打了招呼,并没有跟父亲说话。为了转场,工作丢了。父亲那晚安排着第二天的工作,要求乌尔达拉克独自完成拆卸毡房、查看病兽的事。乌尔达拉克回答:"以前都是跟着你做,我自己不

---

* 选自《小说界》2012 年第 6 期,作者:刘斌立。

会干。"父亲大怒:"哪个哈萨克男人不会做这些就是废物!"乌尔达拉克也不示弱:"我不需要靠做这些来生活。"话音刚落,父亲的马鞭就扫过来。乌尔达拉克流着泪,拿起强光手电,走出了毡房。

⑥ 第二天清晨,父亲宰了生病的羊煮了肉。乌尔达拉克在母亲的协助下拆卸了毡房。

⑦ 迁徙开始了,女人负责孩子和家当,男人要驱赶并追回跑丢的牲畜。当有大卡车拉着其他转场的人家从他们的身边开过时,父亲则用嘲讽的口气问候车上的族人。乌尔达拉克不多言语,只是在父亲的指挥下扬鞭策马。

⑧ 五天的迁徙终于完成了。父亲搭建毡房,母亲煮奶茶准备吃食。乌尔达拉克准备宰杀体弱不能过冬的牲畜,用于狂欢聚会。转场完成,人们都会聚在一起喝酒庆祝。

⑨ 狂欢那晚,乌尔达拉克独自走出了毡房。刚才他听到父亲跟族人讲,他不想让女儿高中毕业就回家出嫁,他希望女儿也考上大学到城市里去。乌尔达拉克嘴角嘲讽地抽了一下,心想:考上大学又有什么用,找到工作不是还得回来转场吗?

⑩ 秋夜,乌尔达拉克感觉到孤独、无助。工作已经辞了,父亲难道是真要让他回家放羊吗?

⑪ "你知道我为什么给你取名乌尔达拉克吗?"父亲突然出现在他的身后,扔给他一件羊皮背心。"乌尔达拉克在哈萨克语中的意思就是孤独的人。哈萨克在草原上已经越来越孤独,牧场快养不活我们了。"

⑫ 父亲坐在一块石头上,示意乌尔达拉克也坐下。"这是我们家最后一次转场,明年春天,我和你母亲就要去定居点了。政府在县城旁边修了很多房子,免费给我们住。你明天就回城做个城里人吧,你妹妹要是考上大学,让她也去。"父亲说着话,点了根烟。寒冷的空气中,白烟缭绕着特别显眼。

⑬ 他并没有看到乌尔达拉克脸上的意外,继续说道:"我只是想你回来跟我学会如何转场,以后就再也没有机会了。我老了,草场一年不如一年,在马背上的日子要结束了。我只想我唯一的儿子,虽然进了城,但还是哈萨克,他应该知道怎么在马背上过日子。"

⑭ 那晚,乌尔达拉克喝了很多酒,第二天独自回城了。回城的路上,他看到了很多定居点的房子星罗棋布在城市的边缘。他想,那里真的是哈萨克的归宿吗?

震川中学　课例研究专业支持者观点链接

严加平（上海市教科院普教所）

需要一提的背景是，震川中学的品质课堂研究原先就想朝着提升初中生思维品质这一方向去，但这是一个覆盖较广的内容。于是，学校经过前期对语文、数学、英语等学科共 30 多位教师常规教学的观摩和分析，对部分执教教师进行有关品质课堂内容的访谈，同时参考本校在上海市绿色指标考察中的薄弱项，以及通过自编问卷《震川中学学生思维品质问卷》对六、七年级学生的调研，才最终确立了以"问题链"为抓手，以提升学生"思维深度"为目标作为本项目学科教师共同探索的主题。这给了我们一个启示，即学校若要推进课堂教学改进，通过掌握多方证据来确立一个具有相对覆盖性又有聚焦性的共同主题，这是一种非常好的做法。

其次，语文组这一课例研究的呈现也很有意思。不同于一般意义上完美的课例研究报告，它富有价值的地方在于：呈现了一个课例研究"不完美的过程"。我们总是希望实践能按照事先的设计顺利进行，但事实是，布迪厄所谓的"实践"有其自身的逻辑。教师们日常开展课例研究也是一样，它受到执教者、时间、场域等诸多因素的影响。但行动中出现问题或困境，何尝不是学习和体会课例研究的契机？本案例中，一开始的同课异构并没有像事先预想的那样异构出"不同"；因为上了课才发现课的选择并不合适；随着选课的变化，前后测等工具也相应发生改变……这些问题相继发生。在不断纠偏和调整中，老师们也更加明确课例研究中的重要问题："观察点应紧紧围绕研究主题来确立；观察量表的设计应基于所确立观察点来设计；前后测的内容，应以能真正检测学生学习效果为目的。"我相信这是老师们真实的、有深刻领悟的总结，也真实体现了教师群体富有反思的行动研究的过程。

第十一章 基于整本书阅读策略提高学生口语交流能力
——以《水浒传》《红楼梦》等阅读交流课为例[①]

《普通高中语文课程标准(2017年版)》的发布,明确了什么是"学科核心素养",并具体解释说明了语文学科核心素养中的"语言建构与运用"是学生在积极的语言实践活动中积累与建构起来,并在真实的语言运用情境中表现出来的语言能力及其品质。自2018年6月起,我校加入嘉定区教育局"聚焦学生学习,提升课堂品质的区域研究"的研究课题,并确立了所承担的子课题项目为"立体课堂:基于'勿离手'意涵的课堂教学转型研究"。综合考量课程标准及课题研究的方向,语文教研组开展了以提升学生口语交流能力为目标的阅读课教学转型课例研究,以期总结经验,反思效果,提炼出可行的策略与方法。

第一节 "立体课堂"理念下语文阅读课设想

语文阅读课的主题教学设计在"立体课堂"理念的引导下,着力于培养和提升学生的言语能力,以实现"动脑、动手、动口"相结合的听、说、读、写能力综合发展。基于新课标要求下的高中语文"整本书阅读"要求,在阅读的基础上设计安排相关的课程,充分利用学校的阅读课课程资源及阅览空间资源,依靠"读—写—说—写"的环节推进来促进学生综合语文素养的提升。

[①] 本章为嘉定二中课例研究成果。执笔人:王燕君。

一、提升学生口语交流能力设想的由来

（一）新的高中语文课程标准中的明确要求

2017年版的《普通高中语文课程标准》指出，语文课程是一门学习祖国语言文字运用的综合性、实践性课程。工具性与人文性的统一，是语文课程的基本特点。这里所说的"工具性"，不是抽象的语言符号，而是指人们形成见解、演述真情、沟通心智、交流思想、获取知识、研究学问、生存发展所须臾不可离开的言语行为。而"人文性"就一直寓于"工具性"之中。因此语文课程应该引导学生在真实的语言运用情境中，通过自主的语言实践活动，积累言语经验，把握祖国语言文字的特点和运用规律，加深对祖国语言文字的理解和热爱，培养运用祖国语言文字的能力，同时发展思辨能力，提升思维品质，培育社会主义核心价值观，培养高尚的审美情趣，积累丰厚的文化底蕴。

（二）目前语文课堂中相关问题的教学现状

传统的语文教学较为注重的是阅读与写作，纵观近时期的教师研究内容，也多以阅读教学和写作教学为主要内容，较少涉及学生口头语言素养的培养。我校语文教学方面的一个重要课题是"自主阅读"，但是，这个课题在研究和实践的过程中，更加注重学生阅读鉴赏能力的培养以及写作表述能力的提升，对学生口头的言语表达能力还是不甚重视。与此同时，各学校也并没有相应的口头语言表达训练课程来对学生进行辅导和帮助。即使有一些小规模的演讲比赛、辩论比赛等，也仅仅只是作为课外拓展的兴趣内容，并未真正形成常规的、有序的教学或者训练。我们也注意到，有部分学生有口头表达交流的意愿，但是囿于课堂时间的限制或者比赛规程的人数限定，他们没有展现的机会也是很大的遗憾。

二、课题研究的方向确定

随着新的高中语文课程标准的发布，"整本书阅读与研讨"这一学习任务群放在了课程内容的首要位置。如何充分利用我们的语文阅读课课时及教学资源，如何在整本书阅读的阅读教学中设置有效的环节，让学生在完成阅读的同时，能够不仅仅以书面的形式完成相应的研讨，更能够用口头语言表达的形式展示所思所感、碰撞思维火花，真正做到"动脑、动手、动口"相互协调一致，语言鉴赏与言语表达穿插同步，体现"立体课堂"的教学理念，成为我们本次课例研究的核心目标。

(一) 关于"整本书阅读"

"整本书阅读与研讨"指的是在阅读整本书的过程中逐步构建和完善阅读概括能力、想象联想能力，提升思维品质和鉴赏能力。在信息化的背景之下，建构阅读整本书经验的过程与手段，对把握技术与语文的关系，形成有意义的互动学习环境，引发学生自主学习，重组教学过程，重塑师生关系都有着重要意义。有研究者指出，"教师作为组织者，从自身的阅读经验出发，通过文本细读生成对作品的认识与思考，参照学生语文学习发展的需要，确定学生阅读整本书的学习目标，设计阅读活动促进学习目标的达成。"①因此，基于整本书阅读的课标要求，设计语文阅读课堂上的活动来达到提升学生口语交流能力的目标，是契合当前语文课堂教学发展需要的。

(二) 关于"口语交流能力"

我们注意到，瑞士语言学家索绪尔曾经明确提出，"语言"和"言语"是需要区分的两个概念。语言是同一社会群体共同掌握的，因此它的意义必然是概括的；言语是个人的说话行为，是含有个人理解体验在内的，因此是具体的。对于语文教学而言，指导学生"说什么"，引导学生"怎么说"，就是培养学生言语能力的教学实践。

"语言表达能力与学生的心理素质和思维状态有密切关系。心理素质着重体现在口头表达训练，口头表达和书面表达是密不可分的。面对听众的坦然从容、组织语言的迅速有效是可以通过口头表达训练来提高的，这又为考场作文提供了相应的思考速度。"②在实践"整本书阅读与研讨"这一语文学习任务群过程中，学生应该能够联系个人经验，深入理解作品。可以享受读书的愉悦，从作品中汲取营养，丰富自己的精神世界，逐步形成正确的世界观、人生观和价值观。用自己的语言撰写读书笔记、作品评价等，通过口头、书面形式或其他媒介与他人分享。鉴于目前语文阅读教学的现状，我们将采用口语表达活动设计的方式，着重培养学生口头语言表述交流的能力。设置相应的板块内容，以说、评、辩为主要形式，形成系统化、可操作的语文阅读交流活动模式。在这样的活动设计中，"学生既是演讲者，又是听众。作为演讲者，只有真正理解了所讲内容、用心设计讲话的结构、采用适当的技巧，才能吸引听众，这是对说的能力的训练。作为听众，只

---

① 张悦，吴欣歆. 整本书阅读活动设计原则刍议[J]. 语文学习，2020(5)：8.
② 徐翀. 如何在语文教学中培养学生语言表达能力[J]. 文学教育，2018(6)：84.

有专注去听、及时去记、认真去想,才能从同学那里学到知识、获得启发。正因如此,汇报总结不仅是为赋予学生表达权,而且是为了在实践中教会学生行使表达权。"[1]

第二节 语文阅读课堂中的研究记录

本次课例研究是在"立体课堂"课题研究方向之下,基于"整本书阅读与研讨"的学习任务群,探索能够训练学生口头语言表达能力,提升语文核心素养的教学模式。采用同类型文本整本书阅读课堂教学横向比较的方式,由许正芳和李孝华两位老师分别执教《水浒传》整本书阅读交流研讨课。

一、课例研究过程

（一）研究过程预设

结合我校研究的子课题"立体课堂：基于'勿离手'内涵的课堂教学转型研究",本次课例研究的过程如下：

表 11-1 课例研究过程安排

日期	研究环节	主要参与人员
10.29—11.4	1.搜集整理相关研究资料；2.讨论确定研究过程；3.确定试验学科组	丁馨、王燕君、沈淑雅
11.5—11.15	1.确定研究主题；2.制定研究方案；3.选择研究方式	沈淑雅、王燕君、许正芳
11.16—11.23	1.整理主题材料；2.教研组讨论方案；3.设计教学方案	王燕君、许正芳、李孝华
11.24—1.4	1.教师"整本书阅读"主题交流活动教学指导及记录；2.教研组讨论、评价	王燕君、许正芳、李孝华
1.5—1.25	1.初步形成课例报告	王燕君、许正芳、李孝华

---

[1] 李煜晖.探索和发现的旅程——整本书阅读之专题教学[M].上海：上海教育出版社,2019：283.

第一阶段：10月29日—11月4日搜集整理相关研究资料，讨论制定研究过程，确定试验学科组。

第二阶段：11月5日—11月15日确定研究主题，制定研究方案，选择研究方式。

第三阶段：11月16日—11月23日整理主题材料，教研组讨论方案，设计教学方案。

第四阶段：11月24日—1月4日教师"整本书阅读"教学指导及学生活动记录，教研组讨论、评价。

第五阶段：1月5日—1月25日初步形成课例报告。

根据语文教研组讨论结果，我们设计了古典小说阅读交流在传统教学模式下和"立体课堂"模式下的基础型问题、拓展型问题，分别在语文阅读课上进行试验和观察。

(二) 选用的课例研究方法

本次研究主要采用了比较法、观察法和调查法。

1. "传统课堂"阅读教学与"立体课堂"阅读教学设计比较

本次课例研究，主要针对阅读教学中基于"传统阅读课堂"与"立体课堂"不同理念下的教学设计及教学效果进行比较，以期给今后的整本书阅读教学提供借鉴启示。

此次课例研究选择的篇目是基于语文教材古典小说阅读单元中的《林教头风雪山神庙》一课，选择了《水浒传》作为整本书阅读教学的素材。《水浒传》作为古典经典小说，其地位价值毋庸多言。教材选录了其中的一个章回，在传统的教学中，教师们通常会将小说整体内容及评鉴角度等对学生进行一个补充介绍，但是仅仅两三个课时的教学，对学生深入了解小说，并能够评价鉴赏小说来说总是会有时间不足的遗憾。因此，教师们利用我校充足的阅览室书本资源，带领学生进行为期两个月的整本书阅读与交流。内容确定之后的阅读教学到底该怎么设计，如何引领学生能够在核心素养培养方面切实地得到提升，这是我们思考的问题。

表 11-2　阅读交流环节教学设计

教学设计	方案一	方案二
基础型问题 1		
基础型问题 2		
基础型问题 3		
拓展型问题 1		
拓展型问题 2		

2. 对学生口语交流过程的观察

本次课例研究的目的是考察整本书阅读研讨的过程中,学生在原本的读写基础上进行口头语言表达的练习效果,因此,在设计教学观察表的时候,我们着眼于学生在相同的阅读主题要求之下,在"写"和"讲"两种模式中表现出的阅读深度、思维深度、拓展广度。

表 11-3　阅读学习过程观察表

活动环节	方案一	方案二	比较结果分析
阅读深度			
思维深度			
拓展广度			

3. 对学生口语交流能力的课后调查

整本书阅读所有活动环节结束之后,针对学生的习得及感受,我们设计了调查问卷进行了抽样调查,以此了解不同理念的整本书阅读教学设计下,对学生口头语言表达训练的效果及接受程度,以期后期的改进。

调查问卷大纲:
1. 作为整本书阅读交流环节,你更倾向于(　　)。
　 A. 写读书笔记　　B. 设计思维导图　　C. 小组讨论展示　　D. 阅读体会演讲
2. 在小组合作的阅读过程中,你更喜欢(　　)。
　 A. 搜集资料　　B. 记录意见　　C. 撰写报告　　D. 成果交流
3. 在你的古典小说阅读体验中,更愿意与同学交流的是(　　)。
　 A. 人物形象　　B. 写作手法　　C. 作品意义　　D. 质疑评价
4. 请你结合本次整本书阅读,设计一个阅读交流主题。

二、阅读课堂实践的结果分析

两位教师分别进行了以"写"为主和以"说"为主的阅读教学指导,从教和学两个角度,作出以下比较分析:

(一) 比较教师的教学

1. 组织学生进行阅读探究和评价的方式

名著的整本书阅读教学绝不仅仅只是带领学生读完一整本书,也不是仅仅探索整本书阅读教学与单篇课文阅读教学区分度在哪里。因此在设计整本书阅读教学的提问大纲时,教师必须注重问题对学生思维的引导和习惯的养成。本次课例中,方案一的教学设计延续了我校"自主阅读"的教学探究模式,着重于学生读写能力的组合培养,从人物情节、小说主题、作者写作风格等方面设置提问,引导学生采用圈点、旁批、小结、互评的方式进行阅读,最后落实到作文写作实践中。方案二的教学设计则在安排学生阅读整本书的基础上,注重口头表达素养的培养,基于学生对小说人物、主题等方面的理解,组织学生进行演讲交流、赏析论坛、总结汇报等,并观测、评价学生对口头表述的积极性、参与度等课堂表现。在两个方案中,都有教师点评和学生互评的评价方式,以求评价的科学性和公平性。

表 11-4 学生探究、评价方式

教学设计方案	学生阅读探究方式	评价方式
方案一	圈点、旁批	自评
	摘抄、评析	教师点评
	总结(书面写作)	学生互评
方案二	阅读体验演讲	教师点评、学生互评
	小组研讨论坛	自评、学生互评
	阅读思考成果展示(口头汇报)	教师点评、学生互评

表 11-5　学生小组交流活动评价表

评价维度	交流活动内容	分值	自评	互评
参与度	1. 提供交流相应材料 2. 开展议论、辨析 3. 针对性的辩驳	30		
合作度	1. 收集信息,提供反馈 2. 吸纳不同意见,完善内容 3. 有效补充队友的发言	30		
任务完成度	1. 个人任务完成 2. 小组团队目标达成	40		

2. 教师针对整本书阅读的教学提问设计

两位教师的教学方案都基于整本书阅读的基本要求,引导学生对大量相互关联或者相互矛盾的信息进行选择、辨析、思考、整合、转化,打开学生的视野,激发学生的情感和想象。问题的设置看似有不同的表述,但具体的指向还是一致的,即提升学生的阅读水平,提高学生的思维能力。

表 11-6　教师教学提问设计

教学设计方案	问题设计	教学目的
方案一	选取一个你喜欢的小说人物,写一份人物简介。	勾连小说内容,形成全面认识和整体阅读意识。
	摘录三段你最喜欢的描写(景物、动作、语言等),并作简要评析。	结合语文知识,提升评价、分析能力。
	读后感写作。	培养综合阅读写作能力。
方案二	介绍一个你最喜欢的小说人物,并说说理由。(可配PPT图文)	勾连小说内容,形成全面认识,训练口头表达能力。
	"我心目中的×××"小组讨论展示。(配PPT文本介绍)	综合语文知识,训练口头表达能力,提升思维能力。
	演讲:《水浒传》对当今社会的借鉴意义。	综合阅读理解能力,训练迁移性思维。

(二) 改变教学设计后学生习得情况反馈

1. 阅读与思维

本次课例研究,我们着眼于学生在相同阅读主题要求之下,在"写"和"讲"两种模式中表现出的阅读深度、思维深度、拓展广度。(见表11-7)

表11-7 阅读学习过程观察表

活动环节	方案一	方案二	比较结果分析
阅读深度	√	√	两个方案在基于"整本书阅读"的基本问题,设计上都着眼于整体性理解,在人物、情节、主题等理解方面都能够勾连起阅读的细节,相对于单篇的阅读,更注重学生在信息筛选和整合能力方面的培养,体现了阅读的深度。
思维深度	√	√	两个方案在基础型问题设计和拓展型问题设计方面都注重了学生在思维方面的深入,引导学生结合作者信息、写作背景、创作意图、时代意义等进行综合性思考。同时能够整合相关的语文知识,形成较为系统的小说阅读、欣赏方法。
拓展广度		√	相对于传统的阅读点评、读后感写作,口头表述为主的学生阅读体验活动更能够激发学生思维的广度,跳出作品的本身价值意义,结合当代社会的特点进行思考,在交流、讨论、辩论的过程中形成思辨性思维。

2. 兴趣与探究

通过对两种教学设计方案实施过程及学习成果的比较,教师们看到学生有很强的自我表现欲望,思想开放、活跃,有参与意识。方案二的设计,在很大程度上唤醒了学生的表现欲、表达欲,激发了"说"的积极性。在阅读的基础上,提出自我的见解,与同伴进行交流和辩论,不断完善自己的认知,也在一定程度上利用学生的"好胜心"培养了他们对古典小说阅读的兴趣,为了获得"口头"上的胜利而不得不更加深入探究文本的内容,更加细节的内容和更加新颖的角度才能让他们在口头表述中获得支持与肯定。因此,相对方案一的传统阅读教学设计,方案二在激发学生阅读兴趣和探究热情方面更胜一筹。

第三节　在阅读中培养学生口语交流能力的方法改进

经过第一次《水浒传》阅读尝试，语文自主阅读课堂教学在评价环节前引入了情报综述。高中教育部统编教材必修（下）中第七单元为"整本书阅读"，规定篇目为中国古典长篇章回小说《红楼梦》。要求学生通读全书，在梳理小说情节、理清人物关系的基础上理解和欣赏小说中人物的形象，探究人物的精神世界。

一、阅读课堂教学方式改进

这个阅读要求对于高中生来说并不陌生，从小学至今的语文课堂对此已经有过多次的学习和训练。但是，一本七十多万字的长篇巨著让学生读完是一个不小的挑战。更何况，从课前的调查中我们可以看到，学生普遍觉得这部作品离自己的生活距离较远，不仅因为字数多、年代远，还有更主要的原因是对小说中的人物、情节不感兴趣。

在这样的情况下，如何让学生能够"读下去"，并且能够对书中人物产生评价的兴趣，是我们在教学过程中需要思考的首要问题。在课本单元任务中有"学写综述"的要求，那么，我们就依据这个要求，在教学生怎么写综述的基础上，让他们能够看到专家学者们对《红楼梦》人物形象的解读，进而回顾自己的阅读经历，带着对人物的探究再次回到阅读中进行深入的思考，从而获得自己的理解和评价，达到阅读的目的。

二、具体实践过程

（一）基于《红楼梦》整本书阅读交流的设计

上海师范大学文学院詹丹教授在关于《红楼梦》整本书阅读纳入高中语文教材的问题上曾经这样阐述其经典价值："在传统社会，阅读经典成为读书人的主要乃至全部功课，这种方式的训练于现代虽不合时宜，但是经典所特具的文化价值仍然值得重视。通过阅读传统经典，通过一种共同的文化陶冶，在人的层面上进行了最基本的教育。

这种教育是传统文化的精髓,也是人文教育的基本出发点。"①

故此,教师在设计《红楼梦》整本书阅读的口头交流教学环节的时候,将目标设计为:通过撰写红楼人物综述,了解小说人物评价的角度和方式,借鉴专家学者的专业阐述内容,形成自己的鉴赏成果;教学方法:自主资料查阅;分组交流展示。通过这几个环节的学习,以引导学生一步步深入理解《红楼梦》经典的文化核心,在写作到口语交流的过程中,提升文化的自觉鉴赏能力。

(二) 阅读交流课的主要环节

1. 学习撰写综述

综述是作者在博群书的基础上,综合地介绍和评述某学科领域国内外研究成果和发展趋势,并表明作者自己的观点,对今后的发展进行预测,对有关问题提出中肯意见或建议的论文。所谓的文献综述是文献综合评述的简称,即在对某一方面的专题、资料全面搜集、阅读大量与所研究课题有关的研究文献的基础上,经过归纳整理、分析鉴别,对所研究的问题(比如说学科或者是专题)在一定时期内已经取得的研究成果、存在的问题以及新的发展趋势等进行系统全面的叙述和评论。

综述的格式相对多样,但总的来说一般都包含以下四部分:前言、主题、总结和参考文献。以下为关于薛宝钗的人物评价综述,供同学们参考。

图 11-1 薛宝钗人物评价综述示例

① 詹丹.语文教学与文本解读[M].上海:上海教育出版社,2015:10.

学生作业样例：

《红楼梦》王熙凤研究综述

陆 玥

摘要：王熙凤是《红楼梦》中的一个灵魂人物，她的性格丰富，具有多面性，虽身为女子，管理才能却远远不输男子，对王熙凤的管理之道有许多的研究。

关键词：红楼梦；王熙凤；管理；研究

王熙凤为人泼辣，但看人又不被偏见束缚，喜欢与聪明人交好，这点可以从她与林黛玉、刘姥姥关系甚好看出。徐宁等人对于王熙凤领导风格解读的研究中可以体现此点。

面对贾府千疮百孔的管理体制，入不敷出、苟延残喘的经济状况，王熙凤曾有拾遗补阙改革创新的企图。比如她曾向王夫人建议裁撤丫环，然而被后者拒绝了。到王熙凤抱恙告假、探春推动改革的时候，王熙凤不仅没有觉得对方越俎代庖、抢了自己的风头，反而觉得对方的举措深合己意，大为欣赏，大力支持。可见她作为荣府 CEO，深知各种管理弊端，深明改革之必要。

王熙凤的管理才干有目共睹，红楼梦中描写凤姐一天将东府管理得井井有条：

"说罢，又吩咐按数发与茶叶，油烛，鸡毛掸子，笤帚等物。一面又搬取家伙：桌围，椅搭，坐褥，毡席，痰盒，脚踏之类。一面交发，一面提笔登记，某人管某处，某人领某物，开得十分清楚。众人领了去，也都有了投奔，不似先时只拣便宜的做，剩下的苦差没个招揽。各房中也不能趁乱失迷东西。便是人来客往，也都安静了，不比先前一个正摆茶，又去端饭，正陪举哀，又顾接客。如这些无头绪，荒乱，推托，偷闲，窃取等弊，次日一概都无了。"

"机关算尽太聪明，反误了卿卿性命"道出了王熙凤的结局，有点小聪明便贪于钱财，挪用公款，她的贪婪自私使得她最终满盘皆输，成为压垮贾府的最后一根稻草。

她采取的方式是：一方面中饱私囊，用贾府的钱去放高利贷，自己坐收渔利；另一面权力寻租，利用贾府的权势去干预民间事务，收好处费。书中具体记叙的就有接受请托、破坏一对年轻人的婚约导致有情人双双殉情。两种方式中的任何一种，都属于领导者的公器私用。按照曹雪芹"草蛇灰线、伏之千里"的写法，所有这些作恶，到贾府事败时都会变成呈堂证供，成为压垮这个家族的最后一根稻草。

从王熙凤的身上,我们能够体会到她的美貌以及办事能力,不过这样一个阴险毒辣的人,在封建社会当中,最终还是不能避免走向毁灭的道路。所以,王熙凤这个小说人物,其所具有的复杂性、真实性,堪称中国文学史上人物形象刻画的代表。

诸多对王熙凤的研究中,都不否认她的领导才干与待人处事的情商之高,她性格的复杂性中包含的贪婪天性最终都导致了她结局的悲惨下场,她性格中的任何部分,都值得细细地去深究考量。

参考文献:

[1] 曹雪芹.红楼梦[M].北京:人民文学出版社.

[2] 徐宁,石犇,邹世奇.王熙凤领导风格的现代启示[J].中国领导科学,2020(1).

[3] 马福强.王熙凤在《红楼梦》的人物性格分析[J].课程教育研究,2017(33).

2. 小组内汇报交流

参考综述,撰写小说人物评价,并在小组内进行交流。下面是学生的一个作业样例。

我眼中的红楼人物之王熙凤

陆 玥

"我来迟了,不曾迎接远客!"伴随着笑语,别具一格的出场,带来的是红楼梦中浓墨重彩的一笔,灵魂人物之一——王熙凤。

有人偏爱林妹妹的心思细腻冰雪聪明,偏爱宝钗的沉着冷静胸有丘壑,同样,也有人偏爱凤哥儿的八面玲珑大方泼辣。许多人痛恨王熙凤,对她的圆滑世故嗤之以鼻,对她做事心狠手辣深恶痛绝。我并非完全反对这种观点,兴儿评价凤哥"嘴甜心苦,两面三刀,上头一脸笑,脚下使绊子,明是一盆火,暗是一把刀"。单单举尤二姐一事,凤哥的处理就心狠手辣,害死尤二姐之后多少读者对她心怀怨恨。在赤诚善良的林黛玉对比之下,王熙凤似乎显得过于机关算尽。

王昆仑这样描述王熙凤"恨凤姐骂凤姐不见凤姐想凤姐",因为她的阴谋诡计痛恨她,却又在她病死之后怀念其伶俐精明。从凤哥初登场夸赞黛玉"通身的气派倒像是老祖宗嫡亲的孙女",一句话夸遍了在场所有人时,这个凤辣子每每登场,都给我带来不俗的阅读体验,凡是有凤辣子在的地方,各种场面她都能谈笑风生、信手拈来。击鼓传花讲笑话,连小丫头都联合起来作弊让她讲,为贾琏宝玉置酒接风时说的一串子也体现了她的俏皮可爱。凤哥到底是个不过二十的年轻姑娘,便能将大观园上下处理得井井有条,遇事不乱反倒全身而退,委实让人钦佩。但凤哥最大的缺点便在于读书少,使得她的小聪明难登大台,始终是无法到达智慧的层面,最终落得一个"反误了卿卿性命"。

在我看来,称呼她为"凤哥"是对她的一种喜爱和敬佩,在当时的男权社会能得到这样一个称呼,足以体现王熙凤的聪明有胸怀,凤哥若是放在当今社会,韬光养晦后必能成为一大人才,只可惜在最后难逃一个可怜可叹的下场。这样一个充满亮点同时也有残缺的人物是书中最为真实的人物,说她是灵魂人物可谓当之无愧。

3. 小组代表进行班级范围内交流发言

学生发言 PPT 样例:

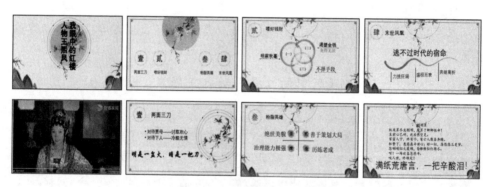

图 11-2 学生发言 PPT 样例

第四节 提升学生口语交流能力的实践评价

整本书阅读首先考察的是教师的阅读能力和教学设计能力。在传统的阅读教学中,教师们普遍注重"读写结合",在探索文本的写作手法、思想意义等基础之上,组织学生撰写相应的文章来体现阅读对写作的启示及训练价值。而引入"提升学生口头表达素养"的理念之后,则要求教师能够创设新的教学任务形式,在提升阅读素养基本要求不变的前提下,给学生更多的主体性创造表达空间,引导学生自主探索,形成批判思维。口头表达交流的任务更具备灵活性和开放性,也就更能激发学生的探索兴趣和表达意愿。

一、实践中体现的教学效果

(一) 契合"立体课堂"转型方向

知网的相关文献中,对"立体课堂"的内涵和意义的认识基本一致。"立体课堂"改变传统的、教师注入式的教学方式,采用"启发式"教学模式。通过构建立体知识体系,通过一定的教学手段和教学策略,创设师生、生生合作机会,多侧面、多角度、多内容,充分发挥学生主体性,激发学生学习兴趣,调动学生学习积极性,引导学生获得知识,养成获得知识的能力和运用知识的能力。我校注重"培养具有人文底蕴厚实,勇于创新实践,具有国际视野,科学素养突出的现代社会公民"。创新精神和实践能力是指学生在学习、工作中表现出的创造发明素养(包括独到见解、独特方法),完成学习任务,参加社会实践和社会活动以及运用所学知识解决生活、生产、技术等方面实际问题的能力。实践能力包括对事物敏锐的观察能力和分析能力,敢于接触实际、提出问题和解决问题的动手能力,以及处理实际问题时所需要的协调能力。

基于"整本书阅读与研讨"的学生口头表达素养的培养,正是契合了"立体课堂"的要求,让学生对文本的解读产生探究的兴趣,创设了生生合作的机会,发挥学生的主体性,使其在课堂处于主导的地位,在自我见解的表述和同伴协调沟通方面得到了更多的锻炼。并且突破了传统的比赛形式仅仅培养部分学生口头表达素养的局限,将每个学生纳入课堂的口头表述交流环节中,从讨论到展示,都提供了参与的机会。

(二) 体现"课程标准"素质要求

语文教学的课程标准中,明确提出高中生应该"能考虑不同的目的要求,以负责的态度陈述自己的看法,表达真情实感,培育科学理性精神"。现代社会的人才,不仅仅要善于思考分析问题,总结思想和见解,更重要的是善于在他人面前流利地表达自己的观点。我们不难发现,善于表达的人容易获得关注,从而获得更多的机会。善于表达也带给人自信,对生活产生积极乐观的心理。高中阶段是培养学生"说"的素养的重要阶段。相对于小学和初中阶段的学生来说,高中生在思维方面更加具备逻辑性、延展性,这种对事物的思维能力通过语言表述传递给他人,获得一定的支持,得到理性的碰撞并延伸成为新的思维,这种素养的培养和能力提升的收获,恰好体现了高中语文教育的价值。

在本次课例研究中,我们可以看到,学生基于阅读、思考之后形成的想法,落笔写成的文字,若仅仅是作为一种呈交给教师的作业,得到教师评语的评价,来反思阅读的体验和收获,这样传统的阅读及考察模式,交流相对单一,且缺乏大范围的阅读体验交换,在激发学生新思维方面尚有所欠缺。而在写作基础之上,让学生就小说的人物、主题、思想价值、写作特点等进行个人的发言陈述、小组的合作探究及展示,并且要求结合文本内容配置相应的讲解PPT时,他们的思维就在课堂里得到了充分的碰撞,在"辩论"的过程中更加深了对文本的理解。同时,力求自己的口头表述能够说服对方,表明自己的见解立场。因此,语句组织的能力、词汇选择的能力以及表述时思维跟上口述的能力都得到了培养。尽管对一些平时"动手能力"比"动口能力"强,不怎么喜欢发言表述的学生来说,这样的学习任务有一定的挑战度,但是为了达成学习目标,完成学习任务,在尝试的过程中他们也得到了口头表述的锻炼。

二、反思教学实践中的问题

(一) 落实课堂教学目标的条件

1. 设置宽松的课堂氛围,设计丰富多元的阅读活动

学生的口头语言表达素养提升是通过各种口头交流活动来体现的,尝试的方式可以是对文本的解读演讲、文本的朗读品味、阅读成果的专题性交流以及主题论坛等等。这些活动都需要一个自由宽松的环境。教师在学生进行这些活动的时候,需要注意转变自己的传统角色,起到组织和引导的作用,支持学生的学习探索过程,鼓励学生的表述和辩论。

2. 改变传统的教学思路,更加重视学生的主体意识

从单篇阅读教学到整本书阅读教学,教师需要改变传统教学中注重文本解读,注重知识点建构的思路,转变为引导学生加入探索,形成研究型学习。利用任务驱动的模式,让学生在阅读课这样特定的情境中进行综合性的学习。他们的成果呈现不仅仅

在书面,也不仅仅面对教师,而是在口头表述的相关交流活动中呈现给同学,在自评和互评的过程中达成自己的学习目标。

3. 丰富自身阅读经验,灵活应对学生课堂呈现情况

教师的阅读经验是引导学生在整本书阅读基础上进行口语交流的前提,教师必须提前读通、读透,尽可能全面地了解与之相关的资料,阅读相关的鉴赏、评析。有了丰富的阅读积淀,才能找到阅读指导的目标,设计有价值的讨论题目。更为重要的是,在学生讨论过程中也能适时有效地进行评价指导,避免随意性和盲目性。

(二) 目前需要解决的困惑

1. 如何体现学生的个性化思维

学生对同一本书的整体阅读,往往会表现出不同的兴趣点,提出不同的问题,也有着自己独有的思维模式。这对教师的教学预设提出了很大的挑战要求。正如钱理群老师所说,"真正的文学作品总是具有极大的混沌性、模糊性,包含多重的甚至是开掘不尽的意义,有的意义甚至是可以意会不能言传,无法明晰化的,作品的价值是要在读者的创造性阅读中去实现的。也就是说,文学的本性决定了对它的理解、阐释必然是多元甚至是无穷尽的,而且随着阅读对象、时间、空间的变化而不断发展"。[①] 如何在口头交流的环节让他们能够充分体现出自己个性化的阅读体验,表述属于自己的独到见解,而非仅仅局限于教师预设的问题及框架中,这是值得思考的问题。并且,随着学生阅读的深入、增量,他们对作品的理解发展变化,思维产生差异,甚至会自己否定自己原先的观点。这种情况下,如何设计合适的课堂,让学生能够有机会以口头交流的方式展示思维的提升,也是教师需要及时跟进的教学思考。

2. 如何在交流过程中培养学生的批判性思维

在语文学科核心素养中包含了批判性思维,是要求学生以客观的态度评判辨析,而不是盲目跟从他人的观点。但是在阅读的口头交流环节中,教师会发现学生会在互相评价的环节中出现趋同心理,即便是出现不同的声音,同学们也是比较多地依据自己或者小组讨论的原有看法提出质疑,而不是抓住对方阐述的观点以相应的文本内容为依据进行辩驳。故而会出现小组间各自展示阅读成果,缺乏辩证思考和表达的环

---

① 钱理群. 名作重读[M]. 上海:上海教育出版社,2006:3.

节。尤其是小说的阅读,在人物形象的刻画、小说情节的推进以及作者创作思想的展现方面,一般都带有思辨性的色彩。怎么样引导学生去思辨表达,又不至于让学生仅仅跟着教师的思维提示走,也是在着力培养学生口头交流能力过程中需要重视并想办法解决的问题。

3. 如何保证口头交流与写作表达之间的相互关联

当阅读课注重了学生口头表达素养的培养之后,怎么实现"以说带写",从用语的规范性、结构的逻辑性上将学生的口头表述成果转换成文字成果保存,以作为学生在整本书阅读过程中可保存和回顾的有质作业。这中间需要的不仅仅是教师可以进行指导的课时,还需要教师进行传统的知识框架和写作训练。那么,如何让这个环节也呈现出课堂转型的特点,找到适合、有效的方式,是需要进一步探索的。

嘉定二中　课例研究专业支持者观点链接

杨四耕(上海市教科院普教所)

本课例是嘉定区教育局重点课题"聚焦学生学习,提升课堂品质的区域研究"之下的子课题项目"立体课堂:基于'勿离手'意涵的课堂教学转型研究"中的一个课例呈现,是嘉定二中语文教研组一次有意义的课例研究。

课例研究在综合考量课程标准及课题研究方向后开展了"以提升学生口头语言素养为目标的阅读课教学转型课例研究",有详细的计划安排。课例研究小组采取了包括参与观察、深度互动、专题聚焦等收集资料的方法,以及基于扎根理论的"内容—过程"等定性分析方法,设计了相应的评价量表,在数据统计和结果分析的基础上总结经验,反思效果,提炼出了可行的实践策略与方法。

更重要的是,课例以《普通高中语文课程标准(2017年版)》作为研究背景,针对目前语文课堂中相关问题的教学现状,将"整本书阅读与研讨"作为研究重点,着力培养学生"动脑、动手、动口"相互协调一致,语言鉴赏与言语表达穿插同步,体现了"立体课堂"的理念,也体现了语文学科课程标准对培养学生核心素养的要求。

后 记

书稿基本成型的时候正是盛暑时节，想起来每所学校的执笔者已经在休假期间，却都在为书稿撰写忙碌。有的学校根据普教所指导科研人员反馈的意见做了大幅修改，有的学校则在补充参考文献、规范文本上做了细致修订，嘉定区科研室的老师则不停地做协调和组织工作。如今清样出来，正好又是寒假春节将至，文字的反复校对、不符出版标准的图表要重新加工，又是一个为成果顺利出版不得"宁静"的假期，但这时候我相信大家的心情是倍感愉悦和亲切，毕竟，努力做过的事、写过的字很快就要和读者见面了。

这本书的结构是一章总论加十章学校的课例研究成果，每章首页均已经署名了学校、学校的执笔者，在这里就不再重复一一交代，知识产权和责任者都是明晰的。想在书稿出版之际，更多地感谢没有署名但为书稿作出了贡献的那些老师。他们是嘉定区教育学院科研室的杨文斌、蒯义峰、周艳老师，他们在普教所科研人员深入学校实践的过程中，一直提供了巨大的帮助和支持直至书稿完成！还有华东师范大学出版社的彭呈军、朱小钗等多位老师，他们从书稿的策划、提纲研讨到出版细节等相关问题，一直发挥着专业精神，耐心细致！当然，书稿成果的合作方，嘉定区教育局、教育学院，以及上海市教科院普教所的领导，他们才是让这轮合作发生的第一动因，要感谢他们为我们创造了机缘，能够让实践和理论有了一次次亲密接触的机会，他们的名字在此就不一一列出，因为都已经在编委会名单里呈现。

权作后记。相信嘉定品质教育在未来国家打造"高质量教育体系"的背景下一定会再放光芒。

本书编者
2021 年 2 月 8 日